薩滿信仰的歷史考察

莊吉發 著

文史哲學集成

文史哲出版社印行

國立中央圖書館出版品預行編目資料

薩滿信仰的歷史考察 / 莊吉發著. -- 初版. --
臺北市：文史哲, 民85
面； 公分. --（文史哲學集成；356）
參考書目：面
ISBN 957-547-997-1（平裝）

1.薩滿教

276.4 85001179

文史哲學集成 ㊱

薩滿信仰的歷史考察

著 者：莊 吉 發
出 版 者：文 史 哲 出 版 社
登記證字號：行政院新聞局局版臺業字五三三七號
發 行 人：彭 正 雄
發 行 所：文 史 哲 出 版 社
印 刷 者：文 史 哲 出 版 社
臺北市羅斯福路一段七十二巷四號
郵撥〇五一二八八一二 彭正雄帳戶
電話：（〇二）三五一一〇二八

定價新臺幣四二〇元

中 華 民 國 八 十 五 年 二 月 初 版

ISBN 957-547-997-1

薩滿信仰的歷史考察

目　次

附錄：

第一章　緒　論

世界的文明是全世界各民族共同創造的，人類體質外表的差異，不是造成心理、道德和智力懸殊的原因，各民族都能夠創造優秀的文化。我國幅員廣大，民族衆多，各民族的社會、經濟及文化等方面，都存在著多樣性及差異性的特徵。各民族因人數多寡不同，而有所謂居於弱勢的少數民族，並形成許多不同的風俗習慣，眞是所謂「千里不同風，百里不同俗」了。在各民族的宗教信仰方面也是多元性的，除了佛教、道教、伊斯蘭教、民間秘密宗教以外，還有源遠流長爲北方草原族群所共同崇奉的薩滿信仰。

薩滿，滿洲語讀如「Saman」，是阿爾泰語系通古斯語族稱呼跳神巫人的音譯。在通古斯族的語言中，薩滿一詞是指能夠通靈的男女，他們在跳神作法的儀式中，受到自我暗示或刺激後，即產生習慣性的人格解離，薩滿人格自我眞空，將神靈引進自己的軀體，使神靈附體，而產生一種超自然的力量，於是具有一套和神靈溝通的法術。崇奉薩滿信仰的民族認爲人生的禍福，宇宙的各種現象，都有神靈在冥冥之中主宰著，人們與神靈之間，必須設法溝通。通過占卜，祭祀、祈禱等手段，可以預知、撫慰，乃至征服自然界中的某種神秘力量。薩滿就是在相信泛靈論的環境中，與神靈溝通的靈媒，是連繫人的世界與神靈世界的橋樑，在阿爾泰語系各民族中，具有超自然能力的這些人就是薩滿。

薩滿信仰是屬於巫覡信仰的範疇，盛行於亞洲北部，包括東北亞、北亞、西北亞，以貝加爾湖附近及阿爾泰山一帶較為發達，表現最為典型，這些地區以外的各種原始宗教信仰，各有不同的習用名稱，中外學者多已拋棄使用「薩滿」一詞。富育光等著《滿族薩滿教研究》一書有一段記載說：

> 滿族薩滿教只是整個薩滿教文化的一個組成部分，或者說是一個分支。眾所周知，不僅僅是滿族，和它所從屬的通古斯語族各族，乃至這個語族所從屬的阿爾泰語系各族——突厥語族、蒙古語族之各民族信仰薩滿教，歐洲的北部、西伯利亞、中亞和西亞，乃至北美、南美、非洲、南亞的某些地區也都有薩滿教的影迹。薩滿教是個世界性的文化現象（註一）。

巫覡信仰雖然可以說是世界性的一種文化現象，但是各地區習用的名稱，並不相同。滿族薩滿信仰只是東北亞文化圈的一種文化現象，若因世界各地都有巫覡，遂認為北美、南美、非洲、南亞的某些地區也都有「薩滿教」的影迹，確實不妥。趙展著《滿族文化與宗教研究》一書已指出：

> 從已經發表的著作和論文來看，都一致認為薩滿教是「原始宗教」。如果我們把「原始宗教」理解為原始信仰，無疑這是正確的意見。然而世界上的「原始宗教」絕不只是薩滿教，還有其他名稱的原始宗教。可是，有的學者，竟然把世界上其他地區的原始宗教幾乎都冠以薩滿教，這就未必妥當。筆者個人認為，除了眞正信奉薩滿教的一些地區外，其他地方的原始巫教，不應稱其為薩滿教，當地人稱其什麼教就應該叫什麼教，以正其名，不致與薩滿教相混淆。如果這個意見成立的話，我們便可以劃定西伯利亞及其附近地區為信奉薩滿教的範圍。其理由是：第一，根

> 據國内的資料來看，西伯利亞及其附近地區是薩滿的中心；第二，在西伯利亞活動的古代原始人群，主要是通古斯原始社會群體；第三，「薩滿」一詞，是通古斯語族的語言。我們僅從這三方面來說，西伯利亞是薩滿教發祥聖地（註二）。

姑不論西伯利亞是否爲薩滿信仰的發祥聖地，但將原始宗教理解爲原始信仰，作者的意見，確實是正確的。迄今爲止，對於薩滿信仰的形成、傳播和歷史作用，尙無一致的意見，還需要學術界作進一步的探討。

張曉光撰〈關於薩滿教研究的幾點探討——兼談氏族本位系宗教與社會性宗教的差異〉一文認爲到了清乾隆十二年（一七四七），清廷便制定了《滿洲祭神祭天典禮》，將滿族祭禮的儀式程序及祭器的質地、形制、規格、顏色等都作了具體、詳細的規定，而後滿族諸家也紛紛將自己家族的祭詞、儀式程序等記錄下來，才有我們今天所見到的神本，這些就應該是滿族薩滿教的教義和經典（註三）。各種宗教的教義和經典，雖然有不斷產生和豐富的過程，但將乾隆年間以來記錄薩滿祭祀儀式和祭詞的神本子，視同宗教的教義和經典，是有待商榷的。

關於薩滿信仰是不是一種宗教的問題，目前中外學術界，仍然諸多歧議。劉厚生撰〈滿族的薩滿教是眞正的民族宗教〉一文指出學術界對薩滿信仰的認識有兩種意見：一種認爲薩滿信仰不能稱之爲宗教，而所謂的薩滿教文化，不過是類似於漢族地區歷史上民間傳承下來的「巫婆神漢」所進行的巫術活動，故無絲毫研究價值可言，實乃迷信尤者也；另一種認爲薩滿信仰是我國北方少數民族的初民時期所產生的一種原始宗教，以滿族爲代表的薩滿教在歷史的進程中，形成了一整套完備的典儀、神器和神諭，有較成熟的宗教信仰，故具備了作爲宗教的基本要素（註四）。薩滿信仰的共同特點，就是沒有形成自身固定的祭祀場所，沒有經典，沒有寺廟，沒有形成完整的哲理，並未具備作爲宗教的基本要素，薩滿信仰不能稱爲薩滿教。薩滿雖然停留在原始巫師的階段，薩滿信仰亦未演進成爲一種宗教，但巫覡信仰及巫術文化，都有研究的價値。《樺川縣志》對薩滿信仰有一段記載說：

> 薩媽一名薩滿，莫詳所自始，西伯利亞西北域，有種族曰薩滿，大中華地理志亦曰西伯利亞及滿洲、蒙古之土人多信奉之，或即因種族以爲名歟？北盟錄云：金人稱女巫爲薩滿，或曰珊蠻，今俗亦稱跳神者爲巫，又曰叉媽。今之巫，非古之巫也，而叉、薩同韻，或即其音之誤歟？滿語亦稱跳神爲薩滿山畢，其家祭禮，多用之，確爲一種無疑。乃各志又確定爲通古斯之古教，未識何考？總之，不離以魔鬼嚇人，神其事，以索報酬者近是，不書教，異之也（註五）。

由引文可知金代女眞人稱女巫爲薩滿，後世所稱跳神的巫人爲薩滿。「薩滿山畢」爲滿洲語「Samaš ambi」的音譯，意即跳神的原形動詞。原書雖然誤解薩滿爲西北的種族名稱，但「不書教」就是說明原書不同意稱薩滿信仰爲薩滿教，以示區別。

凌純聲著《松花江下游的赫哲族》一書對薩滿信仰是不是一種宗教的問題，提出一個結論說：

> 關於薩滿教是否是一種宗教或哲學的問題，學者間議論分歧。據Shirokogoroff研究通古斯薩滿教的結論說，薩滿教雖不能說是一種宗教或哲學，然他的功用是像一種宗教，他的思想系統是哲學，並是一種醫術（註六）。

由引文內容可知將薩滿信仰稱爲薩滿教，確實不妥。爲了避免誤解薩滿信仰爲一種宗教，可以使用「薩滿信仰」一詞，以代替「薩滿教」字樣。

中外學者對薩滿信仰分佈的普遍性，或局限性，雖然曾經引起爭論，但對薩滿信仰的複雜性、多面性及其文化特徵，卻始終認爲是重要的研究課題。薩滿跳神作法以後的意識變化、精神異狀或反常行爲，稱爲薩滿現象，不論是習慣性的人格解離或神靈附體，使宗教心理學家及宗教歷史學者在探討薩滿信仰的特徵時，都感到極大的興趣與關注。因此，客觀地解釋薩滿現象，確實是學術界共同重視的問題。朋・烏恩撰〈略論薩滿現象產生的文化背景〉一文中指出學術界對薩滿現象有兩種看法：第一種觀點認爲薩滿現象是薩滿自身病態心理的外現。例如俄國學者托卡列夫認爲可充任薩滿者，往往是那些神經質的，易於激奮的人。他在楚克奇人中所遇到的薩滿，動不動輒如癲似狂，許多人幾近歇斯底里，有些簡直到了半瘋癲的地步；第二種觀點認爲薩滿在他們所處的社會中，往往是智力超群者。例如俄國學者帕洛廷在討論赫哲薩滿時曾經指出薩滿不僅是神的祭司、醫生和占卜者，而且是民間口頭詩歌藝術的發明者，是民族的希望和幻想的謳歌者。薩滿保護和創造了故事及歌曲，是民族智慧和知識的典範（註七）。其實，這兩種觀點，都有偏頗之處，討論薩滿信仰，不能忽略其文化背景。

鄭天星在長春薩滿文化座談會中已指出薩滿信仰是北方草原文化的一個重要組成部分，它代表了我國北方許多民族的精神、思想和力量。雖然隨著社會的變遷，各民族先後分別改信了藏傳佛教、摩尼教和伊斯蘭教等宗教，但至今仍有薩滿信仰的遺存，並影響他們生活的各方面。研究北方民族薩滿信仰文化，對於探討整個宗教史及各民族的歷史，具有重大的意義。首先有助於探明宗教觀念在不同歷史時期在北方民族精神生活中的作用，其原因就是由於薩滿信仰中的觀念、崇拜和儀式保存了古老觀念和習俗的遺迹，可以從中獲得有關民族起源的資料（註八）。薩滿信仰是阿爾泰語系各民族的共同文化特色，不研究薩滿信仰，就不可能深入地理解他們的文化。對薩滿信仰進行歷史考察，有助於理解在不同歷史時期我國北方各民族的文化特色。

【註　釋】

註　一：富育光、孟慧英著《滿族薩滿教研究》（北京，北京大學出版社，一九九一年七月），頁一。

註　二：趙展著《滿族文化與宗教研究》（瀋陽，遼寧民族出版社，一九九三年七月），頁三一七。

註　三：張曉光撰〈關於薩滿教研究的幾點探討——兼談氏族本位系宗教與社會性宗教的差異〉，《北方民族》，一九九三年，第二期，頁八九。

註　四：劉厚生撰〈滿族的薩滿教是眞正的民族宗教〉，《北京滿學學術討論會論文》，一九九二年八月，頁九。

註　五：鄭士純修《樺川縣志》（臺北，國立故宮博物院，民國十七年），卷六，頁九〇。

註　六：凌純聲著《松花江下游的赫哲族》（南京，國立中央研究院，民國二十三年），頁一〇五。

註　七：朋·烏恩撰〈略論薩滿現象產生的文化背景〉，《黑龍江民族叢刊》，一九九一年，第一期（黑龍江，黑龍江省民族研究所，一九九一年一月），頁九九。

註　八：鄭天星撰〈薩滿教文化座談會在長春舉行〉，《世界宗教研究》，一九八八年，第四期（北京，中國社會科學出版社，一九八八年十二月），頁一四〇。

第二章　薩滿信仰的文化背景及其特質

第一節　古代巫術文化的歷史背景

薩滿信仰的觀念和活動，是以巫術爲主體和主流而發展起來的複雜文化現象，源遠流長。典型的薩滿信仰出現於東北亞至西北亞的漁獵社會，而以北亞貝加爾湖及阿爾泰山一帶較爲發達，表現最爲完整。古代匈奴、烏桓、鮮卑、柔然、高車、突厥、肅愼、挹婁、靺鞨、契丹、女眞、蒙古等民族的巫覡信仰，就是屬於薩滿信仰的範疇。

探討薩滿信仰，不能忽視古代巫術文化的背景。古籍中關於巫覡招神、逐疫、治病、除不祥的記載，已屢見不鮮。《周禮・春官》記載說：

> 男巫：掌望祀望衍，授號，旁招以茅。冬堂贈，無方無算。春招弭，以除疾病。王弔，則與祝前。女巫：掌歲時袚除釁浴。旱暵則舞雩。若王后弔，則與祝前。凡邦之大災，歌哭而請（註一）。

男巫又叫做覡，女巫又叫做巫。所謂「旁招以茅」，就是招來四方所望祭者，亦即招神。「堂贈」就是逐疫，冬歲至終，以禮送不祥及惡夢，其行必由堂始，巫覡與神靈相通，神諭當東則東，當西則西，可近則近，可遠則遠，道理無數。「釁浴」是以香薰草藥沐浴，「祝前」、「袚除釁浴」，就是除不祥。「舞雩」、

「大災歌哭而請」則爲禳災。古代薩滿信仰的社會功能，主要也是爲人逐疫治病、禳災驅祟、求神祈福等活動，與巫覡相近，薩滿的法術，與古代的巫術，性質相似。歷代史書對巫覡的活動，記載頗詳。《史記・封禪書》有一段記載說：

> 後四歲，天下已定，詔御史，令豐謹治枌榆社，常以四時春以羊彘祠之。令祝官立蚩尤之祠於長安。長安置祠祝官、女巫。其梁巫，祠天、地、天社、天水、房中堂上之屬；晉巫，祠五帝、東君、雲中、司命、巫社、巫族人、先炊之屬；秦巫，祠社主、巫保、族纍之屬；荊巫，祠堂下、巫先、司命、施糜之屬；九天巫，祠九天，皆以歲時祠宮中。其河巫，祠河於臨晉，而南山巫，祠南山秦中。秦中者，二世皇帝，各有時月（註二）。

司馬貞《索引》引《三輔故事》說：「胡巫事九天於神明台。」（註三）胡巫，即指匈奴巫，因匈奴巫奉祀九層的天上界，所以匈奴巫就稱爲九天巫。《漢書・匈奴傳》有一段記載說：

> 貳師在匈奴歲餘，衛律害其寵，會母閼氏病，律飭胡巫言：「先單于怒，曰：胡故時祠兵，常言得貳師以社，何故不用？」於是收貳師。貳師罵曰：「我死必滅匈奴。」遂屠貳師以祠。會連雨雪數月，畜產死，人民疫病，穀稼不孰，單于恐，爲貳師立祠室（註四）。

《史記》、《三輔故事》、《漢書》所載「九天巫」、「胡巫」，是對北方民族崇信巫覡的較早記載。樊圃撰〈六到八世紀突厥人的宗教信仰〉一文已經指出「胡巫或九天巫奉祀的九天，完全是薩滿信仰的宗教觀，薩滿就是中國古代史書中的巫。」（註五）誠然，後世所稱薩滿，就是古代史書中所載北方民族所崇信的巫覡。《漢書・蘇建傳》記載杜陵人蘇建有三子：蘇嘉爲奉車都尉，蘇賢爲騎都尉，中子蘇武最知名，他曾出使匈奴，原書有一段記載說：

> 單于使衛律治其事。張勝聞之，恐前語發，以狀語武。武曰：「事如此，此必及我。見犯乃死，重負國。」欲自殺，勝、惠共止之。虞常果引張勝。單于怒，召諸貴人議，欲殺漢使者。左伊秩訾曰：「即謀單于，何以復加？宜皆降之。」單于使衛律召武受辭，武謂惠等：「屈節辱命，雖生，何面目以歸漢？」引佩刀自刺。衛律驚，自抱持武，馳召毉。鑿地爲坎，置熅火，覆武其上，蹈其背以出血。武氣絕，半日復息。惠等哭，輿歸營。單于壯其節，朝夕遣人候問武，而收繫張勝（註六）。

匈奴巫能治病，也能急救。引文中的「毉」，就是巫醫。蘇武自殺後，匈奴大臣衛律召來巫醫，鑿了地穴，下置熅火，把蘇武放在上面，用腳踹他的後背，使他出血。蘇武原先已經氣絕，半日後卻蘇醒過來了。由此可知匈奴的巫醫確實懂得急救及醫治外傷，「毉」不僅是匈奴的巫覡，也是匈奴的醫生（註七）。

魏晉時期，匈奴內部分裂成許多部，各有名號，芮芮就是其中一部，亦即匈奴別種。據史書記載，芮芮部也崇尚巫術。《梁書・西北諸戎傳》記載芮芮國的巫覡信仰說：

> 其國能以術祭天，而致風雪，前對皎日，後則泥潦橫流，故其戰敗莫能追及。或於中夏爲之，則曀而不雨，問其故，以暖云（註八）。

祭天而致風雪，就是一種巫術，是匈奴社會裡常見的活動。梁武帝中大通六年（五三四），北魏分裂爲東、西魏，其後，雙方仍與柔然和親，結爲外援。大統三年（五三七），西魏文帝納柔然敕連頭兵豆伐可汗阿那瓌女郁久閭瓦爲后，即悼皇后。大統六年

（五四〇），悼皇后懷孕將產，居於瑤華殿，聞有狗吠聲，心裡很厭惡，又看見盛裝婦女來至悼皇后住處。悼皇后問左右說：「此爲何人？」醫巫旁侍，悉無見者，當時相信盛裝的婦人就是文皇后的亡靈（註九）。悼皇后懷孕待產時，仍然醫巫旁侍，可見她對醫巫的崇信，仍未改變。《北史・蠕蠕傳》記載醜奴信奉醫巫的情形，更加詳細，原書略謂：

> 初，豆崙之死也，那蓋爲主，伏圖納豆崙之妻侯呂陵氏，生醜奴、阿那瓌等六人。醜奴立後，忽亡一子，字祖惠，求募不能得。有尼〔屋〕引副升牟妻是豆渾地萬，年二十許，爲醫巫，假託神鬼，先常爲醜奴所信，出入去來。乃言：「此兒今在天上，我能呼得。」醜奴母子欣悅。後歲仲秋，在大澤中施帳屋，齋潔七日，祈請天神，經一宿，祖惠忽在帳中，自云恒在天上。醜奴母子抱之悲喜，大會國人，號地萬爲聖女，納爲可賀敦。授夫副升牟爵位，賜牛、馬、羊三千頭。地萬既挾左道，亦是有姿色，醜奴甚加重愛，信用其言，亂其國政。如是積歲，祖惠年長，其母問之。祖惠言：「我恒在地萬家，不嘗上天，上天者，地萬教也。」其母具以狀告醜奴。醜奴言地萬懸鑒遠事，不可不信，勿用讒言也（註一〇）。

祖惠失蹤後，躲在地萬家中，未嘗上天。地萬是一位醫巫，假託神鬼，挾其左道，且有姿色，但因其能懸鑒遠事，所以始終得到醜奴的信任。高車也是匈奴別種，南北朝時期，爲突厥所併。高車地區的巫祝活動，也很普遍。《北史・高車傳》有一段記載說：

> 俗不清潔，喜致震霆。每震，則叫呼射天而集之移去。來歲秋，馬肥，復相率候於震所，埋羖羊，然火拔刀，女巫祝說，似如中國祓除，而群隊馳馬旋繞，百匝乃止。人持

一束柳桋回，豎之，以乳酪灌焉。婦人以皮裹羊骸，戴之首上，縈屈髮鬢而綴之，有似軒冕。其死亡葬送，掘地作坎，坐尸於中，張臂引弓，佩刀挾鞘，無異於生，而露坎不掩。時有震死及疫癘，則爲之祈福；若安全無他，則爲報賽。多殺雜畜，燒骨以燎，走馬遶旋，多者數百匝。男女無小大，皆集會。平吉之人，則歌舞作樂；死喪之家，則悲吟哭泣（註一一）。

引文內容是關於高車人信奉巫術較早的記載，高車社會裡，遇到災變或疫癘時，即由女巫進行祓除、祈福等活動。《隋書·突厥傳》對突厥人崇奉巫覡的情形，也有相當詳細的記載，原書有一段記載說：

有死者，停屍帳中，家人親屬多殺牛馬而祭之，遶帳號呼，以刀劃面，血淚交下，七度而止。於是擇日置屍馬上而焚之，取灰而葬，表木爲塋，立屋其中，圖畫死者形儀及其生時所經戰陣之狀。嘗殺一人，則立一石，有至千百者。父兄死，子弟妻其群母及嫂。五月中，多殺羊馬以祭天。男子好樗蒲，女子踏鞠，飲馬酪取醉，歌呼相對。敬鬼神，信巫覡，重兵死而恥病終，大抵與匈奴同俗（註一二）。

突厥與匈奴同俗，敬鬼神，而信巫覡，重兵死，而恥病終。突厥用兵時，即以巫師之言，以定進止。突厥巫師有致風雪的法術，叫做札答，是一種禱雨小圓石。古代突厥人稱爲「Jadah」，波斯人稱爲「Yadah」，漢譯作「札答」，巫師用禱雨石製造雲、雨、霜、雪。與突厥人同時的黠戛斯族，又稱堅昆。黠戛斯亦篤信巫師。《新唐書》記載黠戛斯人祠神惟主水草，祭無時，呼巫爲「甘」（註一三）。突厥語中的「巫」，讀如「Kam」，有「動」、「急動」、「舞踊」的意思（註一四）。「甘」，就是「

Kam」的漢譯。十一世紀的突厥語學家馬合木德・喀什噶里編著《突厥語詞典》，將「Kam」註釋爲「占卜者、薩滿」（註一五）。在裕固語中，稱呼會跳神、品級較高的祀公子爲「喀木」，就是天神的使者，意即能以巫術占卜治病的薩滿（註一六）。由此可知「喀木」、「甘」，都是「Kam」的同音異譯。

唐代宗永泰元年（七六五），回紇、吐蕃入寇，回紇受盟而還。《舊唐書・迴紇傳》記載郭子儀與回紇盟誓經過甚詳，原書中有一段記載說：

> 合胡祿都督等與宰相磨咄莫賀達干、宰相護都毗伽將軍、宰相揭拉裴羅達干、宰相梅錄大將軍羅達干、平章事海盈闕達干等，子儀先執杯，合胡祿都督請咒。子儀咒曰：「大唐天子萬歲！回紇可汗亦萬歲！兩國將相亦萬歲！若起負心，違背盟約者，身死陣前，家口屠戮。」合胡祿都督等失色，及杯至，即譯曰：「如令公盟約。」皆喜曰：「初發本部來日，將巫師兩人來，云：「此行大安穩，然不與唐家兵馬鬥，見一大人即歸。」今日領兵見令公，令公不爲疑，脫去衣甲，單騎相見，誰有此心膽，是不戰鬥見一大人，巫師有徵矣。」歡躍久之。子儀撫其背，首領等分纏頭綵，以賞巫師，請諸將同擊吐蕃，子儀如其約。翌日，使領迴紇首領開府石野那等六人入京朝見（註一七）。

引文中的巫師，預言有徵，回紇首領等分纏頭綵，以賞巫師，可見回紇將領多篤信巫師。回紇的巫師，也有致風雪的法術，唐永泰元年（七六五）秋，唐軍與回紇聯攻吐蕃，在涇州靈台縣西五十里赤山嶺發生遭遇戰。據《舊唐書・迴紇傳》記載，是役「迴紇使巫師便致風雪，及遲明戰，吐蕃盡寒凍，弓矢皆廢，披氈徐進，元光與迴紇隨而殺之蔽野。」（註一八）據史書記載，是役，唐軍與回紇共破吐蕃十餘萬衆，斬首五萬餘級，生擒一萬餘人。由此可見，影響氣候變化，使用札答，以致風雪，就是北亞各民族常見的一種巫術活動。

契丹社會的巫覡，有巫、大巫、太巫的分別，一般的叫做巫，大巫的職司，主要是主持贊祝火神，祈禱避災等儀式。太巫的地位最高，主要爲皇帝祭神服務。朱子方撰〈遼代的薩滿教〉一文指出遼代中京即赤峰市大明城附近出土的一件鐵器，全長七七·五公分，有柄，柄端有平面呈腰形的環，上附八個小鐵環，手持舞動，叮噹作響，考古工作者認爲這件鐵器，形制特殊，可能是遼代薩滿所使用的法器（註一九）。《遼史》記載契丹巫師活動的文字，並不罕見。宋眞宗景德二年，遼聖宗二十三年（一〇〇五）二月，宋室命開封推官孫僅爲契丹國母生辰使，《宋會要輯稿》記載契丹巫師驅祟避邪的巫術活動說：

> 戎主歲避暑于含涼淀，聞使至，即來幽州，其館舍，供帳接待之禮甚厚，將延見，有巫一人，乘馬抱畫鼓，于驛門立竿，長丈餘，以石環之。上掛羊頭、胃及足。又殺犬一，以杖柱之，巫誦祝詞，又以醯和牛糞灑從者，於是國母屢延坐，宴會張樂（註二〇）。

巫人抱著畫鼓，在驛門立竿，殺羊、犬祭祀，念誦祝詞，又以醋和牛糞灑從者，就是薩滿驅祟避邪的巫術活動。契丹社會的喪葬儀式，是由巫師主持祓除不祥，驅凶去垢。每逢正旦，則有驚鬼的跳神活動。《遼史·歲時雜儀》有一段記載說：

> 正旦，國俗以糯飯和白羊髓爲餅，丸之若拳，每帳賜四十九枚。戊夜，各於帳內窗中擲丸於外。數偶，動樂、飲宴；數奇，令巫十有二人鳴鈴、執箭，繞帳歌呼，帳內爆鹽爐中，燒地拍鼠，謂之驚鬼，七日乃出（註二一）。

戊夜，即夜間五更，元旦五更，巫師鳴鈴執箭，繞帳歌呼，就是契丹巫師的驅祟跳神活動。宋仁宗皇祐元年，遼興宗十九年（一〇四九）三月，《遼史》記載「命林牙蕭撒抹等帥師伐夏。」句中「撒抹」，《欽定遼史語解》作「 」（Saman），漢譯作「薩滿」，小字註釋「滿洲語巫也。」（註二二）。巫，通古斯語讀作「Saman」，「撒抹」、「薩滿」都是「Saman」的同音異譯，由此可知《遼史》、《宋會要輯稿》等書所載的巫或撒抹，就是滿洲語中的薩滿。

《金史》記載女眞薩滿的活動，也是屢見不鮮。南宋光宗紹熙五年，金章宗六年（一一九四）正月，《金史》記載「宋人入撒牟谷。」（註二三）句中「撒牟」，《金史語解》滿文作「 」（Saman），小字註釋作「巫」（註二四）。《金史》后妃列傳中有一段記載說：「熙宗積怒，遂殺后而納胙王常勝妃撒卯入宮。」（註二五）同書熙宗本紀也說：「十一月癸未，殺皇后裴滿氏，召胙王妃撒卯入宮。」（註二六）句中「撒卯」，《欽定金史語解》滿文俱作「 」（Saman），都是巫的意思。質言之，北方各民族的巫，或作「撒卯」，或作「撒牟」，或作「撒抹」，或作「薩滿」，都是「Saman」的同音異譯。徐夢莘著《三朝北盟會編》一書記載女眞人崇尙巫祝，疾病不用醫藥。原書有一段記載說：

> 粘罕善用兵好殺，骨捨剛毅而強忍，兀室奸猾而有才，自製女眞法律文字，成其一國，國人號爲珊蠻。珊蠻者，女眞語巫嫗也，以其變通如神，粘罕之下，皆莫能及，大抵數人皆黠虜也（註二七）。

清代乾隆年間纂修《欽定四庫全書》收錄《三朝北盟會編》，惟原文多經修改或刪略，例如原書「粘罕」改作「尼堪」；「骨捨」

改作「古紳」；「兀室」改作「烏舍」；「珊蠻」改作「薩滿」（註二八）。「巫嫗」即女巫，就是女薩滿，女眞語讀作「Saman」，「珊蠻」或「薩滿」都是「Saman」的同音異譯。薩滿信仰就是女眞社會的共同信仰。《金史・謝里忽傳》對女眞薩滿的活動，有一段較詳盡的記載，原文如下：

> 國俗有被殺者，必使巫覡以詛祝殺之者，迺繫刃于杖端，與衆至其家，歌而詛之曰：取爾一角，指天一角，指地之牛，無名之馬，向之則華面，背之則白尾，橫視之則有左右翼者，其聲哀切悽婉，若蒿里之音，既而以刃畫地，劫取畜產財物而還。其家一經詛祝，家道輒敗，及來流小烏薩扎部殺完顏部人，昭祖往烏薩扎部，以國俗治之，大有所獲（註二九）。

引文中已指出巫覡詛祝的習俗，早已成爲女眞的國俗。昭祖威順皇后生景祖，烏古出爲景祖之弟。《金史・烏古出傳》有一段記載說：

> 初，昭祖久無子，有巫者能道神語，甚驗，乃往禱焉。巫良久曰：男子之魂至矣，此子厚，有福德，子孫昌盛，可拜而受之，若生，則名之曰烏古迺，是爲景祖。又良久曰：女子之魂至矣，可名曰五鵶忍。又良久曰：女子之兆復見，可名曰斡都拔。又久之，復曰：男子之兆復見，然性不馴良，長則殘忍，無親親之恩，必行非義，不可受也。昭祖方念後嗣未立，乃曰：雖不良，亦願受之。巫者曰：當名之曰烏古出。既而生二男二女，其次第先後，皆如巫者之言，遂以巫所命名名之。景祖初立，烏古出酗酒，屢悖威順皇后。后曰：巫言驗矣，悖亂之人，終不可留，遂與景祖謀而殺之。部人怒曰：此子性如此，在國俗當主父母之

業，奈何殺之？欲殺景祖。后乃匿景祖，出謂衆曰：爲子而悖其母，率是而行，將焉用之，吾割愛而殺之，烏古迺不知也，汝輩寧殺我乎？衆乃罷去（註三〇）。

巫者能道神語，就是薩滿以法術降神，並傳神諭，所述皆驗，就是預言應驗。宋德金撰〈金代宗教簡述〉一文將金代女眞薩滿的社會功能，歸納爲下列五項：

㈠女眞人認爲巫者能道神語，說明薩滿是溝通人神之間的中介。

㈡參與重大典禮、事件和節日裡舉行的祭祝儀式。在祭祀祖宗、社稷，以及皇帝即位、受尊號、納后、巡狩、征伐等舉行奏告祖宗、天地的儀式中，都有薩滿參加。

㈢消災治病。女眞人疾病不用醫藥，尚巫祝，殺豬狗以禳之，或載病人至深山大谷以避之。

㈣爲人求生子女。女眞人認爲薩滿能代人求生子女，並且深信不疑。

㈤女眞人相信薩滿能詛咒使人遭災致禍，也能使人絕嗣。

原文引馬克著《黑龍江旅行記》一書的記載，敘述女眞族辦理喪事時薩滿跳神的儀式。薩滿頭戴一頂圓帽，上邊安著兩隻繫著鈴鐺和花花綠綠布塊的鐵角，帽子的下緣拴一些琉璃串兒，垂在薩滿的臉上和腦後。待家屬把死者和隨葬品入殮後，薩滿接鼓在手，不時敲打幾下，手舞足蹈，做出許多動作（註三一）。在金代女眞族的社會裡，薩滿確實扮演了重要的角色。

在蒙古社會裡，崇奉薩滿信仰的風氣，極爲普遍。第九世紀末、十世紀初，部分室韋部落遷至蒙古高原，與原住的蒙古語族和突厥語族互相融合，在語言、習俗等方面趨向突厥化，最後形成統一的蒙古部族。在西遷的室韋系蒙古語族諸部中，大都崇奉薩滿信仰，掌管祭祝的薩滿，在社會上很有地位，並起著重要作用（註三二）。《多桑蒙古史》對蒙古社會的薩滿活動，記載詳盡，原書第一卷有一段記載說：

> 韃靼民族之信仰與迷信，與亞洲北部之其他遊牧民族或蠻野民族大都相類，皆承認有一主宰，與天合名之曰騰格里（Tangri）。崇拜日月山河五行之屬。出帳南向，對日跪拜。奠酒於地，以酹天體五行，以木或氈製偶像，其名曰「Ongon」，懸於帳壁，對之禮拜。食時先以食獻，以肉或乳抹其口。此外迷信甚多，以爲死亡即由此世渡彼世，其生活與此世同。以爲災禍乃因惡鬼之爲厲，或以供品，或求珊蠻（Cames）禳之。珊蠻者，其幼稚宗教之教師也，兼幻人、解夢人、卜人、星者、醫師於一身，此輩自以各有其親狎之神靈，告彼以過去、現在、未來之秘密。擊鼓誦咒，逐漸激昂，以至迷罔。及神靈附身也，則舞躍瞑眩，妄言吉凶，人生大事，皆諭此輩巫師，信之甚切。設其預言不實，則謂有使其術無效之原因，人亦信之（註三三）。

引文中的「珊蠻」，就是薩滿的同音異譯，是兼原始宗教的教師及巫師。原書也記載蒙古薩滿有招致風雨雷電的法術，這種法術，與突厥等族近似。蒙古人使用獸體病石，投入水中，即產生烟霧，蒙古薩滿利用此種烟霧，可以製造雲雨（註三四）。蒙古薩滿的禱雨石，就是札答石。《蒙古秘史》記載札答法術說：

> 次日出發〔兩軍〕相接，在濶亦田列陣，在互相向上向下對峙，雙方劍拔弩張之際，對方不亦魯、黑汗、忽都合〔別乞〕二人懂〔用札答石〕招致風雨的法術，就施此術；〔不意〕風雨逆襲他們，以致不能走脫，倒在溝壑之中。〔他們〕說：「上天不喜悅我們」，於是就潰散而去（註

三五）。

蒙古薩滿使用札答石招致風雨的法術，大都將若干經過咒鍊的小石塊置於水中，施行法術，使當地龍王降下風雨。陶宗儀著《輟耕錄·禱雨》記載說：

> 往往見蒙古人之禱雨者，非若方士然至於印令旗劍符圖氣訣之類，一無所用，惟取淨水一盆，浸石子數枚而已，其大者若雞卵，小者不等，然後默持密呪，將石子淘漉玩弄，如此良久，輒有雨。豈其靜定之功已成，特假此以愚人耳？抑果異物耶？石子名曰鮓答，乃走獸腹中所產，獨牛馬者最妙，恐亦是牛黃狗寶之屬耳（註三六）。

引文中的「鮓答」，即「札答」的同音異譯。蒙古薩滿利用札答石招致風雨，就是常見的巫術活動。醫治疾病也是薩滿的重要職司，《多桑蒙古史》有一段記載說：

> 合不勒汗之妻弟賽因的斤（Sain-Tékin）遘疾，延塔塔兒部之珊蠻治之，不效而死。其親族追及珊蠻，殺之。塔塔兒部人怒，起兵復讎。合不勒諸子助其母族與之戰，未詳其勝負。其後海都曾孫俺巴孩可汗，泰亦赤兀部之長也，求妻於塔塔兒部，塔塔兒人執之以獻女眞帝。女眞帝方挾前此合不勒殺死之忿，乃釘俺巴孩於木驢上，此蓋專懲遊牧叛人之刑也（註三七）。

賽因的斤遘疾，延請塔塔兒部薩滿醫治，雖然不效而死，但可以說明治病就是薩滿的主要職司之一。

蒙古薩滿在政治上有很高的地位，早在成吉思汗時期，就已經設置了「別乞」，這是專門管理薩滿事務的教長（註三八）。豁兒赤（Khorchi）、兀孫（Usun）老人都是蒙古的薩滿術士，以倡言符瑞，而獲得成吉思汗的信任。蒙古崇尚白色，以白爲諸色之首。成吉思汗命兀孫老人爲別乞，叫他穿白衣，騎白馬，坐上席，歲歲月月都要賞賜他，優禮有加（註三九）。《多桑蒙古史》也有一段記載說：

> 塔塔兒諸遊牧部落既平，鐵木眞應有適合其新勢權之尊號。一二〇六年春，遂集諸部長開大會（Couriltai）於斡難河流附近之地，建九斿白旄纛。珊蠻或卜者闊闊出（Gueukdjou）者，常代神發言，素爲蒙古人所信奉。茲莊然告鐵木眞曰：「具有古兒汗（Gour Khan），或大汗尊號之數主既已敗亡，不宜採用此有污跡之同一稱號。今奉天命，命其爲成吉斯汗（Tchinkguiz Khan），或強者之汗。」諸部長群贊其議，乃上鐵木眞尊號曰「成吉思汗」，時年四十四歲。術人闊闊出，別號帖卜騰格里（Bout-Tangri），此言天像，紿蒙古人。謂其常乘一灰斑色馬至天上，蒙古人因是頗尊崇之。凡事皆與鐵木眞言，放言無忌，且欲當權。鐵木眞頗惡其人，茲既無須其助，乃命其弟拙赤俟其入帳發言無狀時即殺之。已而此術者入，妄言猶昔，拙赤勇力絕倫，因號哈撒兒，以足蹴之出帝帳，即斃之（註四〇）。

闊闊出是在諸勳舊中最受成吉思汗敬重的蒙力克之子，他以能與上天交通之故，而享有帖卜騰格里（Teb-Tenggeri）之稱。他的號召力一天一天的大起來，他毆辱成吉思汗的諸弟，離間成吉思汗與他們的關係，這種情勢，逼使成吉思汗不得不把他除掉（註四一）。

闊闊出雖然被誅，但元室統治者仍然篤信巫覡。元太宗四年，相當於南宋理宗紹定五年（一二三二），拖雷隨窩闊台汗領兵征討金國。《元史・睿宗列傳》對拖雷的薨逝，有一段記載說：

從太宗收定河南諸郡。四月，由半渡入眞定，過中都，出北口，住夏于官山。五月，太宗不豫。六月，疾甚，拖雷禱于天地，請以身代之，又取巫覡祓除釁滌之水飲焉。居數日，太宗疾愈。拖雷從之北還，至阿剌合的思之地，遇疾而薨，壽四十有□（註四二）。

引文中的巫覡，就是薩滿，窩闊台生了重病，由巫覡作法祓除邪祟。《蒙古秘史》記載較詳，節錄一段如下：

兔兒年〔辛卯，一二三一〕，斡歌歹可汗去征伐金國百姓，以者別爲先鋒，擊敗金軍，如摧毀朽木一般，追殺著越過了居庸關。派兵到各地攻擊各城，斡歌歹可汗駐營於龍虎台。在那裡斡歌歹可汗患病，口舌麻木不靈，就命巫師、卜者們占卜。他們說：「金國地方〔山〕川的神祇〔因爲〕他們的百姓人煙被擄，城市被毀，急遽作祟。」以占卜告訴說：「給〔他們〕百姓，人煙，金銀，牲畜，食物〔和〕替身。」〔仍是〕不肯放開，〔反〕更加緊作祟。占卜〔再〕問：「可否由一個親族〔代替〕？」可汗就睜開眼睛，索水喝，問道：「怎麼啦？」巫師們奏稟說：「金國地方山川的神祇們，因爲他們的地方〔山〕川被毀，百姓人烟被擄，急遽作祟。占卜告訴他們：「給個替身」，〔他們〕反〔作祟〕更甚。問：「可否由一個親人〔代替〕？」〔他們〕就放開了。如今聽憑聖旨。」〔可汗〕降聖旨說：「在近側的子〔弟〕們有誰？」〔皇子〕拖雷正在跟前，就說：「我們有洪福的〔汗〕父成吉思可汗，在上有諸兄，下有諸弟之中，獨將可汗哥哥你，如選揀騸馬，揣摩羯羊一般的，把他的大位指給你，把諸國〔的重任〕擔在你的〔肩〕上。教我在可汗哥哥跟前，「提醒已經忘記了的，

> 喚醒已經睡著了的。」如今，若是把可汗哥哥你失去了，誰忘記了要我來提醒，誰睡著了要我來喚醒呢？假如我可汗哥哥眞有個不豫，蒙古眾民就將成爲喪父之子，金國百姓必〔甚〕快意。讓我來代替可汗哥哥吧。劈開鱒魚的脊骨；我曾砍斷鱣魚的脊梁，我曾勝過迎面來的〔叛逆〕，我曾經刺傷在遙遠的〔敵人〕。我也曾是面孔美好，身材修長的。巫師們來咒詛吧！」巫師們咒詛了，把咒詛的水，給〔皇〕子拖雷喝了。他坐了一會兒就說：「我醉了，等我醒過來的時候，請可汗哥哥好好關照孤弱的姪輩，寡居的〔弟〕婦吧！〔我〕還說什麼呢？我醉了。」說罷出去，就逝世了（註四三）。

蒙古貴族患病，常以眞人爲替身。蒙古大兵攻打金國，金國山川神靈作祟，元太宗窩闊台患病，拖雷以弟代兄爲替身，飲用了巫師祓除釁滌咒詛的水就逝世了，由此說明拖雷等人多篤信薩滿。蒙哥汗是拖雷的長子，在位九年，死後追諡桓肅皇帝，廟號憲宗。《元史・憲宗本紀》有一段記載說：

> 帝剛明雄毅，沉斷而寡言，不樂燕飲，不好侈靡，雖后妃不許之過制。初，太宗朝，群臣擅權，政出多門。至是，凡有詔旨，帝必親起草，更易數四，然後行之。御群臣甚嚴，嘗諭旨曰：「爾輩若得朕獎諭之言，即志氣驕逸，而災禍有不隨至者乎？爾輩其戒之。」帝性喜畋獵，自謂尊祖宗之法，不蹈襲他國所爲。然酷信巫覡卜筮之術，凡行事必謹叩之，歹無虛日，終不自厭也（註四四）。

蒙哥汗酷信巫覡，宮中蓄養薩滿，所有行事，必謹叩之。由此可知蒙古崇奉薩滿的普遍，薩滿在元代政治舞台上始終扮演著重要的腳色。札奇斯欽著《蒙古史論叢》一書指出：

「薩滿」是滿洲語的巫祝，在蒙古語中，並沒有「薩滿」一詞，更不知道薩滿教爲何物。蒙古語稱巫爲（böe），但也沒有（böe）教之說。在《蒙古秘史》中，它的漢字音譯作「孛額」，意譯作「師公」（秘史第一八一節）。最高的「孛額」是能與上天來往，能知天意，介於天人之間，能祝福降福的超人。一般的「孛額」，不過是能禳祓、驅邪、占卜、治病的巫醫。但也能以「札答（jada）石」呼風喚雨（秘史第一四三節）。他們以天爲最高神，其他人格化的自然界和自然現象，都是次於天的諸神靈。至於鬼和若干動物的靈魂，是可以供他驅使的靈氣。他們做法的時候，也有一套祝禱之詞。在內容上，雖談不到什麼宗教的哲理，卻是優美的民間文學（註四五）。

引文中的「孛額」（böe），意譯即師公，無論是最高的孛額，或是一般的孛額，就是通古斯語中的薩滿，都是巫師或巫覡的不同音譯。在蒙古社會裡，有福神「jola」，守護神「sülde」。它們的祭祀，各有專人，不用喇嘛，而且不公開，這是舊日薩滿的遺俗。此外，福神忽禿黑（khutugh）、獵神兼福神「年都兀惕」（nemdü'üd）和代表祖先靈魂的「哈喇」（khara）等等，都是蒙古孛額的神靈，會時時附體。在比較閉塞的地方，孛額做法時，時常披頭散髮，穿著怪異的服裝，一面祝禱念咒，擊鼓搖鈴，婆娑起舞，直到他們昏迷不省人事，失去知覺，於是魂靈出竅，與神靈交通（註四六）。北方各民族共同崇奉的薩滿，源遠流長，探討薩滿的起源，不能忽視北亞社會的巫覡活動，薩滿信仰就是屬於巫覡文化的範疇，明清時期，北亞漁獵社會，巫覡的活動，仍極盛行，探討北方各少數民族的薩滿信仰，確實不能忽視古代巫覡文化的背景。

第二節　薩滿的傳承與活動

我國歷代以來，各民族的人口，經過長期的蕃衍生息，以及多次的遷移屯戍後，已經逐漸形成了一定的分佈地區。近代滿族是在清太祖努爾哈齊統一女眞各部的基礎上形成的，亦即以建州女眞、海西女眞爲基礎，吸收一部分野人女眞，以及錫伯、達呼爾、漢人、朝鮮人等族，經過長期共同生活而形成一個新的民族共同體（註四七），主要分佈於遼寧、黑龍江、吉林、河北、內蒙古等地，而以遼寧東部和河北承德等地，比重最大，形成了高度的聚居特點。滿族的薩滿信仰被視爲東北民族原始宗教信仰的集大成者，它保留了較爲完整的信仰形態。

赫哲族有黑斤、黑津、黑金、黑哲、赫眞等不同的漢字音譯，是北通古斯的一種，出自野人女眞。歷史上曾因赫哲族以魚皮爲衣，而稱爲魚皮達子。又因曾以狗拉雪橇，而稱爲使犬部。王彬撰〈赫哲族與東海女眞〉一文指出赫哲族是由東海女眞人的呼爾哈、瓦爾喀、奇雅喀喇和使犬部等構成，並包括一部分費雅喀等人（註四八）。赫哲族篤信薩滿，薩滿信仰極爲盛行。

古代索倫族的祖先，主要是散居於貝加爾湖一帶。後來，由於索倫族歷史上的遷徙及居住地區的分散，曾被其他民族分別稱爲索倫人、通古斯人及雅庫特人等，分佈於輝河、伊敏河、莫和爾圖河、雅魯河、阿倫河及嫩江流域沿岸者，被稱爲索倫人；居住在莫爾格河、錫尼河一帶者，被稱爲通古斯人；居住在勒拿河一帶者，因與雅庫特人雜居，而被稱爲雅庫特人。但是他們的後裔，並不贊同使用「索倫」的族名，也不承認自己是通古斯人或雅庫特人。他們自稱是鄂溫克，意思是「住在大山林中的人們」，是森林中的狩獵民族。史學界對索倫族的族源問題，提出了多種觀點：一說索倫族是契丹的後裔；一說索倫族是最古的通古斯族；一說北室韋等部都是索倫族的祖先。索倫族的族源，與北魏時期的北室韋或鉢室韋等部，應有密切的關係，其文化特點多相同。唐代，在貝加爾湖東北苔原森林區的鞠國，以鹿牽車，聚木爲屋。元代鞠國爲林木中的兀良哈。明代，稱他們爲北山野人。明末清初，索倫族逐漸南移，共分二支：一支居住在貝加爾湖西北勒拿河支流威呂河和維提姆河沿岸的使鹿索倫人，被稱爲使鹿的喀木尼堪，或索倫別部；一支居住在貝加爾湖以東赤塔河、石勒喀河一帶使用馬匹爲交通工具的索倫人，被稱爲納米雅兒部落，或稱那妹他；一支居住在石勒喀河至精奇里江一帶及外興安嶺南的索倫人，是最主要的一支，被稱爲索倫部（註四九）。清初統一黑龍江中上游地區的索倫部後，採取了兩項措施：一方面把索倫各部以氏族爲單位編成佐領，任命各氏族首領等爲章京；一方面在黑龍江以北索倫部村屯中留戍滿族士卒，成爲清軍駐守黑龍江中上游北岸的據點（註五〇）。索倫族驍勇善戰，不僅駐防邊境，還對外遷徙。索倫族的多神信仰，最集中的表現，就是在薩滿信仰方面。

鄂倫春族從遠古時代起就是使用馴鹿的一種民族，世居黑龍江流域和興安嶺一帶。當地呼鹿爲「鄂倫」，又作「奧倫」，或「俄倫」，似乎都與「oron buhū」即角鹿的發音有關。這種角鹿喜食青苔，鄂倫春族的名稱可能就是來源於馴鹿，而不能用山嶺上的人來解釋族稱。因爲他們飼養馴鹿，使用馴鹿，所以稱使用馴鹿的人爲鄂倫春（註五一）。關於鄂倫春族的族源問題，一說源於北室韋；一說源於女眞。根據文獻記載，鄂倫春族源於北室韋的說法，較爲可信。明末清初，鄂倫春族分佈的地區，北依外興安嶺，南臨黑龍江及其支流，主要聚居於貝加爾湖以東，黑龍江、精奇里江、石勒喀河、牛滿河、恒滾河，以及庫頁島等地，以狩獵為生，同時也進行捕魚和採集。在信仰方面，長久以來，普遍地篤信薩滿，崇奉薩滿就是鄂倫春族的共同信仰。

達呼爾又作達斡爾，中外學者根據不同的文獻記載，對達呼爾的族源，提出了各種不同的看法。其中影響較大的解釋是契丹後裔說和蒙古同源說。有些學者根據相關文獻記載，以及達呼爾族的地理分佈、語言、生活習俗等方面的異同，進行綜合研究後指出達呼爾族可能起源於遼代契丹（註五二）。有些學者則根據達呼爾語與蒙古語相互之間有著相同或相近的成分，尤其是《蒙古秘史》中記載的十三世紀早期蒙古語的許多詞彙，在現代蒙古語中已經消失，但卻保留在達呼爾語中的一些事實，而認為達呼爾族的祖先是成吉思汗統一蒙古各部以前的古代蒙古各部落的一支，因而與後世的蒙古有著共同的族源（註五三）。世居黑龍江流域的達呼爾族為了躲避戰禍，相繼渡過黑龍江，南遷到嫩江流域及其支流甘河、諾敏河、訥爾河兩岸，建立村落，依山傍水，星羅棋布，長期以來，從事各種漁獵活動，被稱為布特哈達呼爾人（buthai dahūr），意即打牲達呼爾人。居住在嫩江中下游的達呼爾人，以齊齊哈爾城為中心，分佈於嫩江兩岸，被稱為齊齊哈爾達呼爾人，或霍通達呼爾人。隨著歷史的變遷，一部分達呼爾人陸續遷居瑷琿、呼倫貝爾等地，被稱為瑷琿達呼爾人，分佈在黑龍江南岸河谷地帶，從事農耕，兼營漁業。分佈在呼倫貝爾草原東部邊緣的達呼爾人，因臨近海拉爾城的東南面，被稱為海拉爾達呼爾人，從事牧業活動。分佈各地的達呼爾人，以崇奉薩滿為共同的信仰，薩滿信仰就是達呼爾族傳統文化的一個側面。

錫伯族是我國東北地區的少數民族之一，具有悠久的歷史。

在不同時期的漢文史籍中，其族名有不同的譯音和寫法，常見的如錫伯、席北、西北、西伯、席百、席伯、史伯、實伯、失比、師比、悉比、犀北、須卜、鮮卑、室韋等，不勝枚舉。關於錫伯族名稱的由來及其含義，中外史家提出各種不同的解釋，可以歸納爲三種：一種解釋認爲錫伯是地名，錫伯族自稱錫伯是伯都訥附近的地名，日本學者島田好認爲錫伯族是據有錫伯河的一個部族名稱（註五四）；一種解釋認爲錫伯是由部落名發展成爲民族名稱。趙展撰〈錫伯族源考〉一文指出，「查閱遼史，和黃頭室韋一起征遼的臭泊部，與錫伯聲音相連，就可能是其同音字。」（註五五）；一種解釋認爲錫伯是鮮卑的遺民，由鮮卑音轉爲錫伯。何秋濤著《朔方備乘》一書稱「鮮卑音轉爲錫伯，亦作席北，今黑龍江南，吉林西北境有錫伯部落，即鮮卑遺民。」（註五六）綜上所述，無論從地域上考證，或從考古學、語音學以及從歷史文獻學等方面來分析，都證明錫伯族是古代拓跋鮮卑的後裔，由拓跋鮮卑分裂出室韋，又由室韋分裂出錫伯，這或許就是我國錫伯族產生和發展的歷史過程（註五七）。錫伯族最早的發源地，是在大興安嶺北段，即呼倫貝爾盟地區，海拉爾以南，洮兒河、綽爾河流域，都是錫伯族早期居住的地區。從元代開始，錫伯族在政治上隸屬於蒙古，其絕大部分在科爾沁蒙古的統治之下。明末清初，錫伯族以伯都訥爲中心，散居於嫩江下游和松花江流域。清太宗崇德年間（一六三六——六四三），錫伯族同科爾沁蒙古一起被編入蒙古八旗，正式歸附於滿洲。康熙三十一年（一六九二），科爾沁蒙古王公、台吉等，將所屬錫伯、卦爾察進獻給朝廷，編入八旗，並分散到墨爾根、齊齊哈爾、伯都訥、烏拉等地駐防。其後清廷爲充實各地的八旗兵力，並強化對錫伯族的控制，又將錫伯族移駐盛京、錦州、北京、歸化城，以及山東德州等地，錫伯族終於擺脫了科爾沁蒙古的直接控制。乾隆二十九年（一七六四），清廷爲了加強新疆伊犁地區的防務，從盛京所屬的瀋陽、開原、遼陽、義州、金州、興京、牛莊、撫順等地抽調錫伯兵一千名，連同眷屬共三千二百七十五人，西遷至新疆伊犁河南岸一帶屯墾戍邊。乾隆三十六年（一七七一），編爲八個牛彔，組成錫伯營。以八旗組織形式分爲八個牛彔，各牛彔之間，劃地爲界，各耕其田。有清一代，錫伯族由於頻繁遷徙，而散居於遼寧、吉林、黑龍江、盛京、京師、新疆伊犁等地（註五八）。錫伯族早期的原始信仰就是薩滿信仰，東北洮南、阿城等錫伯族分佈的遼金遺跡中，曾多次發現薩滿銅人（註五九）。西遷新疆伊犁的錫伯族，也篤信薩滿。

關於薩滿起源的神話，北亞各民族的傳說，大同小異，相信薩滿的產生，與氏族部落的始祖或部族起源，息息相關。滿族流傳的女神神話，敘述在遠古時代，天連水，水連天的時候，人們無法生活，有一個女性天神阿布卡赫赫（abkai hehe），意即天女，給人世扔下了一根柳枝，拯救了人類和萬物。有的神話敘述在剛出現宇宙的時候，阿布卡赫赫派遣音姜做世上第一個女薩滿。她搖動神鼓，鬥邪惡，救苦難，迫使鬼王放回兩名已死幼童的靈魂。薩滿自己雖然被殺死，卻給世上留下了神鼓和薩滿信仰，後世女薩滿遂自詡爲音姜的化身（註六〇）。

布里亞特人相傳，與神鷹交配過的布里亞特女子是人類最初的薩滿。他們相信薩滿最早來自一隻能通人語的大鷹，天神派遣她到下界庇佑族人，這隻大鷹與布里亞特一個女子成婚，生下一子，就是最初的薩滿。雅庫特人、通古斯人也有祖先薩滿是神鷹的後裔的傳說。朝鮮族的傳說中，敘述巴力公主夢中與鷹交感而成孕，生下雙胞胎，這對雙胞胎又各生四女，八位姑娘就成爲朝鮮薩滿之祖。裕固族傳說他們最初的薩滿是一位老太婆，有一天，她正在打酥油，天神騰格里附魂於她的身上，她就跳起神來，於是衆人向她叩頭禮拜，她就成爲裕固族的第一個薩滿。這些關於薩滿起源的神話，充分說明即使在薩滿信仰形成的時代，女性的地位是崇高的，在初民社會的觀念中，女性比男性更具有神力（註六一）。

薩滿具有神力，這種意味，表明薩滿的巫術性質，並非任何人都可以成爲薩滿。北亞各民族的薩滿，在不同地區，雖然各有自己的一套傳承方式，但也有他們的共同點，因爲薩滿並非都是世襲的，就基本上而言，由誰當薩滿，主要是取決於薩滿神的選擇。金寶忱撰〈薩滿的選徒與授技〉一文指出薩滿的產生有三種方式：第一種是病患者當薩滿；第二種是世襲制；第三種是薩滿直接選定。其中世襲制又有兩種情況：一種情況是隔代傳薩滿，錫伯族就是一例，在一個家族內，只允許隔代爲薩滿。赫哲族薩滿，有的隔一代，有的甚至隔幾代又找上門來；另一種情況是世襲制，薩滿死後，由其親弟弟、妹妹或子女來繼承。至於由薩滿直接選徒的情況，多因薩滿在平時見到有的人舉動言行都像薩滿，就向其家人或親友提出讓他學習薩滿的建議。有的是通過跳神選徒，例如黑龍江省富裕縣三家子村滿族薩滿選徒時，主要通過跳神來看誰有「仙根」，老薩滿點著香，用雙手舉著在屋內來回走動，使屋內漫佈香煙，哪個青年昏蹶或發抖，他就是選中的接班（註六二）。其實，薩滿的產生，主要還是假藉薩滿神的選擇，老薩滿死後，由哪個弟妹子女來繼承，仍然是由於薩滿神的附身，不同於世職的承襲。

就一般情形而言，薩滿的產生，要有一定的徵兆，常見的有三種：一是出生時的異常現象；二是久病不癒；三是患有精神方面的疾病，具備其中一種徵兆，就有可能被選爲薩滿。不論男女，成爲薩滿的人，大抵常有某種異常的跡象，例如嬰兒出生時，其胎胞完整不破，需要用刀割開，或用剪刀剪開，將嬰兒取出，這種異常現象，多被視爲祖神旨意，須由親人代嬰兒許願，允諾長大後充當薩滿，方能存活。一個人長期重病不癒，或者是平常人突患癲癇症，咬牙切齒，亂跳亂鬧，就被認爲是祖神或已故薩滿看中了他，用病痛、癲癇來折磨他，逼使他允諾充當薩滿，方能痊癒（註六三）。索倫族人發現原先物色的病患，突然不怕水火，在冰天雪地裡赤著腳跑動，就認爲這個人要成爲薩滿了（註六四）。神經錯亂的精神病患，醫藥罔效，群醫束手，這時候請薩滿跳神治病，病人許願充當薩滿，病患幸而痊癒，於是就相信一定有神靈在保佑，和神靈有過接觸，他成爲薩滿後，當然也能請神來保佑人們的健康（註六五）。

成爲一個薩滿，要學會許多神術。學習神術，先要學習領神，一個普通人經過領神的儀式後，方能成爲通靈的薩滿。每個氏族都有一個氏族薩滿，但薩滿的產生，並不經過推舉，主要是憑氏族祖神或老薩滿的選擇。通常氏族薩滿年老身故後，祖神或已故薩滿的魂靈即附在本氏族成員的身上，這個成員就被確定爲新薩滿。被選中的成員經過薩滿傳授法術，舉行領神儀式後，方能成爲正式的薩滿。

赫哲族的薩滿，並無階級或某種人的限制，他們認爲當薩滿，全憑神靈的旨意。凌純聲著《松花江下游的赫哲族》一書敘述混同江北岸葛門嘎深有一個孀居的古爾佳氏，生有一子，名叫克木土罕，十二歲時，身患重病，請額卡哈薩滿到家裡看病。因家中沒有婢僕，無人服事，便請母舅來幫忙，替薩滿升香，燃燒僧其勒（sengkile）即香草。又在西炕上放了一張炕桌，桌上擺黃米飯二碗，祭祀薩滿神，額卡哈薩滿手拿神鼓，頭戴神帽，身穿神衣，腰繫神鈴，跳舞酬神。跳神治病時，身體向前一闖，又向後一退，神已附體，當他向後傾倒時，早有他的家人在他身後照料，不致倒在地上。克木土罕的母親和舅舅二人祝禱，許以病除之日，願意祭供牛、羊、豬、雞等物，每樣兩隻。額卡哈薩滿傳達神諭，克木土罕的病症，非是眞病，乃是他曾祖父的薩滿神作祟，非令克木土罕承領薩滿神不可。說完後又繼續跳舞，且歌且舞。太陽西下時，額卡哈薩滿口念送神咒，薩滿神便離開了額卡哈薩滿之身，返回長白山洞窟去了。此時，克木土罕的病立時大癒，額卡哈薩滿還引導克木土罕去捉愛米神。

領神又稱授神，領神儀式包括跳神訓練，學習祭神的禱詞，熟悉宗教信仰活動的內容等等。新薩滿在老薩滿帶領下，經過一系列領神儀式和跳神的訓練，熟記祭神禱詞，逐一背誦本氏族一長串的祖神和世代薩滿的名字。各氏族的領神儀式，不盡相同，《松花江下游的赫哲族》一書所載赫哲族薩滿的領神儀式較爲詳盡，節錄其中一段內容如下：

> 年齡在十五、六歲至二十四、五歲之間的人，害了精神病，久而不愈，請薩滿跳神治病亦不見效時，乃由薩滿禱告許願云：「如病人得癒，願教領神。」病人若果因此而得痊癒，即須至薩滿處謝神了願。再經過數月或一、二年後，許願領神者如又患病，是爲領神時期的徵兆。那時前次代他許願的薩滿爲之預備領神的手續。在病人已入於昏迷狀態的時候，扶之坐在炕上。一老人爲「甲立」（ʧiali），坐在他的背後，雙手扶其兩肩。在炕前地上，正對病人供一愛米，燒「僧其勒」（sənk'ile）香草。薩滿穿戴神衣神帽。坐在炕沿上，擊鼓請神，口中念念有詞，先報他自

己的裝束及所用神具，大意云：「十五根神桿，桿下一對朱林神，還有飛的神鳩，大的神鷹。身掛十五個銅鏡，背後護背鏡；頭戴五叉神帽，胸前掛銅的布克春神，鐵的薩拉卡神。服神衣，穿神袴，束腰鈴，圍神裙，手套神手套，足登神鞋，取鼓槌，執神鼓。鼓聲起，神四佈。」報至此再擊鼓三聲，繼續報他所領的神名，大意云：「騰雲駕霧的老爺神，娘娘神，在雲城上和霧城上盤旋。在三個山峯的中峯坡下有個愛敦神、鹿神。在天河中大石城內的神桿下臥著一虎神。鄂倫春人那邊的柞樹神和石頭朱林神。在北海島上石門屋伏著一對虎神。南海中三個山峯坡下的神，烏蘇里江南岸水漩處的鰉魚神，七星嶍子坡下九個門前的娘娘神。」如薩滿所報之神名及神具爲領神的病人所當領的神，那時病人的雙肩乃不斷的微微震動，甲立即報說：「抖了」（sərəmərən）。否則不震動，甲立即報說：「不抖」（atʃi）（嘎爾當人用）或（k'ɜkəmŋ）（富克錦人用）。薩滿便須改變其詞爲之另找某某神或某某神具，在南海或北山或某湖畔，或某河邊，各處去請神。並須一樣一樣的細細報告，直至說中發生影響於病人爲止。薩滿見病人的雙肩微微顫動，身亦漸漸隨之而動時，知諸神快要降臨，乃更向神祝禱云：「室內已燒起了僧其勒香草，倘使你是眞正的愛米，不要害怕，快快附入你的主身。」到了此時，領神的病人顚動全身，向炕前移動，愈顚愈甚，至炕沿則兩足垂下，兩手張開作抱勢，直跳向炕上愛米撲去，那時便入於昏倒狀態。旁人將其扶起，並將薩滿的腰鈴及神裙解下爲之繫上，薩滿授之以鼓及槌。領神的病人自會擊鼓跳舞，此時跳動若狂，必須兩人扶著。跳行數週，

> 愈跳愈急，鼓聲亦愈大，扶者強之安睡炕上稍息。他休息片刻，喘息稍定，神智亦得恢復。他們相信此時愛米已離去其身。神智定後，薩滿乃將方才請神的咒語與他發生關係的一種，從頭至尾一句一句再述一兩遍，領神者須牢記在心。授神的儀式，即算終了。此種儀式都在晚間舉行。自此以後，即爲練習時期（註六六）。

經過領神或授神儀式及訓練後，病患領有可以支配的神靈，始能成爲具有神力的薩滿。有一些民族，薩滿領神儀式，常在祈求人畜平安，生產豐收的盛大集會中進行。例如索倫、鄂倫春、達呼爾等族常在春季舉行，全氏族或部落成員攜帶祭品前往參加，會中新薩滿在神鼓等法器的敲擊下，跟隨老薩滿邊唱邊跳，衆人也附和著唱跳神的調子，連跳數天，一直跳到新薩滿神靈附體，產生效應爲止。老薩滿傳授跳神的方法，直到新薩滿不僅掌握了跳神的方法，而且能夠進入所謂諸神附體的無我境界時，就算成功了。

錫伯族的領神儀式，雖然大同小異，但也有它獨具的特點。新薩滿經過三年的訓練，最後被認爲薩滿的神靈已經附體，才算合格。此外，還要練就刀、槍、火針等方面的功夫，須練到用鋒利的鍘刀壓身，或用槍、矛刺身而不受傷，赤著腳在火堆上跳神而不燙傷的程度（註六七）。新疆伊犂察布查爾錫伯族自治縣第三牛彔金泉村帕薩滿曾患有神經錯亂的疾病，久治不痊。請薩滿診治後，認爲他的性格溫順，已故薩滿的神靈已選中了他，只有當薩滿，才可痊癒。他欣然同意，於是便開始學習。初期只是斷斷續續地學習三年左右，其間每逢八月十五日，或其他節日，由老薩滿到徒弟家中傳授內容，包括擊鼓、背誦禱詞，以及如何診病、跳神、請神等項知識和動作。此外，當老薩滿外出跳神治病時，徒弟要幫助負荷法器等道具隨同前往，在現場觀摩跳神作法的一系列過程和動作，三年屆滿，如果老薩滿認為徒弟的本領已經到家了，便可舉行上刀梯的儀式了。

上刀梯是錫伯族薩滿的一個重要特點，對學習薩滿的人而言，不僅是一種神意選擇，而且也是一次公開的考核。在錫伯族看來，通往薩滿信仰的神秘境界，並非一條平坦大道，而是要經歷許多艱難險阻，所以要通過神靈的種種考驗，其中上刀梯就是一種嚴酷的考驗。上刀梯的儀式，多在徒弟家中院內舉行。首先要在院子牆外四角樹立四根木樁，在樁上拉上繩子，將院落圍繞一周。繩上懸掛各種顏色的布條、紙條，以及弓、箭等物，目的是為了避邪，使妖魔鬼怪不致闖入院內。在儀式正式進行前，老薩滿每天都要到徒弟家中教授跳神、上刀梯等類動作和經驗，徒弟家人則要晝夜焚香供祭薩滿神像。擺設刀梯的工作，必須由徒弟家人來進行，首先要在空地上排豎兩根木桿，呈南北向，然後將鋒利的鍘刀刃部向上，按每級約一市尺的距離由下至上橫綁於兩根木桿上。刀梯的級數，一般為二十五級，少者十八級，多者不過四十九級。刀梯一旦架成，本家族的親人必須日夜輪守，以防仇敵破壞或暗算。他們相信如若有人將狗血塗抹於刀梯上，神力就會失靈。儀式開始前，主人還要把公羊和公牛各一條牽至現場，並在刀梯右前方燒油鍋一口。舉行儀式時，全村民眾，鄰近村落的薩滿都踴躍前來參加，但產婦、婦女病患者，以及有喪事的人家都不能前往，他們認為這些人身體不潔，容易帶來邪氣。一切安排妥當後，上刀梯者要全身裝束，頭戴神帽，身穿神衣，手提神鼓，站立在刀梯左前側，時間是在夜晚，先由老薩滿念誦禱祠請神，請求神靈保佑他順利通過刀梯，念畢，由一名男性親屬用薩滿跳神時使用的短矛向公羊頸部猛刺一矛，上刀梯者飲羊血一口，隨即走向刀梯，面朝南，赤著腳向上攀登，老薩滿還要不斷地提醒他不能回頭，不能向北看，因爲北邊妖魔多，會遭到暗害。老薩滿也要不斷地念誦禱詞，告訴衆神，上刀梯者的血液如何純潔，爲人忠厚樸實，對薩滿神靈十分虔誠，請求神靈保佑他順利通過刀梯。錫伯族相信爲人正直，心地善良，忠於神靈者，神靈可以保佑他逢凶化吉，順利通過刀梯，進入神秘的薩滿世界，成爲溝通神界和人界的中介者。滿都爾圖等撰〈察布查爾錫伯族的薩滿教〉一文指出，「這種令人望而生畏的充滿危險的神靈選擇活動，不僅是用以決定薩滿事業繼承人的一種傳承方式，而且也可以說是錫伯族薩滿教用以要求自己的成員必須忠於神靈、忠於薩滿教事業，不得懷有異心，離經叛道的一種手段。」（註六八）上刀梯者到達頂層稍事喘息後，背朝北方，向後橫倒，仰面倒將下來，掉落在事先鋪好的網子上，經過片刻休息後，即到院內，赤手從滾燙的油鍋中撈取炸熟的油餅分送給在場的群衆食用，上刀梯的全部過程即告結束。當天晚上將四周布條、弓箭等物取下放在牛背上馱至村外燒掉，並將那頭牛送給老薩滿師傅作爲酬謝，老薩滿將護心鏡一面取出放在公羊血盆中浸一下，然後交給徒弟，從此以後，徒弟便成爲新薩滿，可以獨立進行活動了。經過上刀梯成功的薩滿，叫做「易勒土薩滿」（iletu saman），意思是得到神靈正式認可而又被人們所公認的著名薩滿，這種薩滿能夠通達較多的神靈，神力較大，在社會上聲望較高。未經過上刀梯，或上刀梯不成功者，叫做「布土薩滿」（butu saman），意思是未得到公認的不著名薩滿，他所能通達的神靈不多，神力不大，聲望較低。

薩滿的類別，有不同的分類，按照氏族社會的性質，可以分爲穆昆薩滿（mukūn saman）及德勒庫薩滿。穆昆薩滿就是氏族薩滿，在一個氏族中只能有一個，由本氏族成員世代相傳下來，專祀氏族神，他爲全氏族祈求平安，爲本族病人治病，認爲是應盡的義務，不索取報酬。德勒庫薩滿是一種職業薩滿，常常到處爲氏族內外的人跳神治病，收取報酬，習稱流浪薩滿。《瀋陽縣志》有一段記載說：

> 按滿俗奉祀神杆由來已久，後漢書三韓諸國邑名以一人主祭天神，號爲天君，立蘇塗建大木，以懸鈴鼓，事鬼神，滿俗凡家祭，設司祝（即跳神之巫，俗謂伯衣薩滿），與一人主祭者相合。又滿語稱神杆爲索摩，與蘇塗音亦相近，鈴鼓亦具，惟司祝用之，不懸於神杆耳。又遼金亦有拜天之俗，滿洲源流暨欽定盛京通志，俱引前說，據此則索摩之制，蓋兼祀天神人鬼矣（註六九）。

家祭司祝，就是由跳神的巫人主持，引文中的「伯衣薩滿」，是滿洲語（booi saman）的漢字音譯，意即家薩滿，主持家祭。家薩滿最初多爲女性，是母系氏族社會祭祀活動的主角。隨著社會的發展，父系氏族社會代替母系氏族社會後，祭祀活動也由男性代替了女性。因此，家薩滿往往選擇族中有聲望的人，或者由族長擔任（註七〇）。女性穆昆薩滿出嫁身故後的神靈仍然回到本氏族中來，附體於本氏族的成員而成爲下一代的穆昆薩滿。至於德勒庫薩滿身故後則可能附體於別氏族的人，因而是一種流浪神（註七一）。

按照神力的大小，薩滿又可以分爲大薩滿和二薩滿。大薩滿上過刀梯，本領高強，能使神靈附身，是領神人，可以對自然界的邪魔病患進行抗爭，即所謂跳神薩滿，以跳神治病爲專門職業。所謂二薩滿，又稱爲札立，滿洲語讀如（jari），是助唱神歌的祝神人，神靈不附體，其本領不及跳神的大薩滿。按照治病的功能，也有各種不同名目的薩滿，例如鄂倫春族的流浪薩滿，除了德勒庫薩滿外，還有多尼薩滿，其神力及名聲不及氏族薩滿。此外，還有「巴克其」，雖然能和神靈溝通交往，但不能跳神，神靈不附體，僅坐唱禱文，祈求神靈賜福，爲人治病。

近代滿族薩滿，大致分爲宮廷薩滿和民間薩滿，前者在宮廷祭祀方面，還扮演重要角色，但嚴禁跳神治病。順治初年，滿洲正黃旗固山額眞譚泰因坐與婦翁固山額眞阿山遣薩滿治病，議罪論死（註七二）。東北寧古塔、璦琿等地的民間薩滿，則一直保存到二十世紀後期。據《樺川縣志》記載說：

> 按古以舞降神爲人祈禱者曰巫。呂氏春秋，巫彭作醫巫，咸作筮，他如巫賢、巫陽，皆巫之著者也。晉之桑田，漢之建興，傳者或有附會。若跳神，則欺人之尤者，余竊非之。樺川病輒請巫，旗族尤甚，往往更漏初移，鼓聲鼕鼕，達於街巷，詢之，則曰某家跳神也（註七三）。

吉林樺川縣旗人患病，多請薩滿醫治，在夜間跳神逐疫驅祟，鼓聲咚咚，響徹街巷。吉林永吉縣舍嶺村的薩滿，又叫做單鼓子，《雞林舊聞錄》有一段記載說：

> 舍嶺村西尤屯附近一帶居民，多屬鑲黃、鑲藍兩旗。常因小兒染病，或燒太平香，以祈禱家中平安，向祖宗及神前許願，于某日某時祭祖燒香。舉辦之前，先須預備豬酒果供，用車請巫者來。通稱之曰「單鼓子」，亦曰「薩滿」。凡許此願者，事前向神言明，屆時請巫者數人，但至多不過八人，只〔至〕少亦須六人。第一日，殺豬宰羊，招待來賓。晚間于院內擺長案，神位供設祖宗。巫者一人手持皮鼓，一面擊敲，一面念神歌，餘者亂擊皮鼓，作響聲以助之。眾巫列于神前念歌畢，將神案請于家堂之上。次日

（即中間一日，俗稱爲正日子。）除親友贈送禮儀，主人設宴招待外，晚間更爲熱鬧。天將暮時，腰繫鐵串鈴，擊鼓鳴鑼，以請神主，名曰「請大位」。待神來時，巫者亂跳亂叫，自報神名，用針刺兩腮，以顯其神靈之威。些許退神，再請金花火神、牛神、馬神、虎神、狼神、豹神，繼續再請其他各神，直至天亮而後已（狼神來時爲狼叫，虎神來時爲虎叫。）第三日白晝，照常招待遠近賓客。晚間同樣燃燭明燈，巫者共同擊鼓，請神送鬼。事前先備六、七人爲鬼，屆時扮鬼者，穿鬼衣，戴鬼臉，形若眞鬼，在屋中亂跳亂鬧，由巫者以鼓棒擊之出，直至半夜而後已。總之，此舉如婚喪之重，至少須一耗至數百金。但行之者，並不以爲異，亦怪事也（註七四）。

吉林舍嶺村的滿族，多崇奉薩滿，小兒患病，多請薩滿治病，引文中的「薩瑪」，就是薩滿的同音異譯，意即跳神的巫人。吉林加工河村莊永吉縣境內，當地流傳著薩滿表演降神作法的故事。據《雞林舊聞錄》記載說：

相傳張薩瑪在該屯興盛之時，頗爲一般鄉民所信仰。後被官府禁制，解送吉林府，當堂審訊：「汝有何神？果有靈乎？可當堂試之，否則必科之以罪。」張諾，遂婆娑作跳舞狀，旋由空中飛來皮鼓一面，腰鈴一串，在堂中擊鼓擺鈴，跳舞不已。復取藥品多種，多時乃止，後遂許其作巫醫云（註七五）。

引文中的「張薩瑪」，即張薩滿，爲鄉民所崇信，神力高強，可以在吉林府衙門內當堂表演降神作法，官府也相信薩滿確實有法術。《雞林舊聞錄》對薩滿信仰的盛行，記載頗詳，原書有一段記載說：

> 薩瑪教爲東夷一種宗教，在昔滿洲人亦迷信之。此教今日蓋在松、黑、烏三江下游，南及朝鮮咸鏡諸道，皆染此習。凡人患病，輒延男巫，亦有女覡至家，左執鼓，以鐵絲貫錢數十，橫繫鼓之兩耳，脇肩蹈足而行，援桴鼓之，使錢不相并，取其錚鏦有聲。（黑斤等種不用錢，爲易中品，喜藏此物。）腰圍裙曳地，又以長帶繫銅鈴，鐵鐺裙後，先喃喃作咒，旋作狐、鼠諸精魅，言能作幻人術，以利刃刺病人患處，甚至截作兩段，刀出如故。吉林臨江等處，亦有此陋俗。至黑斤地方，則先以數人作薩瑪狀，繞室行，一巫忽由炕跳地，以兩足左右跳蕩，作諸詭態，吃火飲酒，或索魚頭與狗血，任其意，旋以刃自擬其腹，數壯夫作勢推之，皆作仰跌狀。問其術，謂「披溫」、「額奇蘇」諸神，喜跳蕩爲樂，久不跳，便將爲祟。該巫自言，能於密室中見星月。又以皮帶長較丈，置壁隙，使壯者數輩，堅持其端，而牆外一端自蜿蜒出，外固虛無一人，其恢詭迷妄多類此（註七六）。

由引文可知東北松花江、黑龍江、烏蘇里江下游等地，薩滿信仰極爲盛行，其中赫哲、滿族、奇雅喀喇、鄂倫春、索倫等族，崇奉薩滿尤篤。《雞林舊聞錄》也指出伯力以東的「二腰子之一族，迷信薩瑪、祆教，一如黑斤，而巫術更神，能爲呑刀吐火，吐蛇蛙於地，旋咽嚼無餘諸詭狀。」（註七七）此外，索倫族每年農曆四月間，都要舉行一次規模盛大的薩滿集會，叫做四月會。這個大會有兩項主要內容：一是老薩滿領教新薩滿；二是祈求神靈保佑本氏族的安寧和繁榮昌盛（註七八）。薩滿信仰曾盛行於我國北方各少數民族的社會，也一直延續下來，確實值得重視。

第三節　薩滿信仰的文化特質

北亞各民族所崇奉的薩滿信仰，有一個共同的思想基礎，都相信萬物有靈，是屬於多神的泛靈崇拜，從自然崇拜開始，以大自然崇拜爲主體，對於自然界一切事物，都以爲有神主司，各具靈異，一種溝通人與神靈之間的薩滿便應運而生。除了自然崇拜之外，又有圖騰崇拜、祖先崇拜及聖者崇拜。薩滿對於自然界的某種動植物及已故祖先等神靈所以具有特別的力量，是因爲薩滿和這些神靈具有圖騰或同宗的血緣親密關係，能賦予薩滿奇異的神力，薩滿跳神作法，念誦咒語，或吟唱神歌，就是使用神秘的語言，產生巫術的作用，使平常的事物產生一種超自然的能力。薩滿信仰將鬼魂神靈觀念同巫術交織雜揉在一起，形成了一種特殊形式的信仰世界。

薩滿信仰是一種複雜的文化現象，它既含有原始宗教的成分，又包含大量非宗教的成分。凌純聲著《松花江下游的赫哲族》一書指出薩滿信仰雖然不能說是一種宗教或哲學，然而它的功用，是像一種宗教。我國古代的薩滿，稱爲巫，所以薩滿的起源，與巫相同（註七九）。誠如所言，巫術與宗教是有區別的，宗教創造一套價值，直接的達到目的；巫術是一套法術，具有實用的價值，是達到目的之工具。在初民社會裡，都產生過巫術活動。巫術主要是起源於人們對自己能夠控制和掌握自然的自信力，他們相信只要知道方法，便能控制自然。在巫術發展的最早階段，巫覡便努力尋求一種超自然的能力，企圖以超自然的能力來駕馭自然，以迫使自然界的風雨氣候及動物等等遵從自己的旨意，以達到呼風喚雨的目的。在初民社會人們的心目中，巫覡充滿著各種超自然的能力，把巫覡看成是自然現象的代言人。因此，人們對巫覡的態度，就像對未知的神秘大自然那樣敬畏（註八〇）。瞿兌之撰〈釋巫〉一文云：

> 巫之興也，其在草昧之初乎？人之於神祇靈異，始而疑，繼而畏，繼而思所以容悅之，思所以和協之，思以人之道通於神明，而求其安然無事。巫也者，處乎人神之間，而求以人之道通於神明者也（註八一）。

猶如人們的行爲善惡一樣，魂靈也有善惡的分別，對善的虔敬、祈求、感激和報償，對惡的厭惡、詛咒、驅趕和安撫。在草昧之初，人類對自然界的神祇靈異，十分疑畏，巫覡就是人神之間的靈媒，他們以法術通於神明，或容悅之，或協和之，以求其安然無事。

大自然是人類生存的環境，從人類存在伊始，便把環境分爲兩類：一類是吉、善、福；一類是凶、惡、禍，由這兩類互相對立的抽象概念，又產生了對待大自然的兩種不同態度：一種態度是消極安慰自己，以求得心理的平衡；一種態度是力圖積極控制它們。這兩種概念和態度形成了彼此交叉重疊的原始宗教意識和巫術意識的兩種不同意識場。徐昌翰撰〈論薩滿文化現象──「薩滿教」非教芻議〉一文指出這兩種不同意識場的存在，是產生原始宗教與巫術的不同性格和特徵的根源。吉和善以及人對於它的態度是原始宗教觀念的核心。原始社會的自然崇拜觀念、圖騰崇拜觀念和祖先崇拜觀念，都是以由吉、善、福的概念以及對待這些概念的態度所構成的意識場爲核心而發展起來的宗教觀念範疇。巫術的情況不同，巫術產生的基礎乃是以凶、惡、禍各種觀念爲核心的意識場。巫術一般產生於人們以自己的力量直接祓凶驅惡，逃避凶惡或達成向凶惡贖買的願望。由此而衍化出巫術祓除災禍、驅邪祛病、預言占卜等一系列的社會功能。由此可知原始宗教意識與巫術意識是兩種非常相近的社會意識，它們伴隨著吉凶、善惡、禍福等不同概念以及人們對這些概念所採取的不同態度所構成的意識場的出現而誕生（註八二）。

薩滿爲病人、病畜跳神驅祟，占卜吉凶，爲本氏族祈求豐收，消災除禍，送魂除殃等活動，都普遍運用巫術，而增加其神力。張紫晨撰〈中國薩滿教中的巫術〉一文亦指出巫術在薩滿信仰的形成中起過重要作用，薩滿本身即從原始的巫覡脫胎而來。在一般情況下，人們將巫覡與薩滿視同一物，就是因爲巫覡的職能及其活動，與薩滿具有相同的性質，後來巫覡和薩滿在一些地區，卻出現了不同的發展趨勢，薩滿已經在專職祭司方面形成了自身的傳統，如領神儀式，跳神儀式，各種祭儀祝禱等都成爲薩滿活動中獨特的內容，薩滿有一套具有傳承性的服飾和法器，這種服飾和法器，既是薩滿活動必備必用之物，也是法力和巫術的象徵，它們被賦予奇特的威力，而爲薩滿服務。在一般情況下，薩滿跳神儀式多在晚間進行，包括請神、降神、神靈附體等程序。薩滿請神、使神靈附體時，所使用的手段，主要在於誦念神歌、禱詞等等，神歌、禱詞可以驅遣神靈，已具有巫術咒語的意義。有了神歌、禱詞，薩滿所請的神靈不能不來，不能不有神諭，整個祭祀，以跳神、耍鼓、驅鬼、占卜等環節最富於巫術氣氛。薩滿活動愈是古老，巫術的氣氛，愈顯得濃厚。薩滿運用咒語，進行各種巫技表演，使人驚心動魄，駭而信服。由此可以說明薩滿活動中運用巫術是極爲普遍的，特別是巫技方面的運用，大大地增加了薩滿的神力，其中巫術觀念、巫術原理也多貫穿於其中（註八三）。巫術原本就是企圖借助於超自然的神秘力量對人、事、物產生或予以控制的一種方式和手段，在崇奉薩滿信仰的人們看來，語言就具有一種超自然的神秘力量，所以人們就設法按照巫術原則，充分利用這種神秘力量，以達到自己的目的。

歷代史書對巫術活動的記載，到處可見。《漢書》記載蘇武自殺身故後，匈奴巫醫作法救活蘇武。《梁書》記載芮芮國的巫師，能以術祭天，而致風雪。突厥族、回紇等部巫師也都擅長使用札答而致風雪。《北史》記載高車人遭遇雷震及疫癘時，由女巫進行袚除災禍及祈福的巫術活動。同書〈蠕蠕傳〉記載女巫地萬能「懸鑒遠事」。《舊唐書》記載回紇的巫師能預言有徵。《遼史》記載契丹人舉行喪葬儀式時，由巫師進行袚除不祥，驅凶去垢，每逢正旦則有跳神驚鬼的巫術活動。宋朝使者至契丹，由巫師抱鼓誦咒，進行驅祟避邪的巫術活動。《金史》記載女眞薩滿能道神語，且有詛咒及求子的法術。蒙古的巫師能禳災驅邪，也能以札答石招致風雨雷電，都是屬於巫術性質。吉林永吉縣的薩滿作法時，相傳可以由空中飛來皮鼓、腰鈴。松花江、黑龍江、烏蘇里江下游的滿族、赫哲族，篤信薩滿，傳說薩滿跳神治病時，喃喃作咒，能作幻人術，以利刃刺病人患處，甚至截作兩段。伯力以東的「二腰子」，也崇奉薩滿信仰，薩滿巫術高強，能呑刀吐火。《龍沙紀略》所載薩滿，能舞鳥於室，飛鏡驅祟。薩滿跳神作法時穿戴的神帽、神衣、神裙等神服及所持用的神鼓、神槌、神刀等法器，都是巫術法力的象徵，相信可以賦予薩滿奇異的神力。

神服不僅是薩滿的外部標誌，而且神服上的圖案、佩飾也有它獨特的象徵意義。薩滿神服裝束的動物形象，與薩滿的職能有關，薩滿因與神靈溝通，需要上天，即借助於鷹的形象；要驅除病人體內的惡靈，便借用具有捉鬼能力的貓頭鷹；要追尋失去的靈魂，便需要馬或鹿。薩滿相信神服具有多種法力和咒術功能，神衣的製作，多模倣鳥類的羽毛或翅膀，其功能是代表薩滿上昇天界，或下降冥府的翅膀，所以傳說中的薩滿都會飛翔。色音撰〈薩滿的法服與法器〉一文指出薩滿的神服，在薩滿巫儀中發揮著幾種功能和作用，包括：㈠強化法力的功能；㈡護身防邪的功能；㈢象徵性的功能；㈣裝飾的功能（註八四）。神服既是薩滿法力的象徵物，也是薩滿作法時的必備物。神帽的作用，相當於頭盔，是防禦性的裝備，是薩滿跳神同妖魔戰鬥時，作爲保護頭部用的。鹿角神帽，則可鎮妖除邪。神帽前面正中央站立著一隻銅鷹，象徵薩滿在宇宙自由飛翔，成爲溝通天界和人界的使者。

薩滿的神服和法器，具備聲、光、色三種要素，都有護身防邪的功能。在薩滿信仰中，聲音、亮光具有特殊的意義，依照薩滿的解釋，惡鬼亡靈是停留在陰暗之處，偷偷摸摸、靜靜悄悄地侵入人們的周圍，加害人畜。因此，惡鬼亡靈害怕聲音，畏懼聲音，更怕有聲音的器物。薩滿相信人類是從鼓聲中產生的，神鼓是薩滿的法器，具有迎來善身，而震懾、驅逐惡鬼亡靈的神秘力量，象徵著最有威力的雷神的化身。薩滿跳神背誦禱詞時，伴以神鼓，使氣氛更富於音樂感。薩滿降神作法，與妖魔搏鬥時擂起神鼓，可在精神方面懾服妖魔。在薩滿信仰中，神鼓代表坐騎，薩滿騎在神鼓上，可以登天下地，鼓聲的緩急，表示飛天的步履。神鼓也可以變成船隻，搭載薩滿渡過河海，過陰追魂。

在薩滿神帽、神衣、神裙上都有鏡子，它能反射光線，可以防止惡鬼亡靈的侵入。神帽上的小鏡，叫做護頭鏡，用以保護頭部。護心鏡套在頸部，佩在胸前，可以稱爲心臟之鏡，用以保護心臟。背後的護背鏡也是防邪護身的，護心鏡和護背鏡一前一後守護著薩滿的身軀。此外，在神衣上、腰部還繫著銅鏡若干個，薩滿跳神時，銅鏡相互撞擊，發出緊促的音響，可以強化法力，震懾妖魔。薩滿相信護心鏡是同神靈在一起的，因而與薩滿的命運是休戚相關的，薩滿一旦遺失了護心鏡，就將大難臨頭。在遠古時代的人們看起來，薩滿身上的銅鏡越多，他就越有法術和神力。薩滿認爲銅鏡是他們的盾牌，可以防禦惡魔射來的箭矢（註八五）。能發出聲響和發出亮光的物件，在薩滿信仰的觀念中都具備防邪能力。科爾沁蒙古的薩滿認爲銅鏡能發光，又會飛，可以驅除災病，嚇退邪魔（註八六）。在薩滿裝飾中有許多鐵質製品，例如索倫族薩滿使用鐵片製成蛇形法器，滿族薩滿以鐵質製作腰鈴。遠古時候的人們認爲鐵器具有避邪袪祟作用，精靈最懼怕鐵器，人們投擲鐵器，精靈就遠遠地逃遁。薩滿穿戴神衣、神帽，使用法器，大量使用巫術，跳神作法，念誦神歌咒語，以消災除病，逐鬼驅祟，由此可以說明薩滿信仰的觀念及其活動，就是以巫術爲主體和主流，從古代巫覡信仰脫胎而來的複雜文化現象。

【註　釋】

註　一：《周禮》（臺北，中華書局，四部備要），卷二六，頁四。

註　二：《史記》（臺北，臺灣商務印書館，百衲本，民國五十六年七月），卷二八，〈封禪書〉，頁一八。

註　三：《史記》（臺北，鼎文書局，民國五十六年七月），卷二八，頁一三七九。

註　四：《漢書》（臺北，臺灣商務印書館，民國五十六年七月），卷九四，列傳六四上，頁三〇。

註　五：樊圃撰〈六到八世紀突厥人的宗教信仰〉，《文史》，第十九輯（北京，中華書局，一九八三年八月），頁一九二。

註　六：《漢書》，卷五四，列傳二四，頁一七。

註　七：林幹撰〈關於研究中國古代北方民族文化史的我見〉，《內蒙古大學學報》，一九八八年，第一期（呼和浩特，內蒙古大學，一九八八年一月），頁七。

註　八：《梁書》（臺北，臺灣商務印書館，民國五十六年七月），卷五四，列傳四八，頁四七。

註　九：《北史》（臺北，臺灣商務印書館，民國五十六年七月）卷一五，后妃列傳第一，頁二三。

註一〇：《北史》，卷九八，列傳八六，頁一〇。

註一一：《北史》，卷九八，列傳八六，頁二三。

註一二：《隋書》（臺北，臺灣商務印書館，民國五十六年七月），卷八四，列傳四九，頁一。

註一三：《新唐書》（臺北商務印書館，民國五十六年七月），卷二一七，列傳一四二，頁一一。

註一四：《文史》，第十九輯，頁一九六。

註一五：馬合木德·喀什噶里編著《突厥語詞典》，土耳其文譯本，第三卷，頁一五七。

註一六：陳宗振、雷選春撰〈裕固族中的薩滿——祀公子〉，《世界宗教研究》，一九八五年，第一期（北京，中國社會科學出版社，一九八五年三月），頁一五〇。

註一七：《舊唐書》（臺北，臺灣商務印書館，民國五十六年七月），卷一九五，頁七。

註一八：《舊唐書》，卷一九五，頁八。

註一九：朱子方撰〈遼代的薩滿教〉，《社會科學叢刊》，一九八六年，第六期，頁四九。

註二〇：《宋會要輯稿》（臺北，世界書局，民國五十三年六月），卷五二五七，頁三四。

註二一：《遼史》（臺北，臺灣商務印書館，民國五十六年七月），卷五三，〈禮志〉六，頁一二。

註二二：《欽定遼史語解》（臺北，國立故宮博物院，乾隆間朱絲欄寫本），卷八，頁一七。

註二三：《金史》（臺北，臺灣商務印書館，民國五十六年七月），卷一二，章宗本紀，頁七。

註二四：《欽定金史語解》（臺北，國立故宮博物院，乾隆間朱絲欄寫本），卷三，頁一二。

註二五：《金史》，卷六三，后妃列傳，頁六。

註二六：《金史》，卷四，熙宗本紀，頁一四。

註二七：徐夢莘著《三朝北盟會編》，見秋浦主編《薩滿教研究》，圖版一。

註二八：《欽定四庫全書》（臺北，臺灣商務印書館，民國七十五年三月），第三五〇冊，頁二三。

註二九：《金史》，卷六五，頁三。

註三〇：《金史》，卷六五，頁四。

註三一：宋德金撰〈金代宗教簡述〉，《社會科學戰線》，一九八六年，第一期（長春，吉林省社會科學院，一九八六年），頁三一四。

註三二：孫秀英等著《室韋史研究》（哈爾濱，北方文物雜誌社，一九八五年十月），頁一六七。

註三三：《多桑蒙古史》（臺北，臺灣商務印書館，民國五十四年八月），第一卷，第一章，頁三三。

註三四：《多桑蒙古史》，第二卷，附錄一，頁二九一。

註三五：札奇斯欽譯註《蒙古秘史新譯並註釋》（臺北，聯經公司，民國六十八年十二月），卷四，一四三節，頁一七九。

註三六：陶宗儀著《輟耕錄》，《欽定四庫全書》，第一〇四〇冊，卷四，頁一八。

註三七：《多桑蒙古史》，第一卷，第二章，頁三八。

註三八：林幹撰〈關於研究中國古代北方民族文化史的我見〉，《內蒙古大學學報》，一九八八年，第一期，頁八。

註三九：札奇斯欽著《蒙古史論叢》（臺北，學海出版社，民國六十九年九月），頁七八。

註四〇：《多桑蒙古史》，第一卷，第三章，頁六一。

註四一：《蒙古史論叢》，頁七八。

註四二：《元史》（臺北，民國五十六年七月），卷一一五，頁三。

註四三：札奇斯欽譯註《蒙古秘史新譯並註釋》，續卷二，頁四三〇。

註四四：《元史》，〈憲宗本紀〉，卷三，頁一一。

註四五：《蒙古史論叢》，頁七四。

註四六：《蒙古史論叢》，頁八〇。

註四七：趙展撰〈論滿族的源流與形成〉，《滿族文化》，第十三期（臺北，滿族協會，民國七十九年二月）頁一一。

註四八：王彬撰〈赫哲族與東海女眞〉，《中央民族學院學報》，一九八八年，第二期（北京，中央民族學院，一九八八年三月），頁四一。

註四九：呂光天著《鄂溫克族》（北京，民族出版社，一九八三年十月），頁五。

註五〇：《鄂溫克族簡史》（呼和浩特，內蒙古人民出版社，一九八三年六月），頁二九。

註五一：《鄂倫春自治旗志》（長春，內蒙古人民出版社，一九九一年八月），頁九八。

註五二：徐杰舜編《中國民族史新編》（南寧，廣西教育出版社，一九八九年八月），頁一七二。

註五三：滿都爾圖著《達斡爾族》（北京，民族出版社，一九九一年十月），頁五。

註五四：《錫伯族簡史》（北京，民族出版社，一九八六年六月），頁八。

註五五：趙展撰〈錫伯族源考〉，《社會科學輯刊》，一九八〇年，第三期，見《錫伯族簡史》，頁八。

註五六：何秋濤著《朔方備乘》，卷三一，《筆記小說大觀》，第十三編，第九冊（臺北，新興書局，民國六十五年七月），頁三。

註五七：賀靈撰〈族源〉，《錫伯族歷史與文化》（烏魯木齊，新疆人民出版社，一九八九年九月），頁二九。

註五八：蔡永灝撰〈近年來錫伯族研究述評〉，《中南民族學院學報》，一九八八年，第四期（武漢，一九八八年七月），頁一二九。

註五九：白友寒編著《錫伯族源流史綱》（瀋陽，遼寧民族出版社，一九八六年五月），頁一二四。

註六〇：富育光、于又燕撰〈滿族薩滿教女神神話初析〉，《社會科學戰線》，一九八五年，第四期（長春，吉林省社會科學院，一九八五年），頁一九四。

註六一：仁欽道爾吉、郎櫻編《阿爾泰語系民族敘事文學與薩滿文化》（內蒙古，內蒙古大學出版社，一九九〇年八月），頁二八。

註六二：金寶忱撰〈薩滿的選徒與授技〉，《黑龍江民族叢刊》，一九九三年，第二期（黑龍江，黑龍江民族叢刊社，一九九三年），頁八四。

註六三：《鄂倫春族簡史》（呼和浩特，內蒙古人民出版社，一九八三年一月），頁一七八。

註六四：《黑龍江民族叢刊》，一九九三年，第二期，頁八五。

註六五：秋浦著《鄂倫春人》（北京，民族出版社，一九八一年一月），頁六。

註六六：凌純聲著《松花江下游的赫哲族》，頁一一四。

註六七：韓國綱撰〈錫伯族薩滿教一瞥〉，《中央民族學院學報》，一九八八年，第二期（北京，中央民族學院，一九八八年三月），頁九三。

註六八：滿都爾圖、夏之乾撰〈察布查爾錫伯族的薩滿教〉，《世界宗教研究》，一九八四年，第二期（北京，中國社會科學院出版社，一九八四年五月），頁九八。

註六九：《瀋陽縣志》（臺北，國立故宮博物院，民國六年），卷一一，〈禮俗〉，頁五。

註七〇：《盛京皇宮》（瀋陽，紫禁城出版社，一九八七年七月），頁二七三。

註七一：《鄂倫春族調查材料之九》（呼和浩特，內蒙古人民出版社，一九八三年一月），頁一七八。

註七二：《清史稿校註》（臺北，國史館，民國七十七年八月），卷二五三，列傳三三，頁八三二六。

註七三：鄭士純修《樺川縣志》（臺北，國立故宮博物院，民國十七年鉛印本），卷六，頁一〇。

註七四：魏聲龢著《雞林舊聞錄》（吉林，吉林文史出版社，一九八六年六月），頁二七六。

註七五：《雞林舊聞錄》，頁一七四。

註七六：《雞林舊聞錄》，頁四四。

註七七：《雞林舊聞錄》，頁四六。

註七八：《鄂溫克族自治旗概況》（呼和浩特，內蒙古人民出版社，一九八七年二月），頁一四四。

註七九：《松花江下游的赫哲族》，頁一〇四。

註八〇：藍狄著《古今巫術》（香港，海鋒出版社，一九九〇年八月），頁三。

註八一：瞿兌之撰〈釋巫〉，轉引自《松花江下游的赫哲族》，頁一〇四。

註八二：徐昌翰撰〈論薩滿文化現象—「薩滿教」非教芻議〉，《學習與探索》，一九八七年，第五期，頁一二二。

註八三：張紫晨撰〈中國薩滿教中的巫術〉，《民間文學論壇》，一九九一年，第六期（北京，中國民間文藝出版社，一九九一年十一月），頁一三。

註八四：色音撰〈薩滿的法服與法器〉，《北方民族》，一九九二年，第一期，頁九二。

註八五：金輝撰〈論薩滿裝束的文化符號〉，《民間文學論壇》，一九八五年，第一期（一九八五年一月），頁一三四。

註八六：白笑元撰〈科爾沁「博」（薩滿）的分類及服飾法器初探〉，《民間文學論壇》，一九八八年，第二期（一九八八年三月），頁一三五。

第三章　薩滿信仰的靈魂概念及其宇宙觀

第一節　薩滿信仰的靈魂概念

萬物有靈、靈魂不滅和靈魂相通的思想，是複雜靈魂概念的集中表現，薩滿信仰的靈魂概念，就是以萬物有靈、靈魂不滅和靈魂相通為思想基礎，這種對靈魂存在的信仰，同時形成了薩滿信仰的原始宇宙觀。薩滿信仰認為宇宙中各種事物都有靈魂，各種靈魂都有它的形態、性格、生活方式及處所，自然界的變化，是由於各種精靈、鬼魂和神祇的存在及其產生作用所發生的現象，這些變化對人們所造成的吉凶禍福，就是鬼魂意志產生作用的結果。

古代蒙古人相信人們流血而死，其靈魂必然永受痛苦。因此，在元代對蒙古皇族身犯重罪者處刑時，必用絞刑，並不斬首（註一）。阿爾泰人和雅庫特人認為靈魂和生命存在於血液和心臟之中，它使人類有思想、意志和感情，睡眠時，靈魂能離開身體，四處游蕩。古代赫哲人相信人類靈魂的形狀似人形，但分量很輕，可以站在草桿或羽毛上面，人們只能聞其聲，卻不見其形，只有在日落日出時，可以看見。人們發覺自己身輕，方知是已經死了。松花江下游的赫哲族相信每個人都有三個靈魂：第一個靈魂叫做「鄂倫」（oron），人與動物都有，人死以後，這個靈魂立即離開肉體，它與人的生命共始終，它是創造生命之神所賦予的，又稱爲「生命的靈魂」；第二個靈魂叫做「哈尼」（hani），它能暫時離開肉體，能到很遠的地方，人在睡眠的時候，就是這個靈魂的離開，它能到別的地方，和別的靈魂或神靈發生關係，好像人在清醒時的思想，又稱爲「思想的靈魂」；第三個靈魂叫做「法扎庫」（fajaku），它有創造來生的能力，是掌管轉生之神所賦予的。當人死後，它立刻離開肉體，又稱爲「轉生的靈魂」。人死以後，生命的靈魂永久消滅，思想的靈魂不滅，它繼續存在，在家看靈，在外守墳。至週年時，由薩滿送入冥府，否則將在天堂、人間、地獄的神鬼間，變成一個新鬼。轉生的靈魂，在人死以後，把生前所走的路重覆走過一遍，再歸來等出魂之日隨勾魂鬼返回它的來處去，然後再轉入新生的人或動物。赫哲族就是利用這三個靈魂來解釋許多人生的現象，例如人的睡眠，認爲是思想靈魂的暫時離去；人在清醒時的失去知覺，或患精神病，認爲是失去了思想的靈魂；人的死而復活，是一個已失去第二、第三個靈魂的人轉入這個屍體；身體強壯的婦女，其所以不孕，是因爲沒有轉生的靈魂，孕婦的流產，是轉生的靈魂被人攫去（註二）。赫哲族相信萬物有靈，靈魂也可以相通，轉生的靈魂可以轉入新生的人或動物。人死以後，生命的靈魂消滅，思想的靈魂不滅。

薩滿信仰認爲人的靈魂，尤其是已故的亡靈同自然界中各種靈魂或神靈，都能交往溝通，可以互相轉移或滲透，因而產生一種靈魂轉體的思想。神靈可以附在人體內，神靈附身後，可以發生變化，造成各種影響。薩滿就是各種神靈的載體，也是人神，由於各種神靈的附身，而使薩滿具備超自然的神力。朋・烏恩撰〈略論薩滿現象產生的文化背景〉一文中指出薩滿信仰根據萬物有靈和靈魂互滲的原則，認爲可見的事物，都是靈魂的軀殼，事物的運動變化是受靈魂操縱的結果，由於靈魂具有互滲能力，所以同一靈魂可以對不同的事物發生影響，薩滿的神聖性就是在於他能召喚各類神靈附體，爲自己所用。一個薩滿的法力高低，其標誌就在於他擁有多少個能夠與他互滲的精靈，薩滿愈是更多地喪失自我亦即凡體的本質，就愈被看作是神聖的、強大的。在這一觀念的支配之下，薩滿是以非凡體的面目出現的，他是自然現象或神聖動物中神靈的化身，凡人一旦成爲薩滿，在自然意義上的人便不復存在，他的肉體可以隨時成爲各類神靈的載體，薩滿就是各種神靈的扮演者。例如在蒙古族的薩滿起源傳說中提到一個故事，大意說一對夫妻死後，其靈魂滲透到雷、雲、雹、雨等自然現象中，成爲這些現象的操縱者，即雷神、雨神等等，後來這些神靈又附入一對男女體內，這一對男女便是第一代薩滿（註三）。

薩滿相信各種動物化身的靈魂和他們自己的靈魂是同一個靈魂，例如布里亞特薩滿相信他的靈魂是寄寓在一條鱒魚體內。薩滿降神作法的舞蹈，基本上都是對動物形態的模倣，舉凡蒙古白海青舞、熊舞，索倫族鷹舞等等都是。人與人之間的靈魂，也可以轉借，例如滿族神話中的英雄烏其色可德奉其母即女天神之命出征除妖，他有些膽怯，懼怕戰死不能歸來。女天神就把其他三個兄弟的靈魂借給他；一個是肉體靈魂；一個是精神靈魂；一個是轉生靈魂。由於烏其色可德比常人多了三個靈魂，所以他總是處於常勝不敗之地（註四）。薩滿不但在空間上可以上天入地，而且在時間上過去、現在和未來之間也可以互滲。天地互滲、天人感應和人神合一的思想，就是北亞各民族薩滿信仰的核心（註五）。

在初民社會裡，人們不僅把某些動物從一般動物中分離出來，同時也把自然力分爲有利於人的自然力和有害於人的自然力兩個部分，對於前者的敬畏和對於後者的祈求結合起來，便產生了自然崇拜（註六）。自然崇拜是薩滿信仰的基本表現形態，是最早也是最終存在的重要內容。散佈在廣大山林及草原地帶的北亞各少數民族，從遠古時代起便過著漁獵生活，他們對自然界的變化及其現象已經產生了萬物有靈的思想，他們不僅相信自己有靈魂，同時也相信一切動植物都有靈魂。從這種萬物有靈的觀念出發，乃將自然物和自然力看作具有生命、意志及能力的對象而加以崇拜（註七）。他們相信在冥冥之中，都有神靈主宰著，整個自然界都充滿著神靈，上自天空中的日月星辰，下至山林草原上的鳥獸蟲魚，都被人們神化而成爲崇拜的對象。

薩滿信仰原始的崇拜觀念，還包括對地祇的崇拜。在遠古氏族社會裡，各氏族都有他們整個氏族狩獵的固定氏族山，各山神就是氏族的保護神，例如女眞族或滿族把長白山的山神作爲他們全民族共同的保護神而予以崇拜。在古代氏族社會的神話意識中，山神與氏族之間存在著血緣關係，是氏族生命力的源泉。按照阿爾泰語系各族的信仰，孩子的降生及其健康狀況，完全取決於氏族山神的意志，沒有子女的婦女，應當經常到舉行祭祀氏族保護神的山中，那時她便能生育孩子。崖孔、巖洞和巖穴，都是山巒起源於地母的具體反映，沒有子女的婦女向山巒祈求氏族保護神賜給孩子，她便能生育孩子（註八）。山巒地帶多溫泉、山洞，由於溫泉能治病，山洞能禦寒，被人們加以神化後，便成了膜拜的對象。哈薩克流傳著一個故事，傳說古代有一個叫做「庫爾善」的神，在一處溫泉旁的巖石上睡過覺，以後那個溫泉，就能醫治百病。《阿勒帕米斯》是十一世紀的哈薩克族敘事長詩，詩中講述一個名叫巴依布熱的人，他一直沒孩子，於是帶著自己的妻子到「聖人之洞」過夜，祈求得子，後來果然得了一男一女（註九）。滿族薩滿信仰中亦視地爲神，神諭中的「巴那吉額姆」，就是地母。他們相信地母大神喜歡靜謐，總是當萬物睡覺時始在大地上走動，所以薩滿祭祀地母大神時，必須在星辰出滿天空的夜間舉行。地神崇拜日益具體化後，又逐漸固定爲某一座山巒、巖洞，或石壁的崇拜。

北方少數民族生活中不可或缺的動物，多被認爲是神靈的化身。經過薩滿神化過的動物，常見的是虎、熊、豹、鹿、狼、狐、貂、貓、馬、牛、狗、豬、駱駝、鷹、鳩、天鵝、烏鴉、喜鵲、鰉魚、鱒魚、龜、蛇等等，這些動物大多由薩滿製成了神偶，跳神時加以膜拜。在薩滿信仰中，關於虎神的崇拜可以說是北方民族最神聖的一種動物崇拜，達呼爾、索倫、鄂倫春等族所崇拜的山神「白那查」，其本體就是老虎，他們十分敬重虎神，認爲虎神是山中的主人。他們把老虎神化後，白那查成爲一位鬚髮銀白、和藹慈祥的老人，山裡的野獸，都是白那查所養的家畜，如果引起他的不悅，打獵將一無所獲。索倫族對山神爺白那查流傳一個家喻戶曉的神話故事，傳說在很早以前，有一個酋長率領全族人在一座大山圍獵，他叫大家估計究竟圍了多少野獸，誰也估計不出究竟有多少？最後有個老頭所估計的數目，與所獵得的數目完全相合，衆人驚歎不已，酋長想和這位老頭見面時，他已經不知去向了，傳說中的老頭就是山神爺白那查。索倫族相信山林中的飛禽走獸，都是山神爺的家畜家禽，行獵時所獲得的野獸，都是山神爺所賜禮物。如果打不到獵物，就認爲人們在某一件事情上惹怒了山神爺，祂把所有的野獸趕到了人類不可及的神秘地方（註一〇）。北方民族的薩滿信仰崇拜山神，其主要用意就是爲了多打到獵物，他們不把老虎作爲獵取的目標，反而把牠視爲幫助打獵豐收的神祇。在使鹿部的社會裡，認爲山神不僅幫助狩獵豐收，而且還保護鹿群，他們在春夏秋冬舉行祭祀山神的儀式，主要是在祈求山神保佑馴鹿免疫去病。

靈魂觀念和靈魂轉體思想是圖騰崇拜的主要根據（註一一）。所謂「圖騰」（Totem），就是原始社會用作民族、部落、家族象徵的標誌或符號。圖騰崇拜是氏族制度下許多民族所共有的一種特徵，也是氏族集團用來象徵血緣親族劃分氏族界限的自然物。我國北方少數民族的圖騰崇拜，是在自然崇拜的基礎上形成的，他們相信人與某種動物存在著血緣關係，而把牠視爲氏族部落的祖先，並且作爲氏族部落的標誌或名稱。因此，圖騰對氏族具有重大的意義，在人們的日常生活中起了廣泛的作用和深遠的影響，凡屬同一圖騰者，均不得通婚。氏族成員尊敬本氏族圖騰，則圖騰能保護氏族部落的平安；對本氏族圖騰不敬，圖騰就會給氏族部落帶來災禍。薩滿爲人跳神治病時，先要問清楚對方是什麼氏族？或什麼圖騰？對方回答後，薩滿才跳神祈求說某氏族或某圖騰的某人要求神祇救助等語。

在初民社會裡人們認爲自己的氏族祖先是由某一特定的動植物或其他非生物轉化而來。這種圖騰觀念也是薩滿信仰的主要內容，在古代崇奉薩滿信仰的北方民族中，認爲薩滿也是由本氏族的圖騰物轉化而來（註一二）。古代北亞各氏族社會多以狼、熊、鷹等動物作爲圖騰崇拜的對象，這些圖騰崇拜，與薩滿信仰的靈魂概念存在著密切的關係。《北史・高車傳》有一段記載說：

> 俗云：匈奴單于生二女，姿容甚美，國人皆以爲神。單于曰：「吾有此女，安可配人？將以與天。」乃于國北無人之地築高台，置二女其上曰：「請天自迎之。」經三年，其母欲迎之。單于曰：「不可，未徹之間耳！」復一年，乃有一老狼，晝夜守台嘷呼，因穿台下爲空穴，經時不去。

其小女曰：「吾父處我於此，欲以與天，而今狼來，或是神物，天使之然。」將下就之。其姊大驚曰：「此是畜生，無乃辱父母？」妹不從，下爲狼妻而產子，後遂滋繁成國，故其人好引聲長歌，又似狼嗥（註一三）。

高車，一說爲匈奴外甥。匈奴人以狼爲圖騰，亦以狼爲祖先，匈奴人與狼之間，有血緣關係。高車也以狼爲圖騰，其部族與狼也有血緣關係。《周書》對突厥族的起源傳說，有一段記載說：

突厥者，蓋匈奴之別種，姓阿史那氏，別爲部落。後爲鄰國所破，盡滅其族。有一兒，年且十歲，兵人見其小，不忍殺之，乃刖其足，棄草澤中。有牝狼以肉飼之，及長，與狼合，遂有孕焉。彼王聞此兒尚在，重遣殺之。使者見狼在側，並欲殺狼。狼遂逃于高昌國之北山。山有洞穴，穴內有平壤茂草，周回數百里，四面俱山。狼匿其中，遂生十男，十男長大，外託妻孕，其後各有一姓，阿史那即一也。子孫蕃育，漸至數百家。經數世，相與出穴，臣於茹茹。居金山之陽，爲茹茹鐵工。金山形似兜鍪，其俗謂兜鍪爲「突厥」，遂因以爲號焉。或云突厥之先出於索國，在匈奴之北。其部落大人曰阿謗步，兄弟十七人。其一曰伊質泥師都，狼所生也。謗步等性竝愚癡，國遂被滅。泥師都既別感異氣，能徵召風雨。娶二妻，云是夏神、冬神之女也。一孕而生四男。其一變爲白鴻；其一國於阿輔水、劍水之間，號爲契骨；其一國於處折水；其一居踐斯處折施山，即其大兒也。山上仍有阿謗步種類，竝多寒露。大兒爲出火溫養之，咸得全濟。遂共奉大兒爲主，號爲突厥，即訥都六設也。訥都六有十妻，所生子皆以母族爲姓，阿史那是其小妻之子也。訥都六死，十母子內欲擇立一人，

> 乃相率於大樹下，共爲約曰，向樹跳躍，能最高者，即推立之。阿史那子年幼而跳最高者，諸子遂奉以爲主，號阿賢設。此說雖殊，然終狼種也（註一四）。

突厥阿史那氏，相傳爲狼種，就是以狼爲圖騰，有血緣關係。阿史那氏爲君長，其牙門建狼頭纛，以示不敢忘本（註一五）。

在古代哈薩克族的思想意識中，狼象徵兇猛、勇敢，是他們氏族的圖騰。有些氏族認爲自己與白天鵝有著血緣關係，白天鵝是他們的圖騰和保護神。鷹也受到哈薩克氏族的崇敬，古代哈薩克鷹氏族就是以鷹爲圖騰（註一六）。靈禽崇拜是北方薩滿信仰多神崇拜觀念的一種文化特徵。《清太祖武皇帝實錄》敘述滿洲始祖布庫里英雄後世子孫暴虐，部屬叛變，攻破鰲朵里城，盡殺其闔族子孫，內有一幼兒，名叫范嗏，脫身走至曠野，後有追兵。適有一神鵲棲息於范嗏頭上，追兵都說人首無鵲棲之理，疑爲枯木樁，遂回。於是范嗏得救，隱其身以終，滿洲後世子孫，俱以鵲爲祖，故不加害（註一七）。以鵲爲祖，就是以神鵲爲圖騰，相信神鵲與滿族有血緣關係。滿洲等北方諸民族濃厚的靈禽崇拜觀念長期存在的一個重要原因可能就是母系氏族社會圖騰崇拜觀念的遺留（註一八）。滿族對鳥類的圖騰崇拜，集中表現於薩滿神帽上，且具有典型意義。薩滿用若干隻鳥來裝飾神帽，鳥數的多寡，表示薩滿巫術的高低。在《尼山薩滿傳》中，女薩滿戴的是九鵲神帽，這種起保護作用的神帽，是滿族圖騰崇拜的反映，而且又表明她是一個巫術超群的薩滿（註一九）。除神鵲外，還有神鷹、神蛇等等。在薩滿奉祀的天神神偶中，有許多神威無敵的宇宙神祇是半人半禽、半人半蛇的合體神偶，這種形象反映了遠古人類認爲人與動物有著血緣關係的氏族圖騰崇拜觀念（註二〇）。蛇圖騰形象在北方諸民族自古以來就由於生活的聯繫而進入薩滿信仰崇拜體系內，蛇神是薩滿最強大的一種庇佑神，有蛇神保護的薩滿，就被視爲法力最強的薩滿（註二一）。

北方草原族群的熊圖騰崇拜是動物崇拜的典型例子，他們認爲熊的形象與人有許多相似的地方，人熊同源，於是把熊賦予人的性格，而把熊人格化，把熊作爲自己氏族的圖騰而加以崇拜。例如索倫族居住的地區，從森林到草原，都是野生動物生存繁殖的天然園地，他們對動物充滿了神聖的色彩，在各種神話的動物中，他們最崇拜的是熊神，他們認爲熊有超常的本領，具有非凡的記憶力，所以不能隨意觸犯，或怠慢牠。他們對熊的崇拜，不僅表現在對熊的禁忌，還表現在對熊死後的處理上。索倫族獵到了熊以後必須舉行風葬，把已經包好的熊骨等物，懸掛在兩棵樹之間，如不舉行風葬，將骨頭亂扔，相信獵人不僅獵不到熊，而且還可能有被熊殺害的危險。從索倫族的獵熊到葬熊，充分反映了人與動物之間所產生的神秘關係。熊是索倫族的圖騰，是他們的保護神，在索倫族薩滿信仰的動物世界中，熊神高於衆獸神之上。

鄂倫春等族在長期的狩獵生活中，逐漸把某些動物從一般動物中分離出來，相信熊與自己的親族集團有關，認爲熊與自己有著一種血緣親族的關係。人們若是觸犯了熊神，輕者，會像大人打小孩似的給人一巴掌；重者，會致人於死命。在鄂倫春族中流傳著許多關於族人和母熊成婚的傳說：

> 傳說遙遠的過去，有一獵人被一隻母熊抓去，被關在山洞裡，不讓他出來。這樣過了幾年的同居生活，生了一隻幼熊。有一天，母熊領著幼熊外出採集食物，洞口沒有蓋嚴，獵人便趁機逃跑出去。他跑到江邊，恰好有一木排順流而下，便上了木排往下游流去了。黄昏，母熊帶著幼熊背著

食物回來，一看洞口大開，感到事情不妙，進洞一看，獵人果然不在了。母熊非常憤怒，領著幼熊沿著獵人腳印追到江邊，又沿江下追了好久，才發現他正坐在江中的木排上。母熊用兩隻前肢招呼，勸他回來，可是獵人怎麼也不理睬。母熊恨不得一下子就跳上木排，可是江面很寬，跳不過去。母熊氣得沒辦法，把幼熊抓起來用力一撕，把熊的一半向獵人扔去，自己則抱著幼熊的另一半，哭呀哭呀地一直哭了好久。這樣爲一母熊所生又被撕成兩半的幼熊即分居兩地，隨母熊者爲熊，而隨父者就是鄂倫春人了（註二二）。

鄂倫春族源傳說所述人熊成婚生育後代子孫，而成爲共同圖騰崇拜的氏族集團。鄂倫春族又傳說：

很早以前，有一個中年的鄂倫春婦女，右手戴著紅手鐲，到深山密林中去採集野菜、野果，回來時因天黑迷失了方向，從此就變成了熊。過了幾年以後，有一天，這個婦女的丈夫進山打獵，看見一隻熊正在吃都柿，瞄準一槍，把它打死了。可是在剝熊皮時，獵刀在前肢上怎麼也插不進去，仔細一看，那上面戴著紅手鐲，正是他妻子在右手上戴的。從此，熊就被認做是鄂倫春族人的化身（註二三）。

由前引故事可以說明古代鄂倫春人相信熊可以變成鄂倫春人，鄂倫春人是熊的後裔；鄂倫春人也可以變成熊，熊是鄂倫春人的化身。人熊相通，互相轉化，人與熊的靈魂也互相滲透，說明在薩滿信仰中熊與人的血緣親族關係的密切。在北方諸民族的祭祀衆神中，都有熊神祭，在薩滿祭祀中有專祀熊神的儀式。在滿族薩滿火祭中，熊神是太陽神的開路先鋒，力大無窮。當薩滿請神，熊神附體後，能將磨盤舉起，能將巨柳從地下拔起，能用巨石做成泥丸拋擲玩耍，充分表現出神力無敵的擬人化神性格（註二四）。在鄂倫春的薩滿神話中敘述喜勒特很這位青年爲了報百眼怪滿蓋搶掠和殺害親人之仇，歷經艱辛，最後把百眼怪滿蓋和山大王先後殺死，勝利地回到了家鄉。當喜勒特很遭遇危險暫時死去的時刻，熊和老虎都謹愼地守護著他，說明這個傳說與當時的圖騰崇拜有關（註二五）。

母系氏族圖騰，隨著氏族部落的分裂，每一部落中都有以熊、虎、狼、蛇、鷹等神獸靈禽爲圖騰的氏族，並且長期保存了下來，而且成爲廣泛的圖騰崇拜，北方諸民族所崇奉的薩滿確信自己就是各種圖騰的化身，薩滿信仰中圖騰崇拜確實佔著很大的比重。

祖先崇拜是從自然崇拜、圖騰崇拜形成發展起來的，而且和英雄聖者的崇拜常常結合在一起，自然崇拜、圖騰崇拜、祖先崇拜和英雄聖者崇拜構成了薩滿信仰的主體。祖先崇拜和自然崇拜、圖騰崇拜最基本的差別是在於崇拜對象的不同，自然崇拜、圖騰崇拜的對象主要是動植物，祖先崇拜的對象是人。靈魂不滅的信念，導致了祖先崇拜，古代北方諸民族也相信他們的祖先離開人世以後，他們的靈魂仍然繼續存在，而成爲祖先神，好像在人世時一樣，以其神威爲後代子孫庇佑賜福及消災免禍，於是便產生了對祖先亡靈的崇拜，這就是所謂祖先崇拜。

祖先崇拜最初是氏族團體內的共同祖先的崇拜，包括：本氏族的族源神祇及氏族神祇；本氏族的各種創業神祇及英雄聖者神祇；爲氏族征戰中的殉難英雄神祇；本氏族首輩薩滿及歷代傳世薩滿魂靈；本家族本姓氏宗譜中的祖先亡靈等，其中含有衆多的女性祖先神祇，薩滿信仰中祖先崇拜的特點之一就是包括許多女性祖先薩滿。氏族祖先崇拜隨著社會發展，逐漸發展成爲部族祖先或家庭祖先的崇拜。薩滿信仰中的祖先崇拜最鮮明的一個特色，就是凡屬自己直系血緣關係的祖先神祇都是善神善靈，而對其他氏族的祖先亡靈認爲沒有庇佑自己氏族子孫的作用，甚或視爲鬼蜮而予以驅災避邪（註二六）。

北方諸少數民族平時每家多供奉著本氏族的祖先神祇，一旦家中有人生病，便要在神前進行祈禱，他們認爲家庭成員生病，祖先神靈都可以治癒，庇佑平安。清太祖努爾哈齊病重時曾請求祖先保佑早日痊癒。天命十一年（一六二六）八月初一日，《老滿文原檔》有一段記載，先影印老滿文記載，並註出羅馬拼音及譯漢如後：

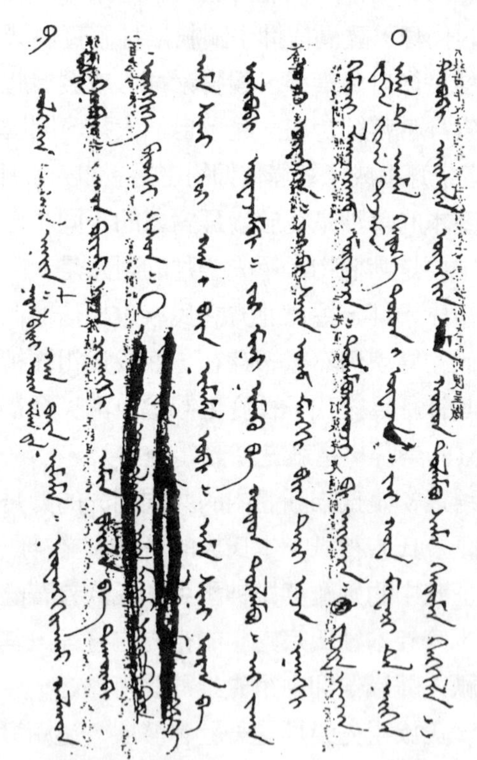

圖一：《老滿文原檔》天命十一年八月初一日記事

fulgiyan tasha aniya nadan biyai orin ilan de,han beye nimeme, niowanggiyahai halhūn mukede genefi, jakūn biyai ice inenggi, amin beile be takūrafi unggihe bithei gisun, ama sini jui han beye nimeme ofi, ama sini ūren be ilibufi wecembi, jui mini nimeku be hūdun dulembu, ai jaka oci wehiye, jui bi sain oho manggi, biya dari ice inenggi kemuni lakcarakū wecere, dulemburakūci, bi ainara, juwe ihan wame jiha deijime, ama de neneme henduhe durun i wece, jai gūwa mafari de neigen dobofi aisila, wehiye hūdun dulebu seme hendume hengkile.

丙寅年七月二十三日，汗體患疾，前往清河之溫泉。八月初一日，遣阿敏貝勒齎書曰：「父親，你的兒汗，因身體患病，設立父親你的牌位致祭，乞佑兒的病速癒，一切事物，仰祈扶助。兒痊癒後，將於每月朔日，常祭祀弗替。倘不令痊癒，我亦無可奈何。」隨宰二牛，焚燒紙錢，以先前與父親所言儀式祭祀。再，其他先祖，均加供奉，並叩頭祈請扶助，使速痊癒（註二七）。

丙寅年，相當於天命十一年（一六二六）。是年七月二十三日，努爾哈齊因病前往清河堡溫泉沐養。八月初一日，遣阿敏貝勒齎祭文向顯祖塔克世神主叩首祈求保佑早日痊癒。

薩滿信仰的形成是隨著神靈觀念的出現而產生的，靈魂觀念產生以後，認爲自己的祖先雖然去世，但仍在彼世繼續活著。祖先生前既保護家族成員，於是祈求死後的祖先神靈仍能保佑家族平安，薩滿遂充當人與祖先神靈溝通的媒介，由薩滿主持祖先祭祀，祈求祖先神靈的保佑。我國北方各少數民族流傳著許多關於祖先崇拜的神話故事，例如在達呼爾族靈魂不滅的觀念中，相信祖先或氏族中有貢獻的先人的靈魂是永存的，薩滿的靈魂也是永存的，他們的靈魂能跟活人生活在一起，能保護其後代子孫及全氏族的人。在《托慶嘎薩滿》的傳說中，托慶嘎是領滿那祖神的薩滿，受到滿那莫昆全族人的崇拜。有一天，托慶嘎薩滿被依克歹薩滿暗中害死，他臨終時，囑咐家人，替他的屍體穿上法衣，連同神鼓和鼓槌裝在車上，拉到聽不見狗吠聲的野地裡。過了三天三夜，他就回家了，他脫下法衣，穿上便服，並說自己的屍體是用烏鴉換來的。族人到停放屍體處一看，果然有一隻死烏鴉。托慶嘎薩滿手上拿著一把香到伊敏河，自己點上香後跳進水裡不見了。過了一會兒，從水裡漂出五尺多長的死鯉魚，隨後他從水裡跳出來，說他身上的污穢留給那條大鯉魚了（註二八）。達呼爾族相信薩滿是動物及祖先神靈的化身和代表，具有超現實的能力，能爲人們祈福禳災，驅鬼逐祟。

薩滿信仰是在萬物有靈觀念支配下，既崇奉氏族或部落的祖靈，又兼有自然崇拜和圖騰崇拜的內容，祖靈、神靈、鬼靈三方面決定了薩滿的活動天地。鄂倫春人也把人畜的平安和生產的豐收寄託在祖先的神靈上，祖靈被認爲是氏族成員的保護者（註二九）。他們認爲自己的祖先神靈生前多爲氏族或部落生活傑出的組織者，強而有力的領袖人物，都是經歷過社會、自然界的嚴峻考驗者。傳說他們最早的薩滿是著名的祖先根特木爾，他具有高超的狩獵本領和無比勇敢的精神，他死後成了庇護子孫的神靈，他所留下來法衣上的許多鈴鐺、銅片和布塊，都飛向各地，變成了許多薩滿。

在薩滿信仰中，祖先神靈是正神，氏族薩滿降神附體的是祖先正神，其他非氏族薩滿則不會有正神附體，只能以各種雜神爲附體的神靈，所以氏族薩滿的權威遠遠勝過其他非氏族薩滿，氏族薩滿的法力和神通也要比一般薩滿強大。氏族薩滿因領氏族祖先正神，所以被氏族成員公認爲祖先神靈的代言人，透過氏族薩滿，回答子孫們的請求。族中有人患病，即請氏族薩滿跳神，詢問祖神，是因何種鬼魅作祟？須供獻何物來禳解？氏族薩滿爲族人消災治病，就是祖先崇拜的最具體意義。

第二節　神祇體系的產生與衍化

原始薩滿信仰是一種多神的泛靈崇拜，以自然崇拜、圖騰崇拜爲主要內容。在滿族早期原生形態的薩滿信仰裡，天穹主神阿布卡赫赫（abkai hehe）雖然排在衆神之首，但這只說明她的地位重要，阿布卡赫赫和其他神祇，並沒有統屬關係，神祇的集體性和地位平等，是早期歷史階段薩滿信仰觀念的顯著特徵（註三〇）。隨著社會與日俱增的自然分工，薩滿信仰中的神祇分工也就越來越細，創造了許多神靈，名目繁多。隨著薩滿信仰的盛行，造神運動，更是蓬勃發展。但是各種神靈都有各自的位置和影響，衆神及諸靈處於平等的地位，等級觀念非常淡薄，在薩滿所崇奉的各種神靈之中，並無突出的地位，新神和舊神可以平起平坐，它不像一神教那樣崇拜絕對至高無上的一個神祇。各種神祇，各有所司，狩獵神、山神、樹神、鷹神、野豬神、狐狸神等，大都表現原始狩獵經濟生活的特徵。牛神、馬神、羊神、駱駝神等，都是反映草原畜牧生活的神祇。以赫哲族爲例，其反映漁獵生活的神祇，有管狩獵的馬克索神，兼管漁獵的木克敦特神和日戈瑪神。有保護家園的珠林神，保護住宅的艾格雅塔神，保護家庭平安的飛尤和神。管疾病神祇也各有所司，有管肚疼病的阿都神和木哈索神，管頭疼病的特日格登神，管關節病的闊勒吉爾蹲特神，管皮膚病的烏什哈神，管天花、痲疹的娘娘神等等（註三一）。赫哲族長期以捕魚為生，其魚神崇拜佔有重要位置，例如黑額恩木熱神是以鯨魚形為偶體，珠昆神是以水獺為偶體，珠爾瞿力阿金神是以鰉魚形為偶體。赫哲族社會相信這些魚神能幫助薩滿在水中潛行，可以施展法術（註三二）。赫哲族薩滿相信自然崇拜或圖騰崇拜的各種對象，都是一種神靈物，每一種神靈，都是平等的，各司一事，沒有統治神靈與被統治神靈的劃分。

恰喀拉（kiyakara）部，散處於渾春沿東海及富沁、岳色等河，以叉魚射獵為生，其屋廬舟船，多用樺皮（註三三）。恰喀拉部的薩滿相信他們的大力神可以鎮住蛇妖、鷹妖、熊妖、山石怪、樹妖、蟲妖、烏鴉鬼、狐狸鬼、蛤蟆鬼、黃鼠狼鬼等十種鬼怪。海神是一種善神，祂經常保護勤勞、弱小的人們。遠行護路的神祇，叫做查克達，保佑出征太平的神祇，叫做瓦利媽媽，保佑娶媳順利的神祇，叫做薩克薩媽媽。錫伯族薩滿的神像，有龍、蟒蛇、虎等動物。這些動物很可能與早期的圖騰崇拜有關（註三四）。「霍列刀巴爾漢」是達呼爾族薩滿所供奉多種神祇的總稱，包括十餘種神祇，其中「吉雅其巴爾漢」是每家必須供奉的專管家畜和財物的神祇，牠對人不作祟，不叫人鬧病。由於神祇的衆多，使神職人員也有多種（註三五）。由薩滿派生出來的各種巫醫，就是因為神祇衆多，職司分工越細的結果。鄂倫春族的屋托欽和阿嘎欽，就是由薩滿直接派生出來的巫師，他們都是患過天花或痲疹的人，自信能以其巫術向娘娘神禱告請求醫治天花或痲疹。錫伯族專司治病的薩滿則發展成三種職業性巫醫：一種是以痘疹神瑪法（mafa）、瑪瑪（mama）為神靈的額爾奇，專替村中孩童醫治天花、水痘、痲疹；一種是以狐神為神靈的道奇，專治精神分裂等症；一種是供奉狐家神和仙家神的相冬，為村民驅祟治病（註三六）。

滿族早期盛行的薩滿信仰，也是一種崇拜自然神的原始信仰，例如天神、山神、星神、鵲神、烏鴉神等等，從薩滿信仰的對象，反映了當時的人們對大自然的軟弱無力，他們相信狩獵採集所獲多少，都是天神和山神的賜予，遇有災難，需要鴉鵲的救護。瑪魯是索倫族薩滿信仰諸神的集體總稱，由十二種神偶組成，其中舍臥刻是瑪魯神的主神，木制人形偶像，也是薩滿的主要保護神，經祂溝通鬼神爲本族祈福消災。烏麥是嬰兒的保護神，熊神是馴鹿的保護神，舍利是蚊神，此外還有其他各種神偶，這些神偶都裝入一圓形袋內，總稱爲瑪魯神。在古代氏族社會時期，瑪魯神只在氏族薩滿家供奉，後來從氏族中分化出大家族，瑪魯神便由各家族的族長供奉（註三七）。

薩滿所以能夠通神，主要是得到所領各種神祇的輔助；薩滿所以能夠抵抗惡魔，也是得到所領神祇的保護。薩滿所領的神祇，並不限於一種，有的薩滿只供奉幾個神祇，有的薩滿則供奉幾十個神祇。傳說中開天闢地的薩滿阿布卡赫赫，她的身旁常有一些在她危難時拚命相助的動物大神，如鷹神、蛇神、野豬神等神祇（註三八）。在赫哲族薩滿信仰中，其輔助和保護薩滿的神祇，叫做愛米神，分爲四種：第一種叫做巴爾布卡愛米神（barbuka emi）；第二種叫做富拉馬奇愛米神（furamaki emi），這兩種愛米神在薩滿初領神時就能附身，只具有普通的法術；第三種叫做屯塔愛米神（tunta emi），能治腫脹等症；第四種叫做布諾愛米神（buno emi），司走陰間，這四種愛米神都是輔助薩滿通達於神明的神祇。此外，布克春（bukcun）和薩拉卡（sar-aka）這兩種神祇是專司保護薩滿以抵抗惡魔鬼怪的，倘若力不能敵，就急行如電通報消息給其他薩滿，請求相助。額其和（

ecihe）是專司驅逐獸類的神祇，當薩滿和鬼怪鬥法時，額其和能變成虎、熊、鹿、鼉等獸。鳩神是薩滿的一種領路神，薩滿跳神作法時，即由鳩神領路尋找愛米神。薩滿在跳鹿神的時候，也由一童子手持鳩神桿，在神隊前領路。赫哲語中的闊力（kori），就是鷹神，薩滿作法過陰，或除服送亡魂到陰間時，都由鷹神領路。赫哲族薩滿所領的許多神祇，平時多放在神櫃內，跳神作法時，愛米神供在西炕上，跳鹿神時在街上行走時，掛在刀頭。薩拉卡及額其和等神祇各用一根線穿了掛在薩滿的胸前（註三九）。北亞諸民族原始薩滿信仰，其崇拜的神祇，雖然分工很細，各種神祇的法力，雖有高低，但是各種神祇的等級觀念，卻很淡薄。

薩滿信仰本身既然是屬於多神崇拜，這就決定了它並不排他而能接受外來宗教的特點。歷代以來，我國北方各少數民族由於長期與漢族接觸，很早就傳入了佛教及道教。早在隋唐時期，靺鞨族的歷朝侯王便已開始篤信佛教，唐代長安城的渤海使者，都要到長安各大佛寺頂禮膜拜。在黑龍江省寧安縣渤海鎮白廟子村渤海國上京龍泉府遺址出土的舍利函和舍利子，也充分證明了渤海時期的靺鞨人已經開始信仰佛教（註四〇）。金代女眞族大批南遷後，受到漢族及契丹人越來越多的影響，社會上篤信佛教的風氣，更加普遍。道教會原來也是由原始巫覡信仰發展而來的民間宗教，與薩滿信仰有著許多共同性質。由於佛、道信仰的普及，在薩滿信仰的神祇體系中，加入了許多客神，譬如釋迦牟尼、觀世音、玉皇大帝、關帝等。

三國時期的蜀國名將關羽，從唐代以來，中原內地對他的崇拜，已經很盛行，而且逐漸成爲佛、道二教共同崇奉的神祇，佛教寺院尊關羽爲伽藍神之一。宋哲宗紹聖三年（一〇九六），賜關羽玉泉祠匾額爲「顯烈廟」。宋徽宗崇寧元年（一一〇二），追贈關羽爲「忠惠公」。大觀二年（一一〇八），晉封爲「武安王」。宋高宗建炎三年（一一二九），又封爲「壯繆義勇王」。基於政治上的需要，元、明兩代對關羽也大加敕封。明世宗嘉靖十年（一五三一），敕封關羽爲「漢關帝壽亭侯」，開始稱關羽爲「帝」。明神宗萬曆年間（一五七三——一六二〇），明廷敕封關羽爲「協天護國忠義大帝」，道教尊關羽爲「三界伏魔大帝、神威遠震天尊關聖帝」，尊號顯赫，簡稱關聖帝或關帝。歷代以來對關帝的崇奉傳入遼東後，很快地被女眞人或滿洲等少數民族所接受，這位由英勇善戰的忠義名將演化而來的神祇，對崇尚武功，恪守信義的邊疆民族，具有特殊的吸引力。明代後期，蒙古、女眞部族首領與明朝邊將盟誓時，照例要請出雙方都篤信的關公神像，擺設香案祀奠，然後再刑白馬、烏牛，白酒拋天，歃血盟誓（註四一）。清太祖努爾哈齊好看《三國志通俗演義》，從中吸取政治、軍事謀略，關公的勇武形象，也成了他心目中的楷模。清太宗皇太極也非常喜讀《三國志通俗演義》，這部小說幾乎成爲努爾哈齊、皇太極父子制訂內外國策，作戰方略，甚至爲人處世所不可或缺的依據。《老滿文原檔》記載皇太極曾引黃忠落馬，關公不殺的一段故事來責備朝鮮國王的背信棄義（註四二）。天聰七年（一六三三），因明將孔有德等歸順滿洲，皇太極即引用《三國志通俗演義》內「關公敬上而愛下」的故事，對降將行抱見禮（註四三）。皇太極推崇關公，常以關公爲楷模，藉此訓導大臣。關公就這樣以忠義戰神的形象進入了滿族社會的神祇行列，並成爲宮廷及民間供奉的大神之一。天命年間（一六一六——一六二六），除了設堂子外，還在興京赫圖阿拉東山頂上蓋造了佛寺、玉皇廟、十王殿。在寧古塔就有佛教、道教的祠廟七座，其中供奉的有關帝、觀音、龍王等，此外，還有三官廟、土地祠。崇德年間（一六三六——六四三），漢族等長期頂禮膜拜的人格神祇釋迦牟尼佛、觀音菩薩、關帝等，已躋身於薩滿信仰的神祇行列，成爲朝祭時的三位大神，反映佛教、道教的神祇和禮儀，也開始與薩滿信仰合流（註四四）。有清一代，對關公的崇奉，達到登峰造極的地步，遼東地區關帝廟到處林立，關公成爲滿族等民族的保護神，屢著靈應。滿語稱老爺爺爲「mafa」，漢字音譯作「瑪法」，關公被滿族親切地恭稱「關瑪法」。在滿族長篇說部中，《關瑪法傳奇》佔有重要一席。用滿語講述，邊講邊唱，唱念相合，滿族老幼多喜聞樂見。在滿族社會中講述的《關瑪法故事》，內容豐富，包括關瑪法出世於東海，盜取耶魯里神馬，與超哈占爺比武等，其吃穿用具及禮節等，均已女眞化，在我國北方少數民族社會中，關公就是一位頗具北方民族個性的神話人物（註四五）。

清代中期以來，內地流民進入松花江下游赫哲族聚居的地區後，在赫哲族的村屯中也普遍受到佛教、道教的影響，關帝、藥王、龍王、土地等神祇，逐漸被赫哲族薩滿信仰吸收作爲薩滿崇拜的對象。錫伯族信奉關帝，更加普遍，每個旗都有一個關帝廟。錫伯族聚居的村屯中流傳著一種民俗，每逢大旱時，全村屯男女老幼，每人身背柳條一束，赤著腳，捲起褲腿，向天呼喚求雨，然後集中到關帝廟，宰羊一隻，焚香供祭（註四六）。

薩滿信仰原始的祭星觀念，主要是出自樸素單純的宇宙星辰日月崇拜觀念。隨著傳統漢文化及佛、道二教的影響、女眞或滿族星祭內容日趨繁複，在一些祖傳薩滿神諭中已經雜揉著許多漢代以來的禳星禮儀，例如古代對黃道附近天空區域所劃分的二十八宿，久已成爲滿族薩滿信仰的星祭神祇。又如將太白、紫微、北斗、南斗、東斗、太子、天極、羅睺，五大行星等，俱奉爲薩滿信仰的星神（註四七）。

《尼山薩滿傳》是明末清初以來流傳的薩滿故事，是用滿文寫成的手稿本。書中一開始就運用了道教中一個典型的神仙客人的故事型式，當員外的寵兒色爾古岱・費揚古病故後，舉家哀痛之際，在員外家門口突然來了一位彎腰駝背的老爺爺，受到員外的禮遇。這位陌生老爺爺指點員外去請尼山薩滿來爲病故的兒子醫治，可以起死回生。說完話後，蹣跚走出大門外邊，坐上五彩雲霞昇空而去了。員外知道是神仙來指點，即朝空中拜謝，於是有三請尼山薩滿的故事（註四八）。在滿族民間也流傳著這一類型的故事，譬如《手鼓的傳說》中的神仙形象，是一個快要餓死的蓬頭垢面的老人，滿族青年達木魯熱心地照顧他，把自己僅有的食物給了他，寧可自己挨凍也要把衣服脫下讓他穿。最後，這位青年得到了能救人們出苦海的薩滿神鼓（註四九）。

由於薩滿信仰的盛行，佛、道教義的普及，滿洲、蒙古、錫伯、達呼爾等族，有不少人喜歡以佛、道神祇的名字來命名，例如佛保、神保、諸神保、衆神保、三神保、千佛保、福神保、文殊保、菩薩保、觀音保、釋迦保、彌勒保、地藏保、天神保等等，多見於清代《起居注冊》。關帝信仰普及以後，反映在現實社會生活的，就是北方邊疆民族喜歡以關帝來命名，例如關帝保是因祈求關帝保佑而得名；關聖保是因關帝又稱關聖帝君而得名；武神保是因關帝被達呼爾等族認爲是武神而得名；伏魔保是因關帝被道教封爲三界伏魔大帝而得名，都是祈求關帝保佑的意思。至於關音保一名，讀音近似觀音保，又以同音字「關」取代「觀」字，目的是祈求關帝和觀音菩薩的共同保護。

第三節　天穹觀念的形成與變遷

我國北方少數民族的原始天穹觀念，是朦朧的，認為天地並無絕對的分野，人與神及動物之間，並沒有不可跨越的鴻溝。各民族的原始天穹觀念，亦因其物靈思想的差異，而不盡相同。在後世流傳的薩滿神諭中，或稱天穹為「舜莫林」的地址。「舜莫林」是滿語「sun morin」的音譯，意即日馬，認為天穹是日馬馳騁的場地；或稱天穹為「額頓昂阿」（edun angga），意即風口，將天穹比喻為風的巨口，可以吞噬世間萬物；或稱天穹為女神的「亞濕」（yasa），意即眼睛。相傳女神奇莫尼媽媽雙眼緊閉時，天穹即晴朗無雲；眼睛睜開時，則風雪冰雹驟降人間（註五〇）。

原始薩滿信仰對天地的構思是分為多層次的，這種分為多層次的原始天穹觀念，由來已久，古代匈奴巫，稱為九天巫，就是因為匈奴巫奉祀九層的天上界而得名。多層次的天穹觀念，在女眞、滿洲、赫哲、達呼爾、索倫、鄂倫春、錫伯等民族中更是普遍存在。但因各古老民族對天穹的觀察程度，彼此不同，其解釋遂互有差異，有的認為天有三層，有的認為天有五層、七層，或九層。在北亞草原族群的薩滿信仰中，對原始天穹的分層構思。有多至十六層，或十七層的。古代突厥等族認為天有三十三層，甚至多達九十九層。女眞、滿洲、赫哲等族則以九天三界的說法較為普遍。近數十年來所發掘到的薩滿神諭及神話中，仍可以看到滿洲等族的薩滿信仰認為自然宇宙分為九層三界：上界為天界，又稱火界，或光明界，分為三層，是天神阿布卡恩都力（abkai enduri）和日、月、星辰、風、雲、雨、雪、雷、電等神所居，此外還有衆多的動物神、植物神以及各氏族遠古祖先英雄神，也高居於九天上界的金樓神堂之中；中界亦分爲三層，是人類、禽鳥、動物及弱小精靈繁衍的世界；下界爲土界，又稱地界，或暗界，亦分三層，是地母巴那吉額母、司夜衆女神以及惡魔居住或藏身的地方。這種古老的宇宙九天三界觀念，保留了原始薩滿信仰天穹觀念中天地相通的思想痕跡，而其土界或暗界，亦絕非如佛教或道教等宗教所講的地獄觀念。人類生存的中界，亦有惡魔及精靈存在，惡神、妖魔也可到天界搗亂，世界上既有瘟疫與病魔，又有各種侵襲人類安寧的災異（註五一）。在地底下的暗界也有人生活，有惡魔，也有好人，如地上一樣，地界中的巴那吉額母就是一位善良的女性神祇。在地下生活，並非地獄，而是越深處越溫暖，深處也有太陽，有光明。這種觀念的產生，與古代北方先民長期穴居生活相關（註五二），西藏等地原始本教的三界結構中也沒有以下界爲惡的觀念。在黑龍江流域居住的許多民族中，有的認爲亡魂去的那個地方是和人間相像的另一個世界。這個世界和地上世界一樣，也有各種民族，也是一家一戶地居住著，那裡也有太陽、星星、月亮，也有黑龍江河水流動著，有山林和各種動物。只是另一個世界的晝夜和季節，與人世間恰恰相反（註五三）。

我國道教把神仙居住的所在稱爲三十六天，把天分成三十六重，每一重有得道天神統轄，叫做三十六宮，每宮一主。這種觀念和薩滿信仰多層天的觀念是一致的。薩滿信仰宇宙觀在形成、發展過程中，由於受到外來宗教和文化的影響，而發生了很大的變化。我國北方草原族群將天穹分爲三十三層的觀念，似乎是薩滿信仰將天地分爲多層的觀念和佛教中關於三十三天的說法混合起來的結果。佛教的三十三天，是以須彌山頂中央爲帝釋天，四方各有八天，合成三十三天，是欲界的第二天。這種把天分出方位區域的構思，是平面的，並無多層次的含義，與薩滿信仰中的多層觀念，不盡相同。

清人徐珂所輯《清稗類鈔》中記述說：「薩滿教又立三界：上界曰巴爾蘭由爾查，即天堂也；中界曰額爾土士伊都，即地面也；下界曰葉爾羌珠幾牙幾，即地獄也。上界爲諸神所居，下界爲惡魔所居，中界嘗爲淨地，今則人類繁殖於此。」（註五四）引文中的天穹三界說，很明顯地已經受到佛教、道教、基督教等教義的影響，而與薩滿信仰原始樸素的天穹觀念，相去甚遠。由此可以說明薩滿信仰的天穹觀念，從多層意識發展到三界認識，正是由於薩滿信仰在少數民族社會發展中的演化而形成的。王宏剛撰〈滿族薩滿教的三種形態及其演變〉一文已指出在滿族父系氏族社會後期，薩滿信仰已經形成了系統的三界說，這一階段的滿族薩滿信仰可視爲後期原生形態的薩滿信仰（註五五）。

一九五六年八月九日，黑龍江省北部十八站有一位五十七歲的鄂倫春族女薩滿丁西布口錢，她向訪問人員講述了一段關於地下冥府的故事，節錄其大意如下：

> 白依那關白寶的父親有病快死了，我到死人的地方陰姆堪那去找他。在那裡看見關白寶的父親已經到這裡來了。但是陰姆堪不讓我進大門，怎麼說也不行。我於是就把大鷹神請來了，讓他把關白寶的父親抓出來了。這樣，鬧病的人就好了。……陰姆堪住的地方很熱鬧，有各種競賽，好像現在打球似的那樣熱鬧，陰姆堪很胖大，穿白衣服，鬍子很長。陰姆堪住的房子和活人的一樣，院子非常寬大，柵欄很高，好像皇上的房子一樣。在陰姆堪呆的地方什麼都有。有人死時穿上好的衣服，死時打死的馬，放下的馬鞍子等，還有人死後出殯時供的酒肉等。活人那裡燒的火

炭及灰這裡也都有，那裡的衣物可以用一輩子。活人這邊怎樣，死人那邊也怎樣。活人這邊的馬曾是瘦的，到那裡也是瘦的（註五六）。

故事中的「陰姆堪」，又作「伊瑪堪」，是滿語「ilmun han」的同音異譯，意即陰間冥府的閻羅王。薩滿丁西布口錢所述亡魂到達的地方，與草原社會的環境很相似，陰姆堪身體胖大，穿白色衣服，鬍子很長，他住的地方很熱鬧，房子和活人的一樣，院子寬大，柵欄很高，什麼都有，衣物可以用一輩子。

赫哲族中的伊瑪堪故事，也是來自薩滿信仰的神話。現存伊瑪堪英雄史詩中的《阿格弟莫日根》故事，就是敘述薩滿過陰追魂的經過及所見地府的情景。故事中的黑斤，即赫哲的同音異譯，「闊力」是神鷹的意思，女薩滿神通廣大，一打滾就可以變成一隻闊力，在赫哲方言中，閻羅王又被稱爲「波扭額眞」。故事一開始就以相當大的篇幅介紹了三江平原一個部落裡的著名黑斤薩滿及其神通廣大、美麗俊俏的女兒黑斤德都。英俊的阿格弟莫日根得到黑斤德都本人的同意，勇敢地向她的父親黑斤薩滿求婚，黑斤薩滿嫌他家貧，斷然拒絕。他一時情急，突然死去。黑斤德都聽說阿格弟莫日根的屍首葬在柞樹叢裡已經三天三夜，立即變成闊力飛去尋找。她從高空上面，雙翅一抖，好像霹靂閃電般俯衝下來，只聽轟隆一聲，阿格弟莫日根墳上的泥土砂石四處飛濺，棺木被劈成兩半。黑斤德都化作原形，見阿格弟莫日根面目依舊，臉上尙有血色，屍體還沒僵硬，她便用樺樹皮蓋在阿格弟莫日根的屍體上，並祝禱神靈薩日卡保護屍體。黑斤德都立即到陰曹地府去尋找阿格弟莫日根的靈魂，首先渡過了陰界河薩音畢拉，隨即來到廟宇跟前，聽見裡面不時傳來悲號哀哭和撕心心裂肝的叫喊聲。當黑斤德都來到閻王殿，見波扭額眞坐在上面，兩側站著牛頭馬面，無常惡鬼。黑斤德都向波扭額眞說明原因，請發慈悲，把阿格弟莫日根的靈魂送回去。波扭額眞答應查看生死簿，一查，阿格弟莫日根竟能活到九十九歲。於是黑斤德都開始追魂，又變爲闊力，展翅飛翔，看見道北有一簇蒿草，她仔細一看，看見蒿草上面附著一個陰魂，浮浮搖搖，飄飄蕩蕩地坐在那裡，被風刮得直晃。她認得這是阿格弟莫日根的靈魂，便從空中壓下來，用翅膀一兜，把阿格弟莫日根的靈魂抱住，像流星般回到阿格弟莫日根的墳前，對準阿格弟莫日根身上把靈魂抖了進去，兩翅展開，撲到阿格弟莫日根身上，幻化成原形，接著灌了三碗水，不大一會兒功夫，阿格弟莫日根的鼻子通了氣，慢慢睜開了雙眼，死了三天又復活的阿格弟莫日根，面目依舊，病也沒有了（註五七）。這個故事脫胎於薩滿信仰中跳神、追魂、治病的活動，加上愛情的情節，使故事更富於浪漫主義，同時也反映了北亞草原族群的現實生活。但是故事中所出現的地獄景象及閻王殿牛頭馬面、無常惡鬼的角色，與原始的薩滿信仰，相去甚遠，故事的內容已經加上晚期的閻王殿等佛教或道教的許多成分。

《一新薩滿》是松花江下游流傳的赫哲薩滿故事，巴爾道巴彥的大兒子斯勒福羊古、次子斯爾胡德福羊古先後病故，斯勒福羊古因壽限已到，不能回生。一新薩滿應允爲斯爾胡德福羊古過陰捉魂。當她開始過陰後，就告訴助唱神歌的那林福羊古小心看守她的身體，但因陰陽相隔，一連說了幾次，那林福羊古都聽不到。一新薩滿魂靈出竅後，即從祿祿嘎深往西南大路走去。不多時，到了一座高山，叫做臥德爾喀阿林，凡人死後，到此山頂，方知自己已死。一新薩滿回頭看見祿祿嘎深，好像就在眼前，連巴爾道巴彥兩個兒子的屍體也都看見了。一新薩滿及衆神往前走了一會兒，眼前有一條貫通南北的大河，渡過西岸，再向西南大路走去，途中遇見三年前死去的丈夫德巴庫阿。德巴庫阿病故後，他的眞魂就在這陰陽河邊居住，打獵捕魚，截路刧財。德巴庫阿因身體早已腐爛，無法還陽，因他堅持阻攔一新薩滿通過，被薩滿神愛新布克春丟到陰山後面。一新薩滿繼續奔向西南大道而去，不一刻就到了冥府的一個關口，原來就是鬼門關，兩旁出來許多餓鬼冤魂攔住去路，向她要過關錢，她把攜帶的金、銀、醬等物都給了一些，那些餓鬼冤魂便各自散去了。過了鬼門關後，走了一會，看見大路分開三條支路，是三岔路口：世人若被槍刀打死的都走左邊支路；若是上吊、水淹、服毒而死的都走右邊支路；若因註定壽數已終而死的都走這中間的大路。一新薩滿領著衆神向當中大道走去，不多時，遇到一條小河，叫做紅河，世人死後，來到紅河岸邊時，非常口渴，若飲了河水，就會忘掉在陽世的一切事情。一新薩滿一行過了河，仍奔陰路，走了多時，看見了一座大城，就是依爾木汗（ilmun han）的城池，周圍有三道城牆，進城時要經過三道關門：第一道城門有兩個門官把守，面貌凶惡，手執鋼叉；第二道城門，由幾個惡鬼把門；第三道城門，由八名鬼頭把守，面貌奇特，兇惡非常，依爾木汗每天在城中閻王殿辦理公事（註五八）。《一新薩滿》故事中的冥府景象，已經見不到北亞的草原氣息，不能反映我國北方阿爾泰語系各族群的原始天穹觀念及生態環境。

在早期薩滿信仰故事中，薩滿所領的神祇，主要是爲了消災除病，保佑族人平安，多獲獵物，多捕魚類，人和神之間的關係，較爲直接、現實、平等。雖然也有一些說教意味的薩滿神諭，然而不過是一些神話，或祖先傳奇，用古樸形象的表現，以達到教育目的。至於神祇高高在上，支配世人的構思，是社會分化的結果。直接用薩滿信仰以外的佛、道觀念進行說教醒世，則是更晚的事情（註五九）。所謂「諸行無常，諸法無我，涅槃寂靜」三法印，既否定了靈魂，又否定了肉體。但當大乘佛教向前發展時，卻大肆宣揚獎善懲惡的教義，編造了極其複雜的天堂地獄系統，其影響之大，遠遠超過了哲學上的爭論（註六〇）。

《尼山薩滿傳》一書是在薩滿信仰儀式體系化，規範化很高的條件下，在滿文通行，滿族傳統文化發達的過程中，廣泛利用，並汲取薩滿信仰本身和佛教、道教等其他宗教因素，而在民間文學基礎上所完成的滿文文學作品，時間大約在十七世紀初到十九世紀。《尼山薩滿傳》與《一新薩滿》的故事內容，雖有詳略不同，情節卻相近，最初是同一個來源的薩滿故事，經過輾轉傳述後，故事中的人名、地名，人物角色出現的先後，遂稍有出入。大體而言，《尼山薩滿傳》和《一新薩滿》對冥府的描繪，都是佛、道色彩很濃厚的地獄景象。尼山薩滿替巴勒杜・巴彥的兒子色爾古岱・費揚古過陰捉魂，尼山薩滿的靈魂出竅後，牽著雞、狗，衆神跟隨在周圍，到死國去找伊爾門汗（ilmun han）。獸神跑著，鳥神飛著，像旋風似的行走，來到了河岸，由眼睛眇一目，鼻歪耳殘，腳瘸手彎的船夫用半個槳划著半邊獨木舟把尼山薩滿等渡到對岸。不久，到了紅河岸，渡口無船，尼山薩滿作法後站在手鼓上面，像旋風似的渡過了紅河，來到第一道鬼門關，由鐵、血二鬼把守。隨後經過第二道關口，到了第三道關口，把守關口的是蒙古勒代舅舅。尼山薩滿責備他不該把壽限未到的色爾古岱・費揚古的眞魂偷到死國來，蒙古勒代舅舅說明伊爾門汗見色爾古岱・費揚古善於射箭，撩跤功夫高強，而把他收爲養子。尼山薩滿遂逕往王城，見色爾古岱・費揚古正在同其他孩子們一起拋擲金銀背式骨玩耍。因城門關閉，城牆高而堅固，於是請了一隻大鳥神飛進城裡把色爾古岱・費揚古的靈魂叼了出來。尼山薩滿親眼目睹死國的景象，只見一個大鬼門關，不斷有鬼魂行走，向裏面一看，只見酆都城的黑霧瀰漫著，聽到裏面有很多鬼哭聲。又有惡犬村，野狗扯吃人肉。在明鏡山、暗鏡峯等地，善惡刑罰，明白分開。又看見一個衙門，在堂上坐了一個官員，審問衆鬼魂。在西廂房裡懸吊的是監禁竊搶等人犯，在東廂房監禁的是對父母不孝，夫妻之間無義而枷號的人犯。又看到各種不同的刑罰，《尼山薩滿傳》一書所載冥府酷刑如下：

> 打罵父母者以油鍋烹炸處刑；徒弟偷罵師傅者拴在柱上射箭處刑；妻子對丈夫粗暴者以碎割處刑；道士姦淫婦女及污穢經典者以三股叉扎刺處刑；拋撒漉出米麵者在小磨大磨上碾壓處刑；誣訟破壞結親者以燒紅鐵索燙灼處刑；居官行賄者以魚鈎鈎肉處刑；嫁二夫者以小鋸破開處刑；罵丈夫者以割舌處刑；摔房門者以釘子釘手處刑；竊聽人家説話者以耳朵釘在窗上處刑；做盜賊者以鐵棍責打處刑；婦女身體不潔淨在江河裡沐浴者及在初一、十五日洗濯污穢者令其飲濁水處刑；斜視老人者以鈎眼處刑；貪淫寡婦處女者令其倚靠火柱燙灼處刑；大夫用藥不順吃死者將大夫以割開肚子處刑；女人嫁了丈夫偷行姦淫者以斧砍肉處刑（註六一）。

尼山薩滿漫遊酆都城所見到的種種酷刑，都是對現實社會中懲治違犯生活規範人倫常理的一種反映。亡魂在地府受到因果報應的觀念，是薩滿信仰晚期受佛教、道教十殿閻王設地獄之說的影響而發展起來的。

尼山薩滿離開閻羅殿，在返回陽間途中順路叩見子孫娘娘（omosi mama），即福神，只見樓閣照耀著五彩瑞氣，抬頭一看，在亭殿中央，坐著一位子孫娘娘，頭髮雪白，眼彎、口大、臉長、下頦尖突，牙齒黴紅，樣子難看。子孫娘娘告訴尼山薩滿，這裡一切，是由她所定，見了行善爲惡的一切刑罰，須讓世人曉得。起初立了薩滿、儒者、奴僕、老爺，或是成爲高貴體面，或是行惡作亂，以及貧富、盜賊、和尚、道士、乞丐、酗酒、開館、玩錢、貪淫婦女、善惡，都是這裡註定打發去的。尼山薩滿漫遊冥府時，看見在一個大池子裡支起金銀橋，在上面行走的都是行善有福的人；在銅鐵橋上行走的都是行惡的人，鬼用叉、槍扎落後，爲蛇蟒所螫。在橋頭上有惡犬吃喝惡人的血肉。在橋的旁邊高高地坐著一個菩薩神，手上拿了經典念給人聽，勸善書裡說道：「若是行惡，在死國被宣判罪刑；若是行善，不但不被判刑，而且第一等人做佛主，第二等人到宮中去出生，第三等人做國家駙馬、太師、官員等，第四等人做將軍、大臣，第五等人爲富貴人，第六等人生爲平民、乞丐，第七等生爲驢騾馬牛等，第八等生爲鳥獸，第九等轉生爲魚鼈，第十等轉生爲曲蟺、蟲、螞蟻等。」高聲地念著勸告給人聽。從《尼山薩滿傳》的故事中可以看到佛教中的菩薩，在冥府裡拿著佛經，高聲念給亡魂聽。可見在地界冥府也有善神，有行善的好人。但是社會等級分化明顯，最高的是佛主，其次是人間的君臣統治階層，等級分明。子孫娘娘告訴尼山薩滿，回到世間後要把因果報應曉諭衆人。佛教的信條中有所謂十善和十惡之說，善惡分明，主張因果報應，今生積善，來生可以轉爲上等人。佛教把身業殺盜、邪淫，口業妄言、兩舌、惡口、綺語，意業嫉妒、瞋恚、驕慢、邪見作爲十惡。十善也是佛教的戒律，亦稱十誡，以不犯殺生等十個信條爲十善，與十惡相對而言。尼山薩滿漫遊冥府地獄時所見刑罰及衆生轉生等因果報應，與佛教的戒律，相當接近。

由於尼山薩滿故事的廣大流傳，使佛教、道教的教義思想，在北方各少數民族的社會裡更加普及。在後世達呼爾族薩滿的法器中，除了手鼓、神衣、神帽外，還有一百零八粒珠子串成的念珠（註六二）。念珠，俗稱佛珠或數珠，一般是由一百零八顆珠子組成一串，故又稱爲百八丸，是佛教徒念佛法僧三寶時計算誦經次數的串珠。薩滿作法，手持念珠，可以說是佛教化的薩滿。

在鄂倫春族中流傳著一個《恩都力薩滿》（enduri saman），即神薩滿的故事，也是屬於懲惡勸善因果報應的故事。故事中敘述恩都力薩滿作法過陰後，剛一進村，就看見一個婦女舌頭上穿著一個鐵圈，由兩個人拉著。恩都力薩滿問道：「你們爲什麼這樣對待她？」兩人答道：「在陽間淨說別人壞話，損人利己，所以這樣懲罰她。」恩都力薩滿繼續往前走，又看到前面一個女人耳朵上的一個大耳環上面繫著一根繩子，幾個人使勁地拉著，那個婦女痛苦地直叫。恩都力薩滿問道：「她犯了什麼罪這樣懲罰她？」那些人說：「她在人世的時候好淘氣，從來不聽老人們的話，所以現在這樣懲罰她。」恩都力薩滿又朝前面走著，遠遠地看到一個女人正在垃圾堆旁檢食剩飯，旁邊的蒼蠅亂飛著。恩都力薩滿一打聽，原來她在陽間亂扔吃的東西，所以罰她吃扔掉的食物。故事結尾又敘述恩都力薩滿剛要轉身往回走，只見一個白髮蒼蒼的老太婆叫住她，跟她談了一番話，最後再三囑咐她說：「你回去以後，把這裡見到的，都要清清楚楚地告訴陽間的人，讓她們學好，免得到陰間受罪。」（註六三）恩都力薩滿故事的內容，與漢族的民間信仰故事很相近，同時也採取勸戒世人的方式，宣揚因果報應的思想。

在十九世紀中葉的薩滿信仰資料中，含有關於冥國統治亡魂的調查報告。傳說冥國統治者耶魯里克就是地下國王，他在地界下的河上乘坐一隻沒有船槳的黑船。他在地界下的陸路上頭顱向後騎著一頭黑牛，一手持一條蛇當鞭子用，一手拿一把月牙大斧。他住的黑暗宮殿，設在聚集人間流盡的一條淚水河中間，上邊架著細細的馬毛橋，亡魂要想偷渡逃走，立即落水消逝。河水的狂濤拍打著冥國土岸，河中住著可怕的水怪，守衛著宮殿。英雄考姆第莫爾根的頭被九頭怪割下帶到冥國去，英雄的妹妹庫拜考決心到冥國去尋找哥哥的頭，救他復生。她沿著九頭怪的腳印走，走到了通向冥國的地穴。她走入冥國的路上看到許多奇特的現象，首先看到有個女人從一個桶往另外一個桶不停地倒牛奶。因爲這個女人生前總用摻水的牛奶待客，所以罰她不停地把水和奶分開。後來又看到十個房屋：第一個房屋裡面有夢中紡線的老婆婆，因爲她生前犯了日落後不可紡線的禁忌，所以罰她夢中也在紡線；第二個屋中的老婆婆們像吞了什麼似地咽喉塡得滿滿的，因爲生前纏線時常偷線，所以罰她們用線團塞住喉嚨；第三個屋中是中年婦女，頭和手都壓著大石塊，因爲她們生前賣奶油時常夾雜著石塊以增加重量，所以罰她們在頭手上都壓石塊；第四個屋裡是一些男人，脖頸上壓著車輪，綁在木大樑上，這些男人生前厭世自縊，亡魂受罰，飽嚐車輪碾頸之苦；第五個屋中是生前與妻不和自殺身亡的男人們，忍受槍彈穿身之苦；第六個屋裡是身帶佩刀負了重傷的男人，他們是醉酒身亡的亡魂；第七個屋中是人和瘋狗在一起狂吠亂咬，這些人生前用狂犬咬了別人，死後亡魂也遭受狂犬亂咬；第八個屋中男女成對，不停地搶奪蓋被，他們夫妻，生前不停地口角爭吵，罰他們的亡魂爭搶蓋被；第九個屋中是成對的夫妻，都在安靜地蓋著被睡覺，這些夫婦都同甘共苦，死後亡魂不受懲罰；第十個屋中有冥國八王侯圍坐一處，大王在中間。冥國大王看到庫拜考是一位薩滿，神力廣大，就把她哥哥的頭還給她，庫拜考回到地上，把哥哥的頭安到軀體上，又從神祇那裡取來生命之水，洗了頭顱，立刻就復活了（註六四）。故事中所描繪的冥國，就是善惡報應分明的地獄，可以達到醒世或警世的目的。

布里亞特人也流傳著一個關於英雄穆蒙特奉父命到地府下界的故事。傳說穆蒙特先向北一直走，在路上碰到一塊大黑石塊，他把石塊搬起來，朝下喊了一聲「出來！」於是從地穴中出來一隻狐狸，讓他緊緊抓住尾巴，跟著狐狸漸漸進入深邃的地下國。一路上看到許多奇異的事物。在赤裸的岩石上有肥馬，豐美的草原上有乾瘦的馬。在一個地方有嘴被縫緊的婦女，滾沸的油鍋中，有官老爺和薩滿在痛苦掙扎著。再向前進，看到手腳綁在一起的男人及光著身子懷抱一捆荊棘的女人。在另外一個地方有貧窮但很幸福的女子，華貴的女人卻遭受飢餓的痛苦。於是穆蒙特上前詢問那些女人爲什麼是這樣的命運？據說，窮人家女子生前因爲幫助別人，她的亡魂就過著好日子，富家女人生前既吝嗇又冷酷，只好讓她們的亡魂嘗嘗飢苦的滋味。懷中抱荊棘的女人是由於生前輕浮，對丈夫不忠實。旁邊手腳被綁的人，原來是個小偷。在油鍋裡煎熬的人們，都是因爲做事朦騙別人。被縫上嘴的人，生前是專門用謊話造謠生事的。豐美的草原是餵那些生前受主人虐待而瘦的馬匹（註六五）。

晚期薩滿信仰由於受到佛教、道教地獄閻王殿等說法的影響，亡魂所到的冥府，是黑霧朦朧的酆都城，要接受嚴厲的審判和各種酷刑的懲罰，薩滿過陰後所見到的地獄景象，已經距離原始的古老薩滿觀念很遠了，草原族群的亡魂所到的地界，已經不再是另外一個像人間獵場、漁場那樣美好的奇異世界，亡魂的生前與死後，具有濃厚的因果報應觀念，善惡分明。各種冥府故事中，告誡世人的神諭，雖然有不少的內容是反映草原族群的道德規範對人們的要求。但是故事中接受懲罰的亡魂，以婦女所佔比率爲較高，多因違悖儒家生活規範而被處以種種酷刑，的確反映了滿洲等族文化受儒家學說思想的影響是很深了（註六六）。

在早期薩滿信仰的傳承中，亡魂聚集的地界，雖然有統轄的王及其助手，但閻羅王、牛頭馬面、無常惡鬼等等，並不是原先薩滿信仰天穹觀念中下界的統治者，而是從佛教、道教等宗教信仰移植而來。從薩滿信仰中天穹觀念的演變，可以說明我國北方各少數民族社會中佛教、道教思想的普及。例如在滿族神話中，耶路里是統管亡魂的地下國王，十分凶惡，和天神阿布卡恩都力公然作戰，驅使衆惡鬼到地上人間散佈瘟疫，害死人畜和野獸。關於閻羅王統治亡魂的說法，在早期的神話故事中是罕見的。由於滿洲等族較早接受漢族文化中傳來的佛教、道教文化，所以在地界亡魂的統治者就逐漸由古老的耶魯里魔王轉變爲閻王爺了（註六七），這種轉變反映了佛教、道教思想在北亞草原社會的普及化。

【註　釋】

註　一：札奇斯欽譯註《蒙古秘史新譯並註釋》，頁二八七。

註　二：凌純聲著《松花江下游的赫哲族》，頁一〇二。

註　三：朋・烏恩撰〈略論薩滿現象產生的文化背景〉，《黑龍江民族叢刊》，一九九一年，第一期（黑龍江，黑龍江省民族研究所，一九九一年一月），頁一〇一。

註　四：仁欽道爾吉、郎櫻編《阿爾泰語系民族敘事文學與薩滿文化》（內蒙古，內蒙古大學出版社，一九九〇年八月），頁二七。

註　五：色音撰〈蒙古薩滿教巫祝傳說的歷史演變〉，《阿爾泰語系民族敘事文學與薩滿文化》，頁九五。

註　六：《鄂倫春族簡史》，頁一七四。

註　七：塔那撰〈達斡爾傳說故事的民族特色〉，《內蒙古大學學報》，一九八六年，第一期（呼和浩特，內蒙古大學，一九八六年三月），頁六〇。

註　八：丁莫尼斯撰，孛・吉爾格勒譯〈論神名「烏里根」的語義〉，《北方民族》，一九九二年，第一期，頁九九。

註　九：崔奎撰〈哈薩克族的習俗與薩滿教〉，《中國少數民族月刊》，一九八七年，第九期（北京，中國人民大學，一九八七年），頁八八。

註一〇：汪麗珍撰〈鄂溫克族的神靈崇拜〉，《北方民族》，一九九二年，第一期，頁九五。

註一一：于乃昌撰〈痴迷的信仰與痴迷的藝術——珞巴族的原始宗教與文化〉，《中國藏學》，一九八九年，第二期（北京，中國藏學出版社，一九八九年），頁一四九。

註一二：宋和平、魏北旺撰〈尼山薩滿與薩滿文化〉，《阿爾泰語系民族敘事文學與薩滿文化》，頁二七五。

註一三：《北史》，卷九八，頁二三。

註一四：《周書》，卷五〇，頁一。

註一五：《隋書》，卷八四，頁一。

註一六：崔奎撰〈哈薩克族的習俗與薩滿教〉，《中國少數民族月刊》，一九八七年，第九期，頁八九。

註一七：《清太祖武皇帝實錄》（臺北，國立故宮博物院，初纂本），卷一，頁二。

註一八：富育光、孟慧英著《滿族薩滿教研究》（北京，北京大學出版社，一九九一年七月），頁二二二。

註一九：宋和平、魏北旺撰〈尼山薩滿與薩滿文化〉，《阿爾泰語系民族敘事文學與薩滿文化》，頁二七六。

註二〇：富育光撰〈薩滿教天穹觀念與神話探考〉，《中國社會科學院研究生院學報》，一九八七年，第四期（北京，中國人民大學書報資料中心，一九八七年五月），頁四七。

註二一：富育光著《薩滿教與神話》（瀋陽，遼寧大學出版社，一九九〇年十月），頁一三一。

註二二：烏丙安著《神秘的薩滿世界》（上海，三聯書店上海分店，一九八九年六月），頁七六。

註二三：烏丙安著《神秘的薩滿世界》，頁七七。

註二四：富育光著《薩滿教與神話》，頁一二六。

註二五：秋浦主編《薩滿教研究》（上海，上海人民出版社，一九八五年五月），頁三九。

註二六：富育光著《薩滿教與神話》，頁六七。

註二七：《舊滿洲檔》（臺北，國立故宮博物院，民國五十八年），第五冊，頁二〇九〇。

註二八：塔那撰〈達斡爾族傳說故事的民族特色〉，《內蒙古大學學報》，一九八六年，第一期，頁六四。

註二九：張紫晨撰〈中國薩滿教中的巫術〉，《民間文學論壇》，一九九一年，第六期，頁一一。

註三〇：王宏綱撰〈滿族薩滿教的三種形態及其演變〉，《社會科學戰線》，一九八八年，第一期，頁一九一。

註三一：秋浦主編《薩滿教研究》（上海，上海人民出版社，一九八五年五月），頁七五。

註三二：秋浦主編《薩滿教研究》，頁二一。

註三三：莊吉發校注《謝遂職貢圖滿文圖說校注》（臺北，國立故宮博物院，民國七十八年六月），頁一八一。

註三四：韓國綱撰〈錫伯族薩滿教一瞥〉，《中央民族學院學報》，一九八八年，第二期（北京，中央民族學院，一九八八年三月），頁九四。

註三五：覃光廣等編著《中國少數民族宗教概覽》（北京，中央民族學院出版社，一九八八年八月），頁三九。

註三六：烏丙安撰〈薩滿世界的「眞神」——薩滿〉，《滿族研究》，一九八九年，第一期（瀋陽，遼寧省民族研究所，一九八九年），頁六六。

註三七：《鄂溫克族自治旗概況》（呼和浩特，內蒙古人民出版社，一九八七年二月），頁一四六。

註三八：富育光、孟慧英著《滿族薩滿教研究》，頁二四九。

註三九：凌純聲著《松花江下游的赫哲族》，頁一一三。

註四〇：楊錫春著《滿族風俗考》（哈爾濱，黑龍江人民出版社，一九九一年九月），頁九八。

註四一：《明清史料》，（臺北，中央研究院，民國六十一年三月），甲編，第九本，頁八五七。

註四二：《舊滿洲檔》（臺北，國立故宮博物院，民國五十八年八月），第九冊，頁四一九五。

註四三：《清太宗文皇帝實錄》（臺北，華聯出版社，民國五十三年九月），卷一四，頁一一。

註四四：劉小萌、定宜莊著《薩滿與東北民族》（長春，吉林教育出版社，一九九〇年三月），頁一二五。

註四五：富育光著《薩滿教與神話》，頁二九三。

註四六：秋浦主編《薩滿教研究》，頁一〇五。

註四七：富育光、孟慧英著《滿族薩滿教研究》，頁二三一。

註四八：莊吉發譯註《尼山薩蠻傳》（臺北，文史哲出版社，民國六十六年三月），頁四五。

註四九：孟慧英撰〈論「尼山薩滿」的歷史性質〉，《中央民族學院學報》，一九八七年，第五期（北京，中央民族學院，一九八七年），頁八六。

註五〇：富育光撰〈薩滿教天穹觀念與神話探考〉，《中國社會科學院研究生院學報》，一九八七年，第四期，頁四五。

註五一：富育光著《薩滿教與神話》（瀋陽，遼寧大學出版社，一九九〇年十月），頁二五。

註五二：富育光、孟慧英著《薩滿教與神話》（北京，北京大學出版社，一九九一年七月），頁一七二。

註五三：烏丙安著《神秘的薩滿世界》，頁一二六。

註五四：徐珂輯《清稗類鈔》（臺北，臺灣商務印書館，民國五十五年六月），宗教類，頁六五。

註五五：王宏剛撰〈滿族薩滿教的三種形態及其演變〉，《社會科學戰線》，一九八八年，第一期，頁一九一。

註五六：汪玢玲撰〈薩滿與伊瑪堪〉，《民間文學論壇》，一九八八年，第二期（北京，中國民間文藝出版社，一九八八年三月），頁五六。

註五七：汪玢玲撰〈薩滿與伊瑪堪〉，《民間文學論壇》，一九八八年，第二期，頁六〇。

註五八：凌純聲著《松花江下游的赫哲族》（南京，國立中央研究院，民國二十三年），頁六三七。

註五九：孟慧英撰〈論「尼山薩滿」的歷史性質〉，《中央民族學院學報》，一九八七年，第五期，頁八五。

註六〇：周慶基撰〈古代宗教觀念中靈魂與肉體的關係〉，《世界宗教研究》，一九八五年，第四期（北京，中國社會科學出版社，一九八五年十二月），頁七四。

註六一：莊吉發譯註《尼山薩蠻傳》，頁一四九。

註六二：秋浦主編《薩滿教研究》，頁六七。

註六三：秋浦主編《薩滿教研究》，頁六九。

註六四：烏丙安撰〈薩滿教的亡靈世界——亡靈觀及其傳說〉，《民間文學論壇》，一九九〇年，第二期（一九九〇年三月），頁八。

註六五：烏丙安著《神秘的薩滿世界》，頁一二八。

註六六：陳捷先撰〈略述「尼山薩蠻傳」中的儒釋道思想〉，《滿族文化》，第十五期（臺北，滿族協會，一九九一年六月），頁二三。

註六七：烏丙安著《神秘的薩滿世界》，頁一二九。

第四章　薩滿信仰的比較分析

第一節　薩滿信仰與本教的比較

古代康藏等地，在佛教傳入以前，當地盛行的原始信仰，稱爲本教。「本」（Bon）這一名稱，似源於藏文動詞「本巴」（Bon Pa），表示「反復念誦，喃喃而語」，意即使用拼作聖歌的咒語去交通神靈（註一）。漢字「本教」一詞，各書譯音，並不一致，或作「笨教」，或作「鉢教」，都是「Bon」的同音異譯。釋法尊著《現代西藏》一書，將「本教」稱爲「崩薄」（註二）。李紹明著《民族學》一書作「本鉢教」（註三）。清代乾隆年間《上諭檔》、《金川檔》，或作「奔波教」，或作「奔布爾教」。其實，「崩薄」、「本鉢」、「奔波」、「奔布爾」，都是「本波」（Bon Po）的同音異譯，本波教簡稱本教。在本教的教法中，「本波」和寧瑪派的本初佛是相等的（註四）。烏蘭察夫、蘇魯格撰〈科爾沁薩滿教試析〉一文指出蒙古人稱他們的巫師爲「勃」，西藏本教的「本」（Bon）字，古音亦可讀作「博」（Bod），因爲古藏文中，後置字「n」和「d」，可以互相換用。換句話說，本教的「本」（Bon）字，其古讀與蒙古人所稱「勃」同音，儘管二教是否同出一源尙待進一步研究，但是，許多迹象表明二者皆與古波斯的祆教有一定的關係（註五）。姑不論薩滿信仰及本教是否都與祆教有一定的關係，然而薩滿信仰與本教的異同，卻是值得探討的問題。

本教盛行的地區，可從本教信徒的分佈而加以說明。周長海撰〈西藏研究〉一文指出本教信徒多分佈在西藏的東南，尤以遠在邊疆的村落，多信仰本教。藏族中以喜瑪拉雅山之東，飽族（Po）、羅羅族（LoLo）、梨蘇族（Lissu）等都信仰本攻，雲南麼些族（Moso），亦信奉本教。舍格梭（Chaugdso）地方的居民，盡是本教徒，達鈞（Dargo）山的本教寺，拉達克（Ladakh）的雍東（Youngdrung）寺、打箭爐、喀喀諾爾（Kaknor）、四川西北嘉良甘巴（Jarang Gomba）寺等，都是著名的本教寺廟，此外在薩鐘（Shachung）喇嘛廟之西三、四十里也有本教寺廟（註六）。質言之，除西藏地區外，川康邊境，雲南等地，都有本教寺廟及信徒。

佛教傳入西藏之初，西藏等地，因本教盛行，佛教未能深入。松贊干布之世，佛法雖盛，然而只限於衛部拉薩一帶，在拉薩以北，羌塘以南，康部林國及其他邊區，本教信徒衆多，其中甘氏及工部等地，信徒尤夥。拉薩以北，有聞名遐邇的本教三大寺：其一爲思滿日寺，原爲年邁大師住錫之所，康藏本教信徒，以思滿日寺爲聖地；其二爲雍中寺，是斯吉公大師住錫之地；其三爲喀爾斯納寺，爲吉爾察大師住錫之地。巴特瑪桑巴娃（Padma Sambara）即蓮花生大師入藏開創密宗後，本教勢力逐漸退縮至藏衛東陲地方。馬長壽撰〈鉢教源流〉一文指出藏衛佛教黜陟本教愈烈，則康地吸收本教信徒愈盛，康地遂成爲本教信徒的尾閭及拓殖地區，大小金川流域的宗教，也屬於本教勢力。據洛克赫爾（N.W.Rockhill）調查後指出在甘氏郡東北部，介於鄧河與昌都之間，約有五萬人爲本教所統治。近百年來，青海安木多地方思那綺寺，有僧五百名，公巴寺有僧二百餘名，西康綽斯甲寺僧，大體皆爲本教信徒。巴底墨經寺及瓊山寺是本教寺廟，德格的東潛寺，道塢的几僧寺，也是本教寺廟。在康地的東南境，如巴安的九堆寺，九龍的札魯寺，皆爲規模較大，寺僧較多的本教寺廟，其餘小寺尚多（註七）。此外，在尼泊爾西北部的多波及木斯塘，也還有本教信徒的村莊。

由於本教信仰傳佈甚廣，所以派別很多。據嘉戎地方的本教寺僧斯拉加爾指出，原始本教可以分爲八種：

㈠日道爾本，能祝人詛人，盛行於拉薩一帶。

㈡珈爾本，雲遊四方，爲人禱咒。

㈢黑本，能呼風喚雨，吐火吞劍，並能咒人。

㈣絨茹拘靡本，思想奇異，行爲詭譎。

㈤格拉格魯本，主禱祝詛咒，並以異術祝制死屍。

㈥巴幾幾本，不修來世，只修今生。

㈦蟠本，雖有經書，但不同於雍中本。

㈧雍中本，或謂即白本。

原始本教既有八種，可見其源流是多元性的，而非一元化的。又因原始本教中有所謂黑本，後世習稱本教爲黑教。《藏經正法源流》、《法王世代明鏡》指出黑教可分九派；即因黑教四派，果黑教五派。在因黑教四派中，朗辛白頹派是以招泰迎祥，求神之藥，增益福運，興旺人財爲宗尚；除辛白村派爲人薦幽通冥，安宅奠靈，以及一切久暫災厄，皆代禳祓；卡辛足梯派，剖析休咎之兆，決是非之疑；杜辛村卡派，則爲生者除災，死者安厝，佑保關煞，上覘星相，下收地魔。果黑教五派都宣稱苟能入得雍中無上乘，即可獲得快樂身。雍中本教五派，即哈辛洛克派，多分佈於藏內；卜律洛克派，多分佈於綽斯甲巴；宥洛克派分佈於藏內；斯巴洛克派，分佈於阿木多一帶；美洛克派，分佈於各地。各派教義相同，修持相同，所不同者爲誦經腔調、神鬼制型、鑼鼓聲音的手續不同（註八）。

西藏早期本教是以禱神伏魔爲人禳病爲業，後期由於沒有自己的思、行、修之法，而抄襲佛教的理論。東嘎洛桑赤列據《本教史》、《西藏王臣記》等書的記載指出西元前一一七年，相當於西漢武帝元狩六年左右，吐蕃第一代贊普聶墀贊普時，有一個叫做策米吉木嘉的人將本教傳入了西藏，這是西藏最初出現的本教，稱爲兌本，又被稱爲白本教，它是在原始宗教的思想基礎上產生的，信奉地方神、家神、戰神等各種不同的神靈，要宰殺牛、羊、鹿等牲畜祭祀神靈，相信人死後，即轉生爲鬼或神，而神鬼死後也轉生爲人，因而承認有前世和後世。到第八代贊普止貢贊普時，在阿里象雄地方有一個名叫先饒米沃且的人，把經過印度西面大食傳入西藏的外道自在派的見地與原來的本教結合起來，創立了一種宗教理論，這一派本教被稱爲恰本，又被稱爲朗先。恰本認爲神是在人活著時候保護人的生命的，鬼不僅在人活著時主宰人的生命，而且在人死後由鬼把靈魂帶走。鬼還能危害人的家庭及其後代，因此要供奉救護人的神，消滅危害人的鬼。恰本與兌本不同的是恰本根本不承認前世、後世之說（註九）。

本教的神祇，名目繁多，其中勿爾薩斯南穆巴是殲滅衆鬼的神，猙獰怪誕，有三頭，九面，二十七目，十八臂，四足，前攏一母神，兩手捧一降魔杵，其餘十六手，各執武器，鎭伏魔鬼；孫煞命木增神，右手持淨水瓶，以滌除污穢，左手持明鏡，以照妖魔；孫勿達斯巴神，神通廣大，相傳原始時代，有天雷、地雷、人熊等八兄弟爲害於人間，孫勿達斯巴神舉而殲滅之；斯達拉迷馬是滅食人妖的神；雍斯達巴是天帝的嫡子，能避水火；迷拉薩萊是司東方之神，有金銀銅鐵錫四輪可乘，乘金輪上天，乘銀輪下地，上天下地，往來自如；倚謝斯年布是治人病痰的神；寧勿杜鏡神，騎龍，一手持雷，一手執星，能駕馭火山及雷電；魔克思乍巴神，以鵰、獅、龍爲坐騎，能飛翔至天，能鑽涉於地，並藏有寶書，令人及萬物能生能死；哈若幾巴爾神，能御獅，手執太陽；斯道克勿爾里勿爾是由蓮花中生出的女神，奉哈若幾巴爾爲師，能馴服虎豹豺狼而役使之；阿那波韃是創制本僧由肩至腰披帶的神，能噴水成爲洪水，沖破圍兵；薩尼格武神，能息雷電，除癩疾；韃靡韃幾神能念咒作法，敗敵兵；謝補臘苦神能變化水、風、山、石；仁巴達清神能鑿地出水；史比本土樸是司日之神，手端寶貝，騎龍頭獸，並能制伏惡獸邪魔；斯董江穆特欽神，能聚鬼變人；南巴傑人神，可自由上天入地；斯提米年神，有靜坐之功，可化冰雪成水，寒天變爲溫煦，百物以生；拉欽占巴南木喀神，爲長命之神（註一〇）。本教崇奉的神祇，神通廣大，可以上天入地，伏魔降妖，馴服百獸，駕馭自然，醫治百病。

原始本教的主要特點就是泛神論，古代康藏等地人民，終日與困苦饑寒的自然環境奮鬥，人力難施，相信自然界必有鬼神爲主宰，於是認爲山川陵谷，土石草木，天地日月，星辰雷電，都有神鬼主司，此即泛神論的由來，本教就是一種多神崇拜，也是西藏的原始宗教之一。佛教盛行以後，本教吸收了佛教的一些內容，逐漸發展成爲藏傳佛教的一個教派，佛教爲了適應藏族固有傳統，也吸收了一些本教的內容（註一一）。

西藏佛教盛行以後，當地的本教即日趨式微，但在川康邊境及各土司等地區，本教仍極盛行。明清時期，大小金川等地，本教寺廟，到處林立。此外，如革布什咱、鄂克什等土司地界，也信奉本教。乾隆四十一年（一七七六）九月三十日，清廷頒佈諭旨說：

內閣奉上諭，兩金川喇嘛，均係奔布爾邪教，不便仍留其

> 地。第思番人習尚，素奉佛教，今附近兩金川之各土司，均有喇嘛，而該處獨無，似尚非從俗從宜之道，自應於噶喇衣、美諾兩處，酌建廟宇，並照伊犁之例，即于京城喇嘛內選派前往住持，所有應派人數，著理藩院查議具奏，其修建廟宇事宜，並著明亮、文綬妥酌辦理，欽此（註一二）。

引文中「奔布爾教」，又作「奔波教」，或「卜樸爾教」，都是本教的同音異譯。奔布爾教喇嘛寺內所塑佛像神祇，都是青面藍身，形狀詭異，多不穿寸縷。《奔布爾經》是奔布爾教各種經卷的總名，其中有禳解的，也有坐功的（註一三）。《奔布爾經》也是喇嘛隨身攜帶的經卷，例如大金川都甲喇嘛被清軍俘獲時，其隨身攜帶的物件，除了銅鈴、鐵杵、鼓等法器及彩繪佛像外，最主要的就是《奔布爾經》一卷，都甲喇嘛供稱這卷經是在早晨燒松柏枝，念了敬佛的。至於《綽沃經》也是《奔布爾經》的一種，念誦《綽沃經》，可以祈保平安（註一四）。

都甲喇嘛名叫雍中澤旺，原是金川人，從十歲起便在舍齊寺內出家，去過西藏。乾隆十四年（一七四九），雍中澤旺返回金川，在思都甲溝廟當喇嘛，有十三、四個徒弟。據都甲喇嘛供稱：

> 我學奔波的教，會用藥材，並長流淨水，念著經求雨，有時靈，也有時不靈，不曾學過札達，求雪打雷，我也不會。思都甲寺離著噶喇依不遠，索諾木待我好，因我會念保護身子的經，常教我跟隨，就是溫將軍在木果木的時候，索諾木的兄弟同著僧格桑都出來劫營，我也同在那裡。後來害了將軍回去，索諾木給了我四十五兩銀子。到了阿將軍攻克小金川之後，索諾木叫我在噶爾丹喇嘛寺念經詛咒大兵。我原領著眾徒弟在寺裡念的《綽沃經》保佑他的兵得

> 勝，要咒大兵不利，還將五個牛角埋在地裡，彼時莎羅奔等打發來一個畫匠，畫了一條蛇，一隻鵰，一匹馬，一個狐狸，一個豬（註一五）。

引文中「奔波教」，就是奔布爾教，都甲喇嘛雍中澤旺念誦《綽沃經》，主要是保佑平安，打仗得勝，也會用藥材，雖然不曾學過札達，但是他會念經求雨。奔布爾教喇嘛平日就是爲人禳解祈福，以保佑平安的僧侶。奔布爾教的崇奉者相信一個人生病時，可藉把人放生，以積功德來禳解災病。例如大金川噶喇衣對河喇嘛寺女喇嘛手下一名大喇嘛，名叫額哩格，他害病時，即看索卦，說要放生，纔得病好。但須尋找一個屬龍的人來放生。當時有一個雜谷腦土兵薩克甲穆，被金川拏送噶喇衣對河喇嘛寺裡，爲鑄造銅佛的銅匠搧風箱，背柴炭。乾隆三十八年（一七七三），薩克甲穆三十八歲，正是屬龍的，女喇嘛下令將薩克甲穆帶去見害病的喇嘛後，就給了薩克甲穆一件麻布衣服，衆喇嘛一齊念經，然後把薩克甲穆從金川放出來（註一六）。

大小金川等地的奔布爾教喇嘛，其法力各有高低，一般喇嘛只會念經看病，祈福禳災，有的喇嘛能詛咒鎮壓人，法術較高強的大喇嘛，還會念經做札達。當清軍征勦大小金川後期，土司索諾木爲防部屬叛逃，於是下令各頭目起誓，取下頭髮指甲，每人各封一包，上面寫了名字，交給都甲喇嘛，盛在匣內，若有逃散的，就教都甲喇嘛咒他（註一七）。堪布喇嘛也會咒語，被大小金川擄去的官兵，就交給堪布喇嘛等問明領兵將領的名字，念咒鎮壓。或將姓名及咒語寫好，捲成一卷，並將畫好的一條蛇、一隻鵰、一匹馬、一隻狐狸、一隻豬，用五個牛角，每一個牛角配成五樣東西，一併裝入牛角裡，埋在喇嘛寺大門外及路口地下二、三尺深處，然後由大喇嘛念經詛咒，相信可以使人「心裡迷惑，打仗不得勝。」（註一八）清軍征剿大小金川期間，常因喇嘛念誦咒語，而使土兵裹足不前。當地會做札達的大喇嘛，例如獨角喇嘛、堪布喇嘛等人都有請雨下雷求雪的法術（註一九）。當官兵猛攻撲碉，軍事吃緊之際，突然疾風暴雨，雷電交作，焂來焂止，寒暖驟變，使官兵吃了很大的虧。土兵相信大小金川喇嘛都善用札達，每當下雨降雹，俱怯而不進，必俟晴霽，始肯進兵。總督桂林等皆奏稱札達邪術在番地山中用之頗效，必須以札達回阻。乾隆皇帝鑒於大小金川詭施札達，爲破其邪術，曾頒降諭旨令阿桂等領兵大員於大小金川等土司地界訪求能回風止雪喇嘛隨營聽用，並祭山祈神，以求助順。乾隆四十一年（一七七六）三月初九日，清廷頒降詔諭，略謂：

> 崇尚佛法，信奉喇嘛，原屬番人舊俗，但果秉承黃教，誦習經典，皈依西藏達賴喇嘛、班辰喇嘛，修持行善，爲眾生祈福，自無不可，若奔布喇嘛傳習咒語，暗地詛人，本屬邪術，爲天下所不佑（註二〇）。

取締奔布爾教，強迫各土司皈依黃教，各地奔布爾教喇嘛寺廟俱改爲黃教寺廟，將奔布爾教視爲異端邪教，川康邊境各土司的原始宗教信仰，遂遭受重大的打擊。

謝繼勝撰〈藏族薩滿教的三界宇宙結構與靈魂觀念的發展〉一文認爲藏族的本教（Bon Po），分爲兩個發展階段，即：原始本教階段與本教階段。原始本教稱爲薩滿教，本教則是吸收了伊朗火祆教和佛教的某些教理，以原始本教爲基礎發展而來的系統化宗教。作者分析原始本教主體的宇宙結構論及構成其信仰基礎的靈魂觀念後，將藏族的原始本教稱爲薩滿教，其宇宙結構是三界結構，即天界（nam-mkhar），以白色爲標誌；中空（bar-snang），以紅色爲標誌；地下（sa-vog），以藍色爲標誌。天爲神界（lha），中空爲贊界（btsan），地下爲龍界（klu）。天界分爲七層，稱爲七層天，中界爲人界，下界爲鬼魅惡魂所居，或分三層，或分六、七層。薩滿信仰最基本的特徵是靈魂不滅，與靈魂飛升的觀念，薩滿本身也是靈魂觀念的產物，是人與靈魂，或神與人之間的仲介。靈魂的漂移、飛升，導致了空間概念的發展。質言之，薩滿信仰的空間觀或天穹觀是靈魂觀念的展開，空間只是靈魂活動的場所和範圍，整個宇宙間佈滿了靈魂，空間的分割是善惡等種種不同質的靈魂空間居地的分割，於是就出現了宇宙的層次結構（註二一）。

北亞薩滿信仰是以巫術爲主體及主流發展而來的複雜文化現化，薩滿就是跳神治病，祈福消災的一種術士。原始本教也是以巫術爲主體及主流發展而來的一種法術宗教，其早期除了對天、光明的崇拜外，還有對山川、水、火、樹木、獮猴、狗、犛牛等自然崇拜或圖騰崇拜，也是多神崇拜。早期本教在形成初期，其宗教活動主要也是占卜吉凶，祈福禳災，驅役鬼神，崇尚法術。本教的「本」字，最初也不是一種宗教的教派名稱，而是一種遠古時代流行於藏區的原始宗教巫師的稱謂（註二二），薩滿信仰與原始本教，確實有許多近似之處。

靈魂在人類意識領域內的發展過程中出現善惡之分，善魂上升，成爲天神，居於上界或天界，西藏原始本教的三界宇宙結構，與北亞草原族群的薩滿信仰宇宙結構，在形態上是一致的，滿族神話中就相傳第一位薩滿是天之子，是天人的中界（註二三）。但是藏區原始本教的三界宇宙觀中，天地的區分，是陰陽的區分，而不是佛教意義的善惡區分。天界是善魂「bla」的居處，但藏族並無以地下爲惡的觀念，凶魂「btsan」並未入地獄，只是在空中漂蕩，以「tsivu-dmar-po」爲首的閻王殿也設在地上，更沒有一個地下的幽冥世界。佛教傳入西藏後，佛教的地獄觀念，亦未澈底改變原始本教的信仰。漢族的龍是上天入地的飛龍，藏龍（klu）則居於下界，藏族三界宇宙觀中存在著天陽地陰的信仰，因此，居於下界的龍，大都是陰性的。北亞薩滿信仰中宇宙層次分割的概念，認爲天界爲諸神所居，中界爲人界，惡魂鬼魅居於地下的冥府，冥府的閻王殿設在地下。蒙古等族有長青天及尙白的信仰，但北亞薩滿信仰三界結構的色彩概念，並不清晰。原始本教的三界結構，則以天界的主宰爲白色，中界的主宰爲紅色，下界的主宰爲藍色（註二四）。早期本教巫師的主要職能是代替人們祭祀鬼神，請求神靈降福免禍。但在它漫長的歷史發展過程中，爲了適應環境，以求生存，逐漸從自然崇拜、圖騰崇拜、祖先崇拜的自然宗教轉變成人爲宗教，摻雜了外來的成分，佛教傳入西藏後，注入了佛教的血液，而發展成濃厚藏傳佛教色彩的後期本教。北亞薩滿信仰於佛教、道教普及化以後，吸收了許多外來的成分，但它並未形成系統化的人爲宗教，而仍然是一種複雜的巫術文化現象。

原始本教的靈魂觀念，與北亞薩滿信仰的靈魂觀念，不盡相同。在藏區原始本教中類似佛教觀念的「靈魂轉世」是不存在的，古代藏族對死亡性質的認識，並不相同，「bla」主要是指在人活著的時候，與人們肉體共存的一種靈魂，「btsan」主要是指人們肉體死亡之後的精魂，人死亡以後，「bla」就變成了「btsan」。易言之，人死之後，「bla」則以「btsan」的形式存在，是一種質的轉變，並非靈魂不滅。因此，藏族的諺語就說：「人死而贊魔生」。藏區靈魂轉世的觀念，是隨著佛教思想的傳入及其盛行，由佛教靈魂觀與原始靈魂觀融合的產物，原始本教並無靈魂轉世觀（註二五）。薩滿信仰有一個共同的思想基礎，相信萬物有靈，靈魂不滅，人們死後，他的靈魂仍然存在，相信靈魂能跟活人生活在一起。赫哲族相信人有三個靈魂，除了生命的靈魂、思想的靈魂外，還有轉生的靈魂，人死了以後，這個靈魂立刻離開肉體，把生前所走的路再走一遍，於出魂之日，隨勾魂鬼回到它的歸處去，然後再轉入新生的人或動物，亦即相信輪迴說，認爲善人死後，按照社會身分，仍轉生爲人。薩滿信仰與原始本教的早期階段，確實大同小異，但兩者在發展過程中的生態環境不盡相同，藏區原始本教吸收藏傳佛教的大量成分，而成爲藏傳佛教化的本教，清代川康邊境各土司所信奉的奔布爾教就是藏傳佛教寧瑪派色彩極爲濃厚的教派，各地寺廟都稱爲喇嘛寺，在北亞的薩滿信仰卻始終未發展成爲系統化的教派。

第二節　薩滿信仰與儺文化的比較

薩滿信仰與儺文化大同小異，可以進行比較。雲貴地區的苗傜等少數民族，向來信鬼，例如貴州省貴筑、龍里等處東苗，每年中秋日，以牡牛祀祖，邀集親屬，延請巫師，循序而呼叫鬼的名字，歷時一日一夜始停止。廣順、大定等處龍家苗，每逢春日，立竿於曠野，男女繞竿擇配，俗稱「跳鬼竿」，女子得所悅，即隨人而去，其親屬以牛馬贖回後，始通媒妁。大定府威寧州倮儸，男子以青布纏頭，短衣大袖，婦女辮髮，亦以青布纏頭，銀花貼額，耳垂大環，拽長裙三十餘幅。男子性悍喜鬥，尙鬼的習俗很普遍，當地所見鬼，習稱「羅鬼」，有黑羅鬼、白羅鬼兩種。貴定、都勻等處，在歷史上被稱爲「蠻人」的少數民族，男子披簑衣，婦女繫花裙，當地習俗，以十一月初一日爲歲首，每逢過年大節，必殺牛祭鬼。由於雲貴苗傜等少數民族篤信鬼神，因此，儺文化的發展，與當地歲首迎鬼的活動，有密切關係。《職貢圖》畫卷內〈廣順貴筑等處土人〉圖像中的漢文說明內容如下：

> 廣順、貴筑、貴定等處東西龍家、平伐、補籠、狆家諸苗，以類聚處，土人蓋亦苗之一類也。男子以貿易爲生，婦人則勤於耕作，每種植時，田歌互答，清越可聽。歲首迎山魈，以一人戎服假面，眾吹笙擊鼓以導之，蓋亦古大儺之意。其起居服食，俱有華風，計畝而稅，同於編户（註二六）。

引文中的「山魈」，滿文讀如「alin i hutu」，意即山谷間的「山鬼」，相傳爲獨足鬼，《抱朴子・登涉》記載說：「山中山精之形如小兒，而獨足走向後，喜來犯人。人入山，若夜聞人音聲大，語其名曰蚑，知而呼之，即不敢犯人也。」（註二七）獨足鬼就是形如小兒的山精，名字叫做「蚑」，人們知其名而呼之，獨足鬼害怕自己的秘密洩露，於是不敢侵犯人。漢文「儺」，滿文讀如「fudešembi」，意即「跳老虎神送祟」。跳老虎神送祟的巫人，滿文讀如「fudešere saman」，意即「跳老虎神的薩滿」，由此可知儺文化和薩滿信仰，都是屬於巫術文化的範疇。

廣義的薩滿信仰，可以包括雲貴等地區的儺文化。金輝撰〈論薩滿裝束的文化符號意義〉一文已指出薩滿文化與儺文化有其共同性，這兩種文化都由原始宗教發展而來，經歷了同樣的社會發展階段，起源於共同的世界觀。而且這兩種文化的社會功能、人格結構和職能，基本相同，均有特定的宗教人物擔任神與人的使者，有特定的法器，目的都是爲人消災除病。原文同時從流佈地域、發展嬗變、傳承方式、文化標誌等方面分析這兩種文化的差異（註二八）。

薩滿信仰與儺文化的性質，基本相同。薩滿在平時，與普通人並無不同，薩滿作法時，因所憑依的神祇不同，而表現不同，跳老虎神時，是因附身的爲老虎神，薩滿即失去本色，而出現老虎的動作及聲音。《黑龍江外記》記載中就指出薩滿降神附身，薩滿即無本色，「如老虎神來猙獰，媽媽神來則噢咻，姑娘神來則靦覥」（註二九）。《雞林舊聞錄》記載吉林舍嶺村滿族許願祭祖儀式進行的次日，薩滿跳神時所請的神祇，除祖先神外，還有牛神、馬神、虎神、狼神、豹神等等，「狼神來時爲狼叫」，「虎神來時爲虎叫」。第三日晚間，薩滿請神送鬼。事前先由六、七人爲鬼，屆時扮鬼者，穿鬼衣，戴鬼臉，形若眞鬼，由薩滿以鼓棒擊打，逐出屋外（註三〇）。混同江下游海口一帶濟勒彌人，遇親人去世，即削木爲像，有口有眼，穿上熊皮。妻喪夫時，則繫一犬於木像旁，胸前懸掛二個木刻小人，或刻熊、蛇、山魈形，有事輒禱祝，凡遇重大祈福禳災活動，則延請薩滿跳神作法。質言之，薩滿信仰中也有跳虎神，請神送鬼的儀式，所刻神偶中也有山魈，可以說明薩滿信仰與儺文化有許多共同特徵。

薩滿信仰與儺文化，雖然都是從原始宗教信仰發展而來，也都屬於巫術文化的範疇，但其分佈地域不同，生態環境有差異，終於形成不同系統的民間信仰。典型的薩滿信仰，出現於北亞的草原社會，以貝加爾湖及阿爾泰山一帶較爲發達，表現最爲完整。我國北方各草原漁獵民族，例如阿爾泰語系的各民族，都崇奉過薩滿信仰，由於北亞大草原的流動性較大，而使薩滿信仰產生了氏族的保護神，祖靈在氏族社會中扮演了保護神的重要角色。儺文化主要分佈於我國南方的農業民族，由於農業社會的相對穩定性，而決定了儺文化並不強調保護神的角色。西南雲貴地區的苗傜等少數民族，其社會、文化等背景，與漢族不同，其巫術色彩較爲濃厚，雲貴等邊遠地區的巫師，在儺文化的活動中，仍保持較高的社會地位，在迎山鬼的活動中，巫師扮演了重要的角色。

薩滿信仰在形成及發展過程中，由於受到外來宗教文化的影響，其基本信仰產生了很大的變化。佛、道思想普及於北亞漁獵社會後，薩滿信仰也雜揉了輪迴、酆都城、十殿閻羅等觀念，那種認爲下界爲惡魔所居，亡魂在地獄忍受煎熬，歷經苦難的觀念，顯然是受佛教、道教等宗教文化的影響。薩滿過陰進入下界所見地獄景象及牛頭馬面無常惡鬼等角色，與原始的薩滿信仰，已經相去甚遠，亡魂所到的下界，也不再是像北亞人間獵場或漁場那樣美好的另一個奇異世界，這種轉變，反映了佛、道思想觀念在北方草原社會的普及化。雖然如此，薩滿信仰在本質上仍然保留著自然崇拜、圖騰崇拜、祖先崇拜及聖者崇拜等特點。儺文化中的儺儀、儺舞，在它的初期，純屬巫術的迎山魈，跳老虎神送祟的驅鬼逐疫活動，但當中原傳統文化發展以後，其巫術意識與作法，已經逐漸淡化（註三一）。內地漢族社會的儺文化，受到佛、道等宗教文化思想的影響，以及歷代朝廷提倡崇儒重道的文化政策，使儺文化在發展遞嬗過程中逐漸向娛神、娛人的方向發展，儺戲的娛樂性，就是一個典型的例子。儺文化從驅鬼逐疫的功能，發展到儺戲的娛樂階段，巫術的影子就越來越消失了。南方儺文化的自然崇拜、圖騰崇拜，只能在西南少數民族社會中看到較清晰的影子。

儺文化的傳承方式與薩滿信仰的領神儀式，不盡相同。儺文化的傳承，主要是以口耳相傳，對學習者並無特殊條件的限制。薩滿有氏族薩滿與職業薩滿的分別，氏族薩滿是由本氏族的成員充任，職業薩滿不限於氏族內部成員。但無論氏族薩滿或職業薩滿都不是世襲的，薩滿的產生是憑薩滿神的附身來選擇的，他們成爲薩滿須經過領神的儀式。在松花江下游的赫哲族社會中流傳克木土罕領神的故事，當他十二歲時，因曾祖父的薩滿神作祟，而身罹重病。經額卡哈薩滿降神作法，使克木土罕領了曾祖父的薩滿神，又傳授神術，經過領神的授神儀式訓練後，克木土罕始正式成爲新的薩滿，從此身體壯健，常替村民療治疾病（註三二）。

儺文化的明顯標誌，是巫師的戎服假面。所謂「假面」，滿文譯作「dere be ijumbi」，意即「塗抹臉面」。除抹臉外，較常見的是戴上假面具。巫師戴上假面具，或塗抹臉面後，其本人的個性隨之消失，所表現的是神，而不是人。《貴州省德江縣穩坪鄉黃土村土家族衝壽儺調查報告》一書也指出面具在儺祭裡是神祇的形象表徵，具有神性，而在儺堂戲的演出中，則是代表角色身分的一種誇張面部形貌的化妝手段，具有世俗性。因此，面具在儺祭和儺戲裡具有特殊重要的地位，是衡量巫師在宗教活動中地位高低的標誌。面具多，所能請到的神祇就多，能演出的劇目也就較多，掌壇師的威望就崇高，來請去做法事和演儺戲的人家就會更多。因爲面具不僅是法器、神器，而且也是儺戲的道具（註三三）。因面具是儺文化的顯著特徵，所以儺文化又被稱爲面具文化。

面具是世界上許多民族在原始部落時期曾經存在過的共同民俗現象，而面具的產生，則是由於巫術驅邪的需要。在初民社會裡，人們相信頭骨含有靈魂力量，從頭骨崇拜逐漸發展出面具崇拜，相信面具象徵靈魂、精靈、神祇或魔鬼。北亞薩滿信仰盛行的地區，也發現面具崇拜的遺痕。杜曉帆撰〈契丹族葬俗中的面具、網絡與薩滿教的關係——兼與馬洪路同志商榷〉一文已指出在契丹族社會生活中，薩滿巫術一直具有重要的地位，即使是遼代道宗時期大興佛教的密宗後，佛教也沒能完全地替代薩滿信仰，二者只是走上了相互融合的道路，薩滿信仰仍然保持著它在人們心理上的權威，其影響廣被於社會生活的各個方面，這在文獻資料和考古資料中都是可找到佐證的，而面具和網絡的產生，正與契丹族崇奉薩滿信仰有著不可分割的、重要的關係（註三四）。北亞崇奉薩滿信仰的許多民族，面具就是薩滿跳神作法時所用的法器之一，譬如鄂倫春族朝拜的神物中就有用木頭雕刻而成的面具，索倫族薩滿臉上也有帶面具祭祀的儀式。索倫族過年的時候，薩滿在自家舉辦一次跳神會，參加者多為年輕人，主要是為了辭舊歲迎新春，來此歡聚。薩滿可以求助於所領的神祇，賜福衆人，凡來歡聚者，都要攜帶一些酒、黃油、磚茶、錢和點心等，走進薩滿的家後，便把所帶物品，放到薩滿面具旁，以示敬意。薩滿則煮上一大鍋肉，供大家食用。跳神結束後，薩滿把面具掛在樹上，切一片羊尾貼到面具嘴上。這時，衆人才開懷暢飲，也是青年男女相聚，談情說愛的良好時機（註三五）。有些地區，面具變為假面，例如布里亞特人曾以皮革、木材及金屬等製作假面，此外，韃靼人、費雅喀人等都有面具。因此，將儺文化稱為面具文化，而將薩滿信仰稱為裸面文化，並不準確。但就大體而言，薩滿降神作法，不必一定都戴面具或假面，薩滿信仰最顯著的特徵，是在於它的神帽、神服及神鼓等法器，缺乏這些，薩滿就無所施其神術。薩滿信仰與儺文化的最大差異，主要是在驅鬼逐祟等社會功能的轉變與傳承方面。

第三節　薩滿與乩童的比較

臺灣由於早期移墾社會的人文背景較為複雜，其宗教信仰的基礎，亦極複雜。黃文博著《臺灣信仰傳奇》一書將臺灣民間信仰中常見的巫師分為道士、乩童、法師、三才和通仔等五個系統，他們都以嚴肅、神秘的祭祀儀式，扮演著人神交通的角色。其中乩童的法術內涵，並未超越符咒、驅煞的範疇。以地緣關係與移民背景而論，作者認爲乩童移植根源，似爲閩南俗信的「獞子系統」，但是長期的發展，乩童在臺灣早已塑造出具有獨特風格的鄉土形象（註三六）。

廣東、福建及東南亞的華人社會中，都有乩童或童乩這個詞彙，臺灣乩童可以說是屬於嶺南巫覡文化圈的系統，所謂臺灣乩童是閩南「獞子系統」的說法，確實有一定的參考價值。「獞子」，又寫作「僮子」，或「童子」，宋代以降，文獻上已有福建地區以「童子」降神的記載。陳盛韶著《問俗錄》一書對福建仙游縣的童子有一段記載說：

> 民間正月，各村舁出廟神，環游四鄉，達于城市，文武衙署排闥而進。生監楚楚隨行，金鼓之音，羽旄之美，冠帶盔甲之備。馬數十騎，各象其神之爵，歸則設醮誦經。有童子焉，鄉民畏敬指爲現身說法。求符者爭先恐後，必俟城隍舁至縣署，昂然坐大堂，各鄉之游神始停車。城隍曷爲乎坐此？曰：「聽訟」。書役皆悚然。演劇，官則親臨致祭，或數日經旬，卜歸乃歸，始方嚴禁。里人曰：「此風數百年于茲矣，不過賽神求福，執事燈彩，仿儺者執戈揚盾遺意，以弭災患，非有邪術惑人，聚眾斂錢，亦無漳泉藉此朋毆惡習。」然防微杜漸，不可不愼。朔望宣講聖諭，使務民之義，久而自知其無益，可以已乎（註三七）！

福建仙游等地的童子活動，已有數百年的歷史，童子現身說法，求符者爭先恐後。連橫著《臺灣通史》一書對臺灣的民間信仰，有一段記載說：

> 臺灣巫覡凡有數種：一曰瞽師，賣卜爲生，所祀之神，爲

> 鬼谷子，師弟相承，秘不授人，造蠱壓勝，以售其奸；二曰法師，不人不道，紅帕白裳，禹步作法，口念眞言，手持蛇索，沸油於鼎，謂可驅邪；三曰紅姨，是走無常，能攝鬼魂，與人對語，九天玄女，據之以言，出入閨房，刺人隱事；四曰乩童，裸體散髮，距躍曲踴，狀若中風，割舌刺背，鮮血淋漓，神所憑依，創而不痛；五曰王祿，是有魔術，剪紙爲人，驅之來往，業兼醫卜，亦能念咒，詛人死病，以遂其生（註三八）。

引文中已指出臺灣乩童就是巫覡的一種。《澎湖廳志》亦記載澎湖等地，法師與乩童相結，欲神附乩，必請法師催咒。每當賽神建醮時，則乩童披髮仗劍，跳躍而出，血流被面。或豎長梯，橫排刀劍，法師猱而上，乩童隨之。同書又指出澎湖各澳都有大王廟，神各有姓，民間崇奉維謹。甚至造王船、設王醮，其俗亦自內地傳來。王船造畢，或擇日付之一炬，叫做遊天河，或派數人駕船遊海上，叫做遊地河，都是維神所命。每神各有乩童，或以乩筆指示，比比皆然（註三九）。澎湖地區，由於王爺廟特多，其乩童的活動，極爲盛行。《淡水廳志》記載臺灣北部的風俗，亦頗詳盡，原文說：

> 淡地膏沃，易生財，亦易用財。凡遇四時神誕，賽愿生辰，搬演雜劇，費用無旣。又信鬼尚巫，蠻貊之習猶存。有曰菜堂，吃齋拜佛，男女雜居。有爲客師，遇病禳禱，曰進錢補運。金鼓喧騰，晝夜不已。有爲乩童，扶輦跳躍，妄示方藥，手執刀劍，披髮剖額，以示神靈；有爲紅姨，託名女佛，探人隱事，類皆乘間取利，信之者牢不可破。最盛者莫如石碇堡，有符咒殺人者，或幻術而恣淫，或劫財而隕命，以符灰雜以煙茗檳榔間食之，罔迷弗覺，顚倒至

死（註四○）。

乩童屬於巫覡文化的範疇，臺灣乩童就是屬於閩粵童子或僮子系統的一種巫覡。林富士著《孤魂與鬼雄的世界：北臺灣的厲鬼信仰》一書指出「童乩」的「童」字，有可能只是「dang」的音譯。故而，有些文獻就寫做「僮」、「獞」、「銅」這些字。這個推測雖然不見得就是正確答案，但是，至少提醒我們，「童乩」不一定和「孩童」有關，至少不會是指「童昏」和「童蒙」（註四一）。「童乩」的「童」，閩南語讀如「dang」，是指能讓神明附體的人，或神明附體的現象，而越南語裡的「dang」，也有和神靈溝通，進入精神恍惚狀態的意思。因此，有些學者認爲「童」就是源自古越語的「dang」。童乩或乩童就是指一種降神的術士。

鸞乩和乩童略似，所不同者，鸞乩是藉扶乩而傳達神意。鸞堂奉祀玄天上帝、王爺等神，在神案前置一方桌，桌上擺一沙盤，以丁字形木架安放其中，懸錐於木架直端，由兩人扶其橫兩端，用法術請神至，畫沙成字，或示人吉凶休咎，或爲病者開藥方。其扶鸞的乩童，可稱爲鸞乩。以問神和牽亡爲主要職能的「尪姨」，也是巫覡的一種，亦可歸屬於乩童系統，但尪姨都由女性扮演，可以說是一種女巫，文獻中的「紅姨」，就是尪姨的異寫。尪姨焚燒黃紙，念咒請神，進入催眠狀態後，裝作亡魂口吻說話。其巫術範圍很廣，主要的職能是問神牽亡，消災解厄。其中牽亡是尪姨牽引亡靈與生人對談的法術，又稱關亡，是關提亡魂的意思，即由尪姨召亡者之魂附於己身，以言禍福，是一種秘術，作法時必須使用符籙，猶如官府的移文關提人犯，所以叫做關亡。尪姨取一條長兩三尺的繩線，兩端穿針作結：一端插入亡者靈牌；一端插入尪姨自己頭髮中，口念咒文，呼請亡靈，當亡靈附體後，尫姨即可與問靈者對話（註四二）。關亡類別很多，包括：看香頭、走無常、走陰差、調水碗、打神拳、落北陰、響鐺鐺、頂大仙、走路頭、降神等秘術。其中以落北陰爲最高秘術，相信能至陰司詳查病源，例如有無冤鬼爲祟，有無生祿，若生祿已盡，可由親生子女自願將陽壽借給亡者，由壇主做功德，身披法衣，造具疏文，入壇落北陰，奏達陰司（註四三）。

臺灣文獻中的「法師」，又稱爲桌頭，善用符籙祈禳諸術，是協助乩童作法的副手。澎湖王爺主神向例多以乩童指示神意，兼以各地廟宇「請王」、「送王」的風氣很盛行，王爺通常會選召新乩童傳達旨意，以致乩童數目更多。但乩童不能單獨作法，必須由法師配合作法及翻譯，方能成爲人與神之間的媒介。因此，法師也活躍於廟宇或私人的乩壇（註四四）。

學者已指出「童乩雖爲巫術之一，但亦非僅由上古時代所傳之巫術而已，其受道教及密教思想之影響者大。」（註四五）臺灣、澎湖地區的乩童及法師，源遠流長，一方面起源於我國古代的巫術，一方面又吸收了佛教及道教的成分，隨著先民的移殖拓墾方向而流入澎湖、臺灣等地，其間又受地方特殊情形的影響，而形成臺灣、澎湖地區既特殊且普遍的民間信仰。由於乩童、法師的活動，流弊滋多，形成社會問題，曾遭受清廷的取締。日人伊能嘉矩著《臺灣文化志》一書有一段記載如下：

> 光緒十年五月，在澎湖廳内之媽宮，有法師黃虔生及乩童許周泰等詐稱神示，毀損媽祖廟前之照牆及良民之店屋三十餘間。官民乃捐貲築復。分巡臺灣兵備道特派委員札明將許周泰緝捕，但黃虔生則脫逃。尋暗中潛回，故態復萌，與廖蔭及舊黨等通謀，仍假借神威毀壞照牆、店屋。於是商民等仍各自出力築成，但慮屢被其害，乃將實情具稟通

判程邦基，請頒示勒石永禁。因而翌年十二月，以福建巡撫劉銘傳之名建禁碑於媽宮。曰：「照得左道異端，實閭閻之大害，妖言惑眾，爲法律所不容。乃有不法之徒，輒敢裝扮神像，妄作乩童，聚眾造謠，藉端滋事，往往鄉愚無知，被其煽惑，此風漸不可長（中略）。據此，除批飭查拏究辦外，合行剴切示禁。爲此示仰兵民人等一體知悉。爾等須知，藉神惑眾，例禁甚嚴。自示之後，務各痛改前非，各安本分。倘敢蹈故輒，一經該管營廳察查，或被告發，立即按名嚴拏，照例重懲，決不姑寬，其各凜遵毋違，特示。」當時由此嚴霜烈日之處置，因此事端之復萌，幸得絕於未然云（註四六）。

光緒十年（一八八四）五月，澎湖廳有乩童、法師滋擾案件，翌年，下令取締乩童、法師的活動。引文中的「媽宮」，即今馬公。日據時代，爲破除迷信，取締乩童更是不遺餘力。光緒二十六年（一九〇〇），日本政府即開始以違警令取締臺灣的乩童，但乩童並未因此絕跡。

民國元年（一九一二），據臺南縣北門區西港派出所宮下繁松氏報告，西港慶安宮，每三年一次，舉行盛大祭典時，乩童不乘神輿，便徒步街上或村落，割額切背，以金銀紙拭取鮮血，投於觀衆中，給人們爭取，有一年曾受禁止，因而是年祭典，不及往年熱鬧，民衆頗不高興。依據民國七年（一九一八）的調查，臺灣全島乩童共有一千一百一十四名，民國二十四年（一九三五），日人國分直一在臺南縣新豐區灣裡，觀賞盛演京調戲劇時，首次見到乩童，以半裸體流血淋漓，狂舞亂叫，見後大爲吃驚。民國二十六年（一九三七）六月，臺南東石郡警察課檢舉郡下乩童多達三百二十九名，一方面命其解散，一方面令其作精細實地表演，並記錄下來，其記錄是由警察課長永田三敬以及司法主任篠宮秀雄整理，經州衛生課長野田兵三進一步整理，其後國分直一又再加以整理，並採取若干資料，於是撰成〈童乩的研究〉一篇田野調查報告。原文指出東石郡乩童的職業分佈，大都是由苦力、礦坑工人、漁夫、遊藝等人兼業。此外，小學畢業三名，法師六名，小學肄業一名，通譯三名，日語補習班畢業當乩童的一名，當法師的三名；在私塾讀漢文而當乩童的十四名，當法師的五十三名，甲長而當乩童的有二名，甲長而當法師的有十名，保正而當法師的有一名。乩童雖以男性居多，但被檢舉的也有女乩童，又有當尫姨的女巫。警察飭令乩童、法師、尫姨轉業，但至民國三十年（一九四一），臺南地區所整理出來的乩童數字，仍多達五七八人（註四七）。

大致而言，乩童的產生，至少有三個途徑：一是自願的，即自願拜師學習；二是被動的，得到神示，要他去當乩童；三是因緣成熟，突然通靈，就當了乩童（註四八）。黃有興著《澎湖的民間信仰》一書指出澎湖漁村的民衆，大都相信乩童是由神所選召的，人在無法抗拒之下，才當乩童。相傳當乩童的人必須是「八字」較輕，壽限較短的人。神選他爲乩童，是要他爲神和人服務，因行善積德而增長其壽命（註四九）。要成爲一位稱職的乩童，還要經歷坐關等訓練過程，由老乩童或法師傳授起童、退童、畫符、派藥、操演法器等法術。坐關期滿後又要經過所謂過火、過釘橋、爬刀梯等儀式來考驗他的眞假及法力。

乩童法力的高低，決定於守護神的強弱，常見的守護神如玄天上帝、哪吒太子、神農大帝、白衣觀音、王爺等，臺南東石地方，常登場的守護神較多，包括義愛公、朱王爺、三王、蘇王、金王、李王、城隍爺、五府千歲、保生大帝、太子爺、老王、陳乃夫人、四太歲、五太歲、興王、池府千歲、虎爺、吳府夫人、觀音佛祖、媽祖、先師、林元帥、鄭元帥、武德英侯、林王爺、五穀王、上帝爺、刑府千歲、祖師娘媽、魏千歲、關帝爺等等，都具有地方特殊性。乩童請神上身的方法，主要有兩個途徑；一由法師做法念咒請神上身；一由乩童自我催眠請神上身。

乩童的出現，有其時機及過程，日人國分直一提出三個實例加以說明：

㈠廟宇安置新神像時，乘著祭典的氣氛，常出現乩童。新神像的安置，大約須從一個月前開始，準備開演臺灣戲劇，使全村籠罩著熱鬧祭典的氣氛，當氣氛高昂時，乩童全身劇烈顫動，暗示新神的附身，施行神秘的法術。

㈡瘧疾及其他因惡寒而全身顫動時，自起催眠作用，跳進廟裡，向民衆宣稱神已附身。

㈢在自宅發生顫動，經家族和鄰居宣傳出現乩童，於是受到社會的公認（註五〇）。

乩童展示神通或超能力的方式，可以分爲文、武兩方面，文的方面，主要是透過靈鬼先將當事者的個人資料報知乩童，以展示乩童是眞神附身；武的方面，多在公衆廟宇或私宅神壇進行各種表演。可以分爲不流血性質和流血性質兩類，不流血性質的表演是以不傷身體見功夫，較常見的表演包括睏釘床、坐釘椅、爬刀梯、過釘橋、過刀橋、過火、煮油和解運等等；流血性質的表演，主要是巫器流血表演。乩童常用的巫器，包括七星劍、沙魚劍、狼牙棒、月眉斧及刺球等五種，稱爲五寶。乩童割舌刺骨，砍背劈額，鮮血淋漓。乩童流血性質的表演，其眞正用意，是因爲流血象徵一種見誠與避邪行爲，以鮮血做爲朝聖的眞摯心情，同時也是一種驅邪除煞的祭祀儀式，有許多廟會，就是以乩童見血作爲接香時的禮數（註五一）。乩童操演巫器，必須得到附體神明的自我暗示後方能進行，即所謂神所憑依，創而不痛。乩童進入起童階段後，其聲調會變得與附身神明的性格一樣，或像媽祖的女聲，或像太子爺的童音，或如齊天大聖的猴語，因此，凡有問神之事，就要請桌頭來翻譯。乩童的乩字，不論是四轎或手轎的轎仔字，也由桌頭解讀，不識字的桌頭則藉附身發跳的輦轎之公信力來作爲判示的依據。起童高潮過後，乩童在助手協助下退童，回復本來自我。

乩童的活動，對於一般民衆的精神生活方面，有重大的影響。乩童的民俗醫療，被稱爲「巫術醫學」，或「巫術醫療法」。乩童問神治病的範圍很廣，依照問題的性質，可以作很多種的分類。民國二十六年（一九三七），臺南東石郡司法課曾令乩童們列舉其種類，包括問神明或觀童乩、落地府、進花園、貢王、脫身、法事、討嗣等七項。澎湖地區常見的乩童巫術醫療法，除東石郡乩童所列舉的七項外，還有繞境祈福、煮油過火、禳解作向、捉妖驅邪、調解冤仇等項。

觀童乩，又稱觀乩童，就是祈禱降神。乩童在病患家起童，祈禱神明附身，指示病源，由桌頭翻譯，然後派藥治療。桌頭依照乩童的指示，寫出藥方，與符籙或爐丹混合煎煮。有時候則指示方向，請高明醫師看病。乩童也會用毛筆在金紙上面寫字畫符，包括平安符、治病符、鎮宅符、驅邪符、安眠符、鎮夢符、鎮驚符等。治病符燒化水中，令病人服下。由於亡靈、孤魂、惡鬼、妖魔等作祟的病情較多，所以不但開列藥方，還要將作祟的妖魔惡鬼，或由天井梁木，或由屋隅等處查出，用包裹紅布的犬貓獸骨，把鬼祟除掉，病人方能痊癒。

爲了祈求闔境平安，善男信女於神明誕辰前一天，舉行神轎繞境活動，乩童表演操劍破頭，刺球傷背，穿插五針等巫術，善男信女相信神轎從門前經過，經乩童以七星劍比劃及鎮符後，就可以驅逐邪魔，保佑全家平安。

廟宇舉行大祭典時，在廟前表演煮油過火的儀式，乩童手洗熱油，口噴熱油等節目。過火是祭典時的清淨儀式，同時在廟前堆積木炭或木柴，燒成火灰，於祭拜後撒上大量的鹽粒，先由乩童通過，信徒們隨著過火，相信可以消災解厄。病患家屬相信隨著乩童過火，病人很快就可以恢復健康。

「作向」是一種咒詛，相傳古時候，有人偶然進入熟番系家，討了茶喝，腹部便膨脹生病，據說是因受番婦作向的緣故。日人國分直一之友盧嘉興曾說過，他的父親盧蔗頭，住在噍吧哖地方，患病回家，請託乩童，舉行乩童問神明儀式，方知被人作向的緣故。於是地方民衆始知乩童的咒術，可以抵抗熟番的作向，乩童的活動遂更加盛行（註五二）。

捉妖驅邪是乩童治病的一種法術，病患家屬準備油鍋一個，將油煮沸，由乩童指示挖出骨頭，放入油鍋滾炸，使惡鬼妖魔不再作祟。日據時期，澎湖案山里傳說黑狗精爲害地方，鬧得村裡很不平安。有一天，黑狗精及玄天上帝各選召一位乩童，都說是「帝公」，要以法術的高低來證明眞假。帝公附身的乩童，把刺球打在長椅上，伏臥刺球上，腹部流著鮮血。黑狗精附身的乩童不敢展示法術，臨陣逃跑，被追趕爬到電線桿上，筆直的睡在上面，最後被帝公附身的乩童識破，捉住黑狗精，炸油鍋消滅。

解運或改運也是乩童的一種民俗醫療方法，由乩童改掉或解除霉運，以祈求好運的到來。黃文博著《臺灣民俗趣譚》一書指出在臺南縣北門鄉三寮灣東隆宮的解運，就是由乩童主持，他一手持五營旗，一手握七星寶劍，逐一爲十方善信上擦下拭，前揚後揮。乩童法眼瞧出信徒運途特差者，便會沾起額上的鮮血作法，在信徒頭上點捺數下，表示神符勅身，神可隨時保佑（註五三）。

病家問神，乩童診斷指示爲沖犯各種煞神時，就要擇日祭煞。事先用竹枝製作煞神形狀的替身，取病人衣服一件，穿在替身上面，祭煞儀式結束後，即將替身焚化，以期病體復原。病人的靈魂若被惡鬼捕捉，或病人被鬼魂糾纏時，乩童也取病人的衣服，穿在小稻草人身上，放在病患家不遠的十字路口，以代替病人，任由惡鬼捕捉，乩童這種治病法術，也叫做脫身。乩童診斷病因，若是因爲家中有夭折嬰靈作祟時，就是因討嫁討嗣而使人生病。乩童即進行安撫亡靈的儀式，即將女鬼出嫁，以期女鬼魂靈能給男方子女供奉。男鬼則要求兄弟討一個兒子立爲後嗣來供奉他，並傳其香火，舉行過房儀式後，將兄弟中一子過繼爲嗣，亡靈獲得照顧，病人就恢復健康。

病患家屬問神，由乩童指示病因，若是病人前世因財色殺人，冤魂討命時，即由乩童居中調解，使冤魂放棄報仇，並勸令病患行善積德，以禳解災厄，病體方能康復。

貢王，意即進貢王爺。王爺是守護地方的主神，地方瘟疫流行時，各村莊的守護神即統率神兵，與疫鬼作戰。爲了作戰補給，增援神兵，進貢王爺，即由乩童動員村民莊衆，備辦五、六十桌或數百份的盛大餚饌酒醴來犒賞神兵，慰勞守護神。

日本學者飯沼龍遠認爲乩童和日本的降神，或鎮魂歸神並無二致，都是請神上身的靈媒。但他認爲乩童的想像性質頗爲豐，他在《臺灣的童乩》一文中說道：

> 在日本人的中間，如罹了病，就說對祖先的供養不夠，或對神主及墓地的照顧不全，這樣歸著了靈魂的問題，這是不稀罕的事。但童乩的想法更加想像性質；如果人間罹了

病，就是他們的靈魂，做過了不切之事，受閻君王拘到地府，或被惡鬼所述，所以他們就罹了病，這時候，童乩就請他們的守護神到閻魔廳去談判，如果能保釋他們的靈魂回來，他們的病就可以痊癒了。但這樣談判和人世間一樣，也要用保證金才能贖靈魂回來。這完全是一種商業方法，但在人間是用金銀，在陰間那裡是用金銀紙箔，就是要送幾百幾千金銀到地府，只燒幾百幾千的金銀紙箔就可以，這樣祈禱法就是所謂落地府（註五四）。

落地府又稱下地府，人們相信疾病是因惡鬼使病人的靈魂脫離身體而進入地府，日人國分直一曾撰文敘述乩童落地府的儀式，文中有一段敘述說：

法師在廳堂香案前，以桃紅色布自纏其顱，吹著以水牛角製成的「鼓角」，唸著請神咒，患者家屬在香案前，燃燒有色粗紙，一名鼓紙，揮上揮下地振動了約三十分鐘之久，神明就寄託童乩身上。神明一寄童乩，法師就唸落地獄「探宮科」的咒文。這個咒文，是說明往地獄途中狀況；因爲本島人的冥府思想，具有深奧興味，所以若有其他機會，便要實行全譯。於唸「探宮科」當中，童乩在地下由閻魔就其原因，受其指示而回來。此時法師，便將乩示譯爲人間語言；然而關於通譯乩示，必有預約暗號，方能判明原因（註五五）。

乩童橫臥地上片刻，表示到了冥府，向閻王請示病患的原因。有時候家中老幼不平安時，乩童亦落地府查詢。進花園與落地府很相近，都是乩童過陰的一種法術。飯沼龍遠撰〈臺灣的童乩〉一文有一段記載說：

流產或養育不好的孩子，祈禱進花園。這和落地府大體同樣的想法，近閻魔廳有一處六角亭，這裡有很大的花園，孩子們的靈魂發源在這裡的花木。所以這裡的花木若有蟲害，或營養不良而枯死的時候，孩子就不能養育，所以這時候也要請守護神來降乩，而經花園看顧花木。祈禱的方式和落地府一樣，童乩座在神前待其降神，而後拿孩子的肚掛或狗仔褲等物，手持寶劍途中遇惡魔就戰，到花園才燒金紙，照顧花木，後才回到佛前（註五六）。

婦女常流產，或嬰兒發育不良，以及嬰兒夭折時，乩童即舉行進花園的儀式。俗信通往閻王殿的路上，有一個關口，名叫六角亭，婦女都有一棵生命之花栽種在六角亭旁邊的花園裡。婦女流產，嬰兒發育不良或夭折，就是因爲那棵生命之花，花朵不佳，或快要凋謝，或因花根腐敗，或因肥料不足，或因培養不得其法。儀式開始時，由家屬燃燒鼓紙，法師一面吹著鼓角，一面念著神咒。神明附在乩童身上後，法師就念誦落地府探宮科咒文，催促乩童進入地府的花園。乩童把捲著五色紙的甘蔗，揮上揮下，徘徊在牲禮桌案的周圍，象徵進行培養或整修花園歸來，信徒相信這樣可以驅逐病源。和落地府、進花園相對的，就是上天庭，乩童進入催眠狀態後仰臥於釘床上，表示上天庭謁見南極仙翁，爲病患祈求長壽。

透過自我期望而達成的改變，常被解釋成乩童造成的改變。由於期望心理的作用，乩童對天災人禍的解釋，常使當事人產生安慰的效果。因此，乩童確實可以用暗示的方法治癒病人，醫學界也認爲民俗醫療法對於一部分病患或病患家屬，確實有正面的醫療價值。尤其對於較易出現神佛鬼怪等幻覺的精神病患，民俗醫療法確實產生了較佳的效果。張珣著《疾病與文化》一書指出：

臺灣的童乩本質上屬於東北亞「薩滿信仰」的系統。因爲

> 他在處理宗教儀式時，表現出恍惚忘我的失神顫動（trance），狀態與東北亞的薩滿（shaman）一樣。薩滿（童乩）在他們進入失神顫動狀態後，便可遨遊於天庭、地府之間，與神明、鬼怪等各種超自然精靈交往，溝通人與超自然界的關係，傳達彼此的訊息意旨，而爲二者之媒介。而此種人神間之媒介比其它宗教執事如神父、牧師、和尚、道士等更引人入勝乃因藉著童乩，人神可直接對話，直接問答。人問話於神，神藉童乩之口馬上回答人，指使人，解決人的疑問。且每個神的性格，脾氣在其代言人童乩身上表露無遺，使人更相信之，更神往之。童乩何以能替神說話呢？一般學者認爲童乩在失神顫動時，靈魂離開肉體，產生脫魂（ecstasy）狀態，外界精靈便可進入其體內，依附其身體（Possession）而藉口說話。但在精神醫學來說，童乩作法時的精神現象是一種習慣性的人格解離（Personality dissociation），在這一精神狀態下，童乩本人平常的人格暫時解離或處於壓制的狀態而不活動，被另一人格所取代，這另一人格就是童乩熟識的神的性格，亦即並非眞正有神降附在童乩身上（註五七）。

乩童與薩滿都是靈媒，人們相信可以溝通人與超自然界的關係。乩童與薩滿作法時的精神現象，都是一種習慣性的人格解離，乩童信仰與薩滿信仰都是以巫術爲主體和主流而發展起來的複雜文化現象，薩滿信仰是北亞各民族的共同文化特質，女眞、滿族、赫哲等族所崇奉的薩滿信仰，是屬於東北亞文化圈的系統，臺灣的乩童，並非屬於東北亞薩滿信仰的系統。

乩童信仰與薩滿信仰都是屬於古代巫覡文化的範疇，惟因其分佈地域不同，生態環境有差異，而形成不同系統的民間信仰。

典型的薩滿信仰，盛行於北亞草原社會，相信萬物有靈，是屬於多神的泛靈崇拜，包括自然崇拜、圖騰崇拜、祖先崇拜等等，薩滿對於各種動植物及已故祖先或英雄等神靈所以具有特別的力量，是因爲薩滿和那些神靈具有圖騰或同宗的血緣親密關係。乩童信仰也屬於泛靈崇拜，乩童的守護神，多屬於偉人崇拜或英雄崇拜，但自然崇拜、圖騰崇拜中的動植物或飛禽走獸等神祇，則較爲罕見，缺乏草原氣息。

靈魂的飛昇，導致宇宙概念的發展，北亞各民族對自然宇宙的觀察程度及靈魂飛昇概念的不同，他們對宇宙層次的想像，就有了差異。原始薩滿信仰一方面保留了古代天穹觀念中天地相通的思想痕迹，一方面也反映北亞草原文化的特色。原始薩滿信仰認爲在地下土界有惡魔，也有善神，人們在下界生活，並非地獄，而是越深越溫暖，深處也有陽光，亡魂所到的地下土界，是和人間相像的另一個世界。佛教、道教普及於北亞草原社會後，薩滿信仰也雜揉了輪迴、酆都城、十殿閻羅等觀念，以及牛頭馬面、黑白無常惡鬼等角色，北亞草原族群的亡魂所到的下界，也不再是像人間獵場、漁場那樣美好的另一個奇異世界。乩童信仰的靈魂概念及其對地獄的想像，主要是以民間信仰爲基礎，並雜揉佛、道思想而形成的三界觀念，並無近似原始薩滿信仰的天穹觀念。

乩童與薩滿的社會功能，頗爲相近，乩童與薩滿的民俗醫療效果，對於一部分人確實可以產生較佳的效果。薩滿跳神作法以後，因受到自我暗示或刺激而產生人格與精神意識的變化，逐漸達到忘我境界，接著進入催眠狀態，魂靈開始出竅，薩滿過陰進入冥府，找尋亡魂，然後護送死者的魂靈，返回人間，附體還陽，使已經病故的死者復活，薩滿進入靜止狀態，停止呼吸遊歷地府的時間，長達數日之久。薩滿魂靈出竅，過陰追魂的法術，是北亞薩滿信仰最主要的文化特質，乩童雖然也有落地府，進花園的過陰法術，但乩童的催眠狀態，並非靜止的狀態，也缺乏找尋魂靈，護送魂靈，附體還陽的法術。尪姨問神牽亡雖然進入催眠狀態，但她裝作亡魂口吻說話，同樣也不是靜止的狀態，尪姨也缺乏靈魂出竅，過陰追魂，附體還陽的法術。

乩童流血性質的表演，主要用七星劍、沙魚劍、狼牙棒、月眉斧、刺球等法器，表演割舌刺骨、砍背劈額，鮮血淋漓，狂舞亂吼，這是乩童的主要特色。薩滿也有上刀梯等考驗方式，但它是以不流血性質的表演爲主。薩滿法術的象徵，主要爲薩滿的法器及神服，薩滿跳神治病時所使用的神鼓及銅鏡等飾物，不僅是薩滿的外部標誌，而且也是薩滿巫術法力的象徵，缺乏法器、神服，薩滿就無所施其神術。乩童與薩滿確實有許多共同特徵，但也有許多差異，爲了突顯乩童的特徵，除了眞正崇奉薩滿信仰的北亞地區外，臺灣的乩童，確實不應歸屬於北亞薩滿信仰系統。

【註　釋】

註　一：霍夫曼原著，李冀誠譯注〈西藏的本教〉，《世界宗教資料》，一九八五年，第四期（北京，中國社會科學出版社，一九八五年十二月），頁二九。

註　二：釋法尊著《現代西藏》（重慶，漢藏教理院，民國三十六年），頁三三。

註　三：李紹明著《民族學》（四川，四川民族出版社，一九八六年一月），頁二〇八。

註　四：《世界宗教資料》，一九八五年，第四期，頁三〇。

註　五：烏蘭察夫、蘇魯格撰〈科爾沁薩滿教試析〉，《內蒙古社會科學：文史哲版》，一九八八年，第五期（呼和浩特，內蒙古大學，一九八八年十一月），頁七一。

註　六：周長海撰〈西藏宗教研究〉，《藏事論文選》（河南，西藏人民出版社，一九八五年八月），頁一一七。

註　七：馬長壽撰〈鉢教源流〉，《藏事論文選》，頁一四七。

註　八：《藏事論文選》，頁一三九。

註　九：東嘎．洛桑赤列著，陳慶英譯《論西藏政教合一制度》（北京，民族出版社，一九八五年七月），頁五。

註一〇：《藏事論文選》，頁一四〇。

註一一：李紹明著《民族學》，頁二〇八。

註一二：《上諭檔》，方本（臺北，國立故宮博物院），乾隆四十一年，秋季，頁五三九，九月三十日，〈內閣奉上諭〉。《清高宗純皇帝實錄》，卷一〇一七，頁一八，將「均係奔布爾邪教」，改爲「均係邪教」。

註一三：《金川檔》（臺北，國立故宮博物院），乾隆三十八年，秋季，頁四一五，八月二十一日，供詞。

註一四：《金川檔》，乾隆四十一年，夏季，頁九九，四月十七日，〈都甲喇嘛隨身攜帶物件清單〉。

註一五：《金川檔》，乾隆四十一年，夏季，四月十七日，頁一〇一。

註一六：《金川檔》，乾隆三十八年，秋季，頁五四二，九月二十五日，〈薩克甲穆供詞〉。

註一七：《金川檔》，乾隆四十年，秋季，頁一六八，八月二十一日，〈達固拉僧格供詞〉。

註一八：《金川檔》，乾隆四十年，秋季，頁一八二，八月二十三日，〈達固拉僧格供詞〉。

註一九：《金川檔》，乾隆四十一年，夏季，頁八七，四月十七日，〈堪布喇嘛色納木甲木燦供詞〉。

註二〇：《金川檔》，乾隆四十一年，春季，頁二七七，三月初九日，〈詔諭〉。

註二一：謝繼勝撰〈藏族薩滿教的三界宇宙結構與靈魂觀念的發展〉，《中國藏學》，一九八八年，第四期（北京，中國藏學出版主，一九八八年），頁九六。

註二二：格勒、祝啓源撰〈藏族本教的起源與發展問題探討〉，《世界宗教研究》，一九八六年，第二期（北京，中國社會科學出版社，一九八六年六月），頁一二五。

註二三：富育光撰〈論滿族薩滿教的天穹觀〉，《世界宗教研究》，一九八七年，第四期，見《中國藏學》，一九八八年，第四期，頁九七。

註二四：周長海撰〈西藏宗教研究〉，《藏事論文選》，頁一一二。

註二五：《中國藏學》，一九八八年，第四期，頁一〇〇。

註二六：莊吉發校注《謝遂職貢圖滿文圖說校注》（臺北，國立故宮博物院，民國七十八年六月），頁六三三。

註二七：葛洪著《抱朴子》（臺北，中華書局，四部備要），內篇，登涉第十七，頁四。

註二八：金輝撰〈論薩滿裝束的文化符號意義〉，《民間文學論壇》，一九八五年，第一期（北京，中國民間文藝出版社，一九八五年），頁一三五。

註二九：西清著《黑龍江外記》（臺北，臺聯國風出版社，民國五十六年十二月），卷六，頁一五。

註三〇：魏聲龢著《雞林舊聞錄》（吉林，吉林文史出版社，一九八六年六月），頁二七六。

註三一：張紫晨撰〈中國薩滿教中的巫術〉，《民間文學論壇》，一九九二年，第六期（一九九一年十一月），頁一五。

註三二：凌純聲著《松花江下游的赫哲族》，頁六五九。

註三三：王秋桂主編《貴州省德江縣穩坪鄉黃土村土家族衝壽儺調查報告》（臺北，財團法人施合鄭民俗文化基金會，一九九四年五月），頁一五二。

註三四：杜曉帆撰〈契丹族葬俗中的面具、網絡與薩滿教的關係—兼與馬洪路同志商榷〉，《民族研究》，一九八七年，第六期（北京，中國社會科學出版社，一九八七年十一月），頁七八。

註三五：《鄂溫克族自治旗概況》（呼和浩特，內蒙古人民出版社，一九八七年二月），頁一四五。

註三六：黃文博著《臺灣信仰傳奇》（臺北，臺原出版社，民國八十年五月），頁一四〇。

註三七：陳盛韶著《問俗錄》（北京，書目文獻出版社，一九八三年十二月），頁七七。

註三八：連橫著《臺灣通史》（南投，臺灣省文獻委員會，民國八十一年三月），中冊，頁六五二。

註三九：林豪修《澎湖廳志》（臺北，臺灣銀行經濟研究室，民國五十二年六月），第二冊，頁三二五。

註四〇：陳培桂修《淡水廳志》（南投，臺灣省文獻委員會，民國六十六年二月），頁二九二。

註四一：林富士著《孤魂與鬼雄的世界：北臺灣的厲鬼信仰》（臺北，臺北縣立文化中心，民國八十四年六月），頁一六三。

註四二：《臺灣省通志稿》（南投，臺灣省文獻委員會，民國四十四年六月），〈禮俗篇〉，頁六〇。

註四三：佛隱居士著《關亡召鬼秘術》（上海，中西書局，民國十六年一月），卷上，頁一〇。

註四四：黃有興著《澎湖的民間信仰》（臺北，臺原出版社，一九九二年八月），頁八二。

註四五：國分直一撰、周全德譯〈童乩的研究〉，《南瀛雜俎》（臺南，臺南縣政府，民國七十一年四月），頁一七一。

註四六：伊能嘉矩著《臺灣文化志》（東京，西田書店，昭和四十年十月），第七篇，第八章，頁四五七。

註四七：《南瀛雜俎》，頁一七五。

註四八：馮華濃編著《靈媒》（臺北，武陵出版社，民國七十四年十一月），頁七三。

註四九：黃有興著《澎湖的民間信仰》，頁八八。

註五〇：《南瀛雜俎》，頁一七二。

註五一：《臺灣信仰傳奇》，頁一七。

註五二：《南瀛雜俎》，頁一七六。

註五三：黃文博著《臺灣民俗趣譚》（臺北，臺原出版社，一九九三年一月），頁九七。

註五四：飯沼龍遠撰，林永梁譯〈臺灣的童乩〉，《南瀛雜俎》，頁一六八。

註五五：《南瀛雜俎》，頁一七三。

註五六：《南瀛雜俎》，頁一六八。

註五七：張珣著《疾病與文化》（臺北，稻鄉出版社，民國八十三年九月），頁八一。

第五章　薩滿信仰的社會功能

第一節　薩滿與跳神驅祟

萬物有靈的觀念，導致了多神崇拜的信仰，原始薩滿信仰就是北亞各民族的一種多神泛靈崇拜，薩滿對於各種動植物或氏族祖先等神靈所以具有特別的溝通力量，是因爲薩滿和各種神靈具有圖騰和同宗的親密關係。北亞各少數民族的古老三界觀念，保留了原始薩滿信仰天穹觀念中天地相通的思想痕迹。薩滿居於中界，而通於上下界。薩滿既能替世人向上界祈禱，以求天神庇護，又可與下界相通，過陰收魂。外貝加爾湖地區的埃文基薩滿跳神活動，仍有跳天神和跳地神的分別，薩滿有兩套神服：一套與上界交通，是跳天神時穿的，向吉神祈禱；一套與下界交通，跳地神時穿的，與惡魔搏鬥，驅邪治病。布里亞特人的薩滿，因其功能不同，而有白薩滿與黑薩滿的分別，其服飾有顯著的差異。白薩滿身穿白色神服，不懸掛任何金屬片或鏡子之類的物件；黑薩滿則身穿特殊的神服，並佩掛金屬片及護胸鏡等。俄人漢加洛夫已指出白薩滿主持對部落保護神的祈禱，祈求神靈給在場的人賜福；黑薩滿的主要職司是驅逐病魔和招魂占卜（註一）。

在傳統社會裡，幾乎一切的疾病，都倚靠民俗醫療，薩滿也被認爲就是民俗醫療的靈媒，兼具巫術與醫術，醫治身心的各種疾病。《多桑蒙古史》一書已指出薩滿是一種術士，能通鬼神，兼治疾病（註二）。在崇奉薩滿信仰各民族的社會裡，人們總是將疾病或災禍歸咎於神鬼的責罰或侵擾，如果得罪了祖先神靈，或許因祭祀不周，或因許願未還，那就要供上祭品，補還夙願，祈求祖先神靈息怒；如果是惡魔攝去病人魂魄，就要請薩滿作法，與惡魔比鬥，打敗惡魔；如果是妖孽作祟，就要請薩滿跳神驅除鬼祟。

我國北方諸少數民族請薩滿驅祟禳災的活動，相當普遍。據《女眞傳》記載，女眞人「其疫病則無醫藥，尙巫祝。病則巫者殺豬狗以禳之，或載病人至深山大谷以避之。」（註三）巫者即薩滿，在薩滿看來，人們患病，主要是因祖先等神靈的怪罪，或是鬼魔作祟所致，只有殺豬狗以禳之。古代蒙古人相信人類的災病也是因惡鬼爲厲所致，所以必須請薩滿禳除。孛額就是專門施展神術爲人們驅祟治病的薩滿。其中安代孛額專門醫治由「鬼主」作祟造成的婦女相思病，這種薩滿是以載歌載舞的形式，寬慰婦女的病態精神爲主要特徵（註四）。薩滿不僅能打敗惡魔，也能請善神撫慰惡神，爲人治病。

滿族社會，禳災治病的活動，極爲普遍。《綏化縣志》有一段記載說：「禳病、漢、滿族亦無大異，遇有病久不愈者，家人爲之延巫驅治，謂之跳大神。巫者腰繫鐵鈴，手繫皮鼓，以唱代言，醜態百露，誣謂病者，實係被冤鬼作祟。」（註五）滿族巫者，就是薩滿，他們相信病久不癒，是因被冤鬼作祟，所以延請薩滿跳神驅祟。達呼爾族跳神驅祟的薩滿，頗爲族人所信服。《黑龍江外記》一書，對達呼爾人驅祟禳災的活動，有一段記載說：

> 達呼爾病，必曰祖宗見怪，召薩瑪神禳之。薩瑪，巫覡也，其跳神法，薩瑪擊太平鼓作歌，病者親族和之，詞不甚了了，尾聲似曰耶格耶，無分晝夜，聲徹四鄰，薩瑪曰祖宗要馬，則殺馬以祭，要牛則椎牛以祭，至於驪黃牝牡，一

> 如其命，往往有殺無算而病人死，家亦敗者。然續有人病，無牛馬，猶宰山羊以祭，薩瑪之令終不敢違。伊徹滿洲病，亦請薩瑪跳神，而請札林一人爲之相。札林，唱神歌者也，祭以羊鯉用腥，薩瑪降神亦擊鼓，神來則薩瑪無本色，如老虎神來猙獰，媽媽神來則嗅咻，姑娘神來則靦覥，各因所憑而肖之，然後札林跽陳祈神救命意，薩瑪則啜羊血嚼鯉，執刀鎗叉梃，即病者腹上指畫，而默誦之，病亦小愈，然不能必其不死（口云能致病者，豈能凝神定氣故也，故卻病養生之術無他，曰和而安，和則物之感我者輕，安則我之應物者順，神凝氣凝，神住則氣住。）小兒病，其母黎明以杓擊門，大呼兒名曰博德珠，如是七聲，數日病輒愈，謂之叫魂，處處有之。博德珠，家來之謂（註六）。

達呼爾人相信人們生病，是由於祖先神靈見怪，所以延請薩滿跳神驅祟禳災。「伊徹滿洲」，滿語讀如「ice manju」，意即新滿洲。新滿洲患病，亦請薩滿跳神治病。「博德珠」是滿語「boo de jio」的音譯，其原意是「回家來吧！」小兒病，則由薩滿喊魂醫治。「札林」，滿語讀如「jari」，又音譯作「札立」，或「甲立」，是助唱神歌的人，後世習稱薩滿爲大神，而以札立爲二神。嬰兒常因鬼魅作祟患病，多延請薩滿驅除鬼魅。

薩滿跳神驅鬼治病的儀式，多在夜間進行，屋內只能點燃一個小火堆，不准點燈。其程序大體分爲請神、探病、降神、送神等步驟，先請來的是祖先神，如果需要，還可以請來其他神祇。吉林永吉縣舍嶺村的薩滿，又叫做單鼓子，《雞林舊聞錄》有一段記載云：

> 舍嶺村西尤屯附近一帶居民，多屬鑲黃、鑲藍兩旗。常因小兒染病，或燒太平香，以祈禱家中平安，向祖宗及神前

> 許願，于某日某時祭祖燒香。舉辦之前，先須預備豬酒果供，用車請巫者來。通稱之曰「單鼓子」，亦曰「薩瑪」。凡許此願者，事前向神言明，屆時請巫者數人，但至多不過八人，只「至」少亦須六人。第一日，殺豬宰羊，招待來賓。晚間于院內擺長案，神位供設祖宗。巫者一人手持皮鼓，一面擊敲，一面念神歌，餘者亂擊皮鼓，作響聲以助之。眾巫列于神前念歌畢，將神案請于家堂之上。次日（即中間一日，俗稱爲正日子。）除親友贈送禮儀，主人設宴招待外，晚間更爲熱鬧。天將暮時，院內屋中，懸燈結彩，明亮如晝。巫者各穿神衣，戴神帽，腰繫鐵串鈴，擊鼓鳴鑼，以請神主，名曰「請大位」。待神來時，巫者亂跳亂叫，自報神名，用針刺兩腮，以顯其神靈之威。些許退神，再請金花火神、牛神、馬神、虎神、狼神、豹神，繼續再請其他各神，直至天亮而後已（狼神來時爲狼叫，虎神來時爲虎叫。）第三日白晝，照常招待遠近賓客。晚間同樣燃燭明燈，巫者共同擊鼓，請神送鬼。事前先備六、七人爲鬼，屆時扮鬼者，穿鬼衣、戴鬼臉，形若眞鬼，在屋中亂跳亂鬧，由巫者以鼓棒擊之出，直至半夜而後已（註七）。

舍嶺村的旗人相信小兒染病，多因鬼魅作祟，故請薩滿跳神治病。其請神送鬼的方式，主要是由六、七人扮鬼，薩滿用鼓棒追擊惡鬼，逐出屋外。薩滿跳神禳災時，必須穿戴怪異神服，才能產生神秘的氣氛，使神靈附體。《龍沙紀略》記載薩滿跳神驅祟的情景云：

> 降神之巫曰薩滿，帽如兜鍪，緣檐垂五色繒條，長蔽面，繒外懸二小鏡，如兩目狀，著絳布裙。鼓聲闐然，應節而

> 舞。其法之最異者，能舞鳥於室，飛鏡驅祟。又能以鏡治疾，徧體摩之，遇病則陷肉不可拔，一振蕩之，骨節皆鳴，而病去矣。多魅爲嬰孩祟者，形如小犬而黑，潛入土挫，惟巫能見之。巫伏草間，伺其入以氈蒙突，執刀以待，紙封挫門，然燈於外，魅知有備，輒衝氈而出，巫急斬之，嬰頓甦。婦著魅者，面如死色，喃喃如魅語，晝行有小犬前導，巫亦能爲除之。病家束草象人，或似禽鳥狀，擊鼓作厲詞以祭，喧而送之，梟其首於道，曰逐鬼（註八）。

鬼魅畏懼鏡子的反射光線，飛鏡驅祟爲薩滿所普遍使用。鳥神聽命於薩滿，供其驅使，舞鳥於室，以捕捉鬼魅，驅除病人體內的惡靈。鬼魅作祟，可束草人，作成病人的替身，其狀如禽鳥，祭祀後送上路，然後梟首於途，稱爲逐鬼。有的薩滿只用手拿著事先用柴草或紙做成的人形替身，然後用針扎刺，或用火焚燒，口中念著咒語禱詞，這種用草或紙做成的人偶，蒙古語稱爲「卓力格」。由人扮鬼，就是利用人扮演卓力格，讓他穿上病人的衣服，從燒旺的火堆跨過（註九），就能趕走惡鬼。索倫人患病，常認爲是已故親人的鬼魂闖入家中作祟，必須進行供祭和驅祟儀式，由薩滿用葦子紮成男女兩草人，頭部貼上近似臉形的剪紙，放在蒙古包東南角上，下放羊皮一張，薩滿將一碗稜子米撒在病人身上，再撒向草人，口念咒語，據稱可將纏附在病人身上的鬼魂趕到草人身上，使患者康復（註一〇）。崇奉薩滿信仰的各民族，普遍相信將病人身上的惡鬼驅趕到替身的身上，以火焚燒，嫁禍於替身，病人就痊癒了。伴隨著靈魂轉體思想的產生，後來又出現了象徵性的替身，在施行交感巫術時，普遍使用象徵性的替身，例如將病人衣物、指甲、頭髮等予以焚燒，而作爲巫術摧燬的目標（註一一）。

巫術是薩滿信仰的基礎和核心，因此，薩滿就是祓除鬼祟的巫師。吉爾吉斯的薩滿自信能以神術屈服邪惡的鬼祟，與纏附病人的惡魔鬥法時，且歌且嚷，魂靈出竅，追逐惡魔，奔馳於廣大的原野上，回來後鞭打病人，揮舞著刀劍，終於打敗惡魔，病人就痊癒了。赫哲族生了病，相信與神鬼有直接關係，或因曾經有事許願，事後忘記還願，或因婦女身體不潔，有瀆神靈；或因語言不慎，觸犯神怒，因此種種原因，開罪於神靈，於是降災於人，使之罹病，必須請薩滿向神靈求情許願。若病因是由於鬼怪作祟，就要爲病人驅鬼抓魂。赫哲族傳說混同江北岸葛門嘎深的克木土罕成了一個新薩滿後，他所領的薩滿神十分靈驗，常常爲村中病人消災驅祟，醫治疾病，手到病除，遠近馳名。葛門嘎深以西四十里有個蘭尹嘎深，當克木土罕十九歲那一年，蘭尹嘎深有人因妖魔作祟而患病，請求克木土罕醫治。但克木土罕的法器都在家中，他便默誦神歌，不多時，所有法器都飛落在病人院中。克木土罕穿戴整齊，擺設刀山陣、火山陣，與妖魔比武。這天夜晚，那病人上了刀上陣，想再上火山陣時，已被克木土罕用布拉符即薩滿過陰時所用的木杖，將病人劈爲兩段。原來他劈死的不是病人，而是一隻黑熊精假扮了病人的模樣，家人不能分辨，眞正的病人卻躺在很遠的荒野上，已經奄奄一息了，衆人按照克木土罕的指示，在荒郊野外找到了眞正的病人，把病人抬回家後，因爲不再受到妖魔的作祟，便日漸康復了（註一二）。

鄂倫春人跳神驅鬼治病的整個儀式，也在夜晚進行，其程序大同小異，大體分爲請神、探病、招魂、送神四個步驟，由薩滿與札立兩個人共同配合完成。首先由札立將場地清掃乾淨，擺設香案和神像，在地上鋪好神墊。薩滿穿戴神服，左手拿鼓，右手執槌，盤腿閉目坐在神墊上，輕輕地有節奏地邊打鼓邊唱請神曲，隨著由慢到快的鼓聲，開始抖動全身，接著越晃越快，越唱越高，嘴唇哆嗦，薩滿即離開神墊，站起身子，身上的銅鈴、銅鏡互相撞擊，發出響聲，象徵著神靈已經附身。在祖先神請來的諸神中，一旦承認降災於病人時，札立就立即上前祈求這神靈收回法術，好讓病人康復，並詢問這神靈喜歡什麼供品？此時，薩滿便進入無我狀態，腳步飛快地旋轉起來，環視室內各個角落，在黑暗中尋找鬼怪，然後指著某一器物，猛然擊鼓撞鈴，把這個器物視爲惡魔，薩滿便急速作出驅逐動作，並向病人象徵性地砍去，使病魔離去。

錫伯族也認爲人們患病是被惡魔纏身的結果，必須由薩滿來施展法術，以驅趕附在病人身上作祟的惡魔。家宅不寧，災難頻仍時，也請薩滿鎮壓邪氣，使惡鬼不敢作祟。和邦額著《夜談隨錄》一書記述了一段薩滿驅鬼的故事。乾隆年間，北京城內有一個叫做莊壽年的人，因黑狐作祟，病況彌篤，無藥能醫，於是延請鑲白旗蒙古穆薩滿作法驅祟。只見穆薩滿頭戴兜鍪，腰繫金鈴，鼓聲咚咚，口誦神歌，跳神過後，趨步登樓，遂用神叉殺死一黑狐，從此鬼怪消失，病者康復（註一三）。

天是自然物象，是初民社會崇拜的對象之一，最初的祭天，與祭山川日月一樣，是屬於萬物有靈觀念的範疇。北亞各民族的薩滿信仰，對天的崇拜是從大自然崇拜轉化爲天神的信仰，同時使天神的神格逐漸上昇到至高無上的位置，在蒙古社會裡，向來都由薩滿祭天。崇奉薩滿信仰的各民族曾按照方向把天分成若干天，例如爲了禳災除病，就要呼請東南方向的天，叫做「銀白色的天」，同時唱誦祈禱禳災的祭天歌。除春秋火祭外，還有爲個人求吉免災而行的祭天儀式（註一四）。祭星神是薩滿信仰中的一種古老觀念，含有很濃厚的巫術成分。滿族薩滿有祭星神禳災除祟的活動，先由薩滿剪紙人若干個張掛起來，然後對著北斗七星神祈禱，藉七星神的力量，將附在病人身上的惡鬼驅逐，嫁禍於紙人。赫哲族也將北斗七星視爲禳災除病的吉星神。雷神是北亞各民族狩獵、畜牧生產活動的重要保護神，當薩滿魂靈出竅漫遊天界時，保護薩滿魂靈的神祇就是雷鳥，薩滿還能驅遣雷鳥攻擊惡魔。蒙古族遇有雷神擊斃人畜或打中蒙古包時，要請薩滿祭雷神禳災，驅魔避邪。

北方諸民族都崇拜過火神，在日常生活中，火神比其他自然神更受崇敬，他們認爲火是聖潔的象徵，可以去污禳災，袚除不祥。成吉思汗時代蒙古各部的貢品，必須從火上燎過，才能呈送宮中。外國使臣謁見蒙古大汗時，也要從兩堆火中間穿過，他們認爲這樣才能消弭可能帶來的災禍。對於遷徙無常，四處漂泊的游牧民族來說，火永遠起著驅祟禳災和保護族人的作用（註一五）。古代哈薩克人有一種習俗，客人看望病人，必須於進門時跨過火，以免給病人帶來更大的不幸。牲畜發生瘟病時，要在畜圈四周燃起篝火，借助於火神的威力，可以驅趕病魔。當牲畜轉場時，須燃起兩堆篝火，有兩個「巴克斯」站在火堆旁，口誦「驅邪！驅邪！驅除一切邪惡！」同時讓牲畜從火堆中間過去（註一六）。薩滿信仰把火神人格化，祂可以除寒邪，庇護生靈。北亞各民族的火祭習俗，流傳廣泛，頌讚火神的薩滿神詞、神諭、神歌，也佔了很大的比重，他們崇拜的火神神祇，亦極衆多，而且具有濃厚的北方文化特徵，形成獨具特點的崇火習俗的文化傳播圈（註一七）。《多桑蒙古史》有一段記載說：

> 魯不魯乞曾見蒙古教師或巫師居於帝帳之前，約一擲石之遠，守護其車中偶像。此類巫師兼諳星術，知預言日蝕、月蝕，凡日、月之蝕，此輩擊鼓鉦，大呼以禳之。指定吉

日、凶日，人事有事必諮詢之。凡宮廷所用之物，以及貢品，必經此輩以火淨之，此輩得留取若干。兒童之誕生，則召其至，以卜命運。有病者亦延其至而求助於其咒術。脫其欲構陷某人，祇須言某人之疾，蓋因某人厭禳所致。人有諮詢者，此輩則狂舞其鼓而召鬼魔，已而昏迷，僞作神話以答之（註一八）。

在古代蒙古社會生活中，薩滿確實扮演了重要的角色。蒙古薩滿能禳災治病，宮廷器物及進貢物品，都由薩滿火淨消毒，以火神的威力消除污穢邪祟。《金帳汗國興衰史》一書認爲火淨禮是薩滿信仰特有的儀式，原書有一段記載說：

對薩滿教特有的火淨禮，在蒙古人的宗教觀點中也占有特別重要的地位。關於這一點，普蘭·迦兒賓的記載極爲可貴。他寫道：「安置了兩堆火，火旁立兩杆矛，矛尖有繩，繩上繫一些布條，人與牲畜從繩與所繫布片下，從兩堆火之間通過……有兩個婦女。一個從這頭走來，另一個從那頭走來，念著咒，潑著水；倘若那裡恰有大車折裂或有什麼東西掉下來，這些東西就歸巫師所有；倘若有誰爲雷擊斃，那麼停留在那個帳營裡的人都必須以上述方式從火堆間通過。」普蘭·迦兒賓描繪了這幅生動的圖畫後，又在札記的另一處解釋了蒙古人火淨的意義。他寫道：「當領我們到他（拔都—作者注）的宮裡去時，人們告訴我們說，我們皆須從兩堆火中間通過，由於若干理由這是我們所不願做的。但有人對我們說：只管放心走過去吧，我們非要您們從兩堆火中間通過不可，並沒有什麼別的原因，只是因爲倘若您們對我們的主下懷有惡意，或者恰好帶有毒物，火就會將一切惡物帶走（註一九）。」

火淨禮是薩滿信仰的一種特有儀式，外人從兩堆火中間通過，可以帶走毒物，消除惡意。由於火神的威力及火本身的聖潔，火療法就成爲薩滿治療疾病常見的一種民俗醫療方法。

在錫伯族跳神驅祟的儀式中，也含有火療的性質。錫伯族薩滿手持神鼓神矛，從院子大門的房門按相等距離點燃五堆羊糞，薩滿念過禱詞後開始跳神，赤腳從大門到房門的火堆上跳過來，同時還做幾次射擊動作，然後繼續向屋內跳，口中念念有詞，跳進屋內後，將剛過火堆的雙腳踏到臥床的病人肚子上，使原先覆蓋在病人肚子上的黃紙燃燒起來。於是薩滿用酒擦右手臂，把鋒利的鍘刀刃朝手臂放著，右手緊握刀把，讓別人用另一口鍘刀的刀背錘打他手中鍘刀的刀背，連打若干次，然後把鍘刀取下來，薩滿手背上卻沒留下一條刀痕，以顯示薩滿的法術和威力，藉此壓制作祟的邪氣，並驅趕魔鬼（註二〇）。錫伯族薩滿以雙腳踩踏火堆，然後踏在病人肚子上，使黃紙燃燒起來，就是一種火療法，可以驅除邪祟。

在古代亞古德人的地區，常見的疾病主要是神經方面的歇斯底里，精神錯亂，痙攣、舞蹈病等被稱爲「亞古德症」的各種疾病，當地的薩滿有醫治「亞古德症」的特殊方法。此外，如不孕症、產褥熱、婦女病、腫痛、頭疼、眼疾、傷痛等生理方面的疾病，也能治療。其中火療法是最常見的方法之一，例如手指頭腫痛生膿，薩滿就認爲是惡魔附身引起的。爲了要使惡魔離去，薩滿常用炭火燒烤指頭，當膿腫的指頭「噗嘶」一聲突然地破裂時，病人很高興，認爲惡魔已經離開了指頭，不久以後果眞康復了。在布里亞特人的社會裡，薩滿治病時，一隻腳站在地面的石板上，另一隻腳揉擦燒紅的道具，然後把腳來回數次的放在病人的患部治療（註二一）。

陳宗振等撰〈裕固族中的薩滿—祀公子〉一文指出，以燒紅鐵器治病，是薩滿治病的一種巫術，一九一五年，馬洛夫在新疆阿克蘇地方見到了薩滿治病的儀式，他親眼目睹薩滿的兒子代替了病人，摸著旗子祈禱，並且擦了臉。薩滿赤著腳踩踏通紅的鐵十五次，然後用腳去碰病人，然後扶著病人走到一邊去，薩滿自己繼續主持儀式。薩滿嘴裡叼著刀回到旗子旁邊來，把刀往病人的眼睛、脖子和肚子裡插，用短劍打病人，這時薩滿從熾熱的火裡拿來一塊燒紅的鐵，用舌頭舔這鐵塊幾次，每舔一次，就吹一下病人。恩・潘圖索夫也提到塔蘭奇人的薩滿把燒紅的七塊鐵放到水裡，用這水的蒸氣使病人出汗以後，沖一下一塊龜殼，再用這水來給病人洗澡（註二二）。

薩滿治病的範圍很廣，例如女人婚後不育，薩滿常認定是她的靈魂已與鬼魂同居，故此不能生育，薩滿即令女人跪在地上進行追問，被迫承認與鬼魂同居，並表示決心悔改，方能罷休。赫哲族的薩滿，除了醫治精神方面的疾病外，至於其他的疾病如天花、疹子、水痘等等，也有能兼看這些疾病的薩滿。隨著社會的發展，薩滿內部開始分化，出現了專職薩滿，薩滿的活動範圍逐漸縮小，其治病範圍，也只限於精神方面的疾病。

第二節　薩滿與過陰收魂

靈魂不滅是薩滿信仰靈魂觀的基礎，薩滿相信人是由軀體與靈魂兩部分構成的，靈魂寄寓於軀體之中。薩滿信仰認爲人雖然死去，但是他們的靈魂並不死，而且靈魂是以看不見的形式與人們一起生活。靈魂可以離開軀體外出游蕩，靈魂離去，軀體就死亡，靈魂復歸，人就死而復生。但軀體腐爛或被燬壞，靈魂就不能附體還陽了。滿族神話傳說《白鷹》講述的就是靈魂外出游蕩，歸來時軀體不復存在的一個故事。大意說薩滿靈魂離開軀殼前告訴家人七天內歸來，靈走人亡，到了第七天，軀體被焚化，一隻鷹飛來，在火堆上盤旋，欲奪軀體未成，這隻鷹就是薩滿的靈魂，由於歸來晚了，無體可附，只得飛走了（註二三）。

薩滿信仰雖然是一種複雜的文化現象，惟就薩滿本身所扮演的角色而言，薩滿可以說是醫治病人及護送魂靈的術士，當薩滿跳神作法進入催眠狀態達到魂靈出竅的程度後，或過陰進入冥府，或上昇天界，而將病人的魂靈帶回人間，附體還陽，最後薩滿精疲力盡，彷彿從睡夢中甦醒過來，而達成了治療病人的任務。薩滿魂靈出竅的法術，是薩滿信仰的一種巫術特質，也是薩滿信仰與其他法術宗教相異之處。這種薩滿信仰的特有表現，可以從通古斯族或北亞諸民族流傳的薩滿故事裡找到最具體的例子。

滿族、索倫族、鄂倫春族、赫哲族、達呼爾族等民族，從古代以來就流傳著薩滿過陰追魂的故事，其中《尼山薩滿傳》，或《尼山薩滿故事》，就是以北亞部族的薩滿信仰觀念為基礎的文學作品，故事中所述薩滿過陰收魂的過程較為完整。到目前為止，已經發現的六種《尼山薩滿傳》，都是用滿文記錄下來的手稿本。關於滿文手稿本的發現經過，成百仁譯註《滿洲薩滿神歌》序文（註二四），莊吉發撰〈談「尼山薩蠻傳」的滿文手稿本〉一文（註二五），曾作過簡單介紹。季永海撰〈《尼山薩滿》的版本及其價值〉一文（註二六），作了較詳盡的說明。

俄羅斯滿洲文學教授格勒本茲可夫（A.V.Greben čikov）從史密德（P.P.Šmidt）處獲悉有《尼山薩滿傳》手稿後，即前往滿洲地方尋覓，他在數年內先後得到了三種手稿本。光緒三十四年（一九〇八），他從齊齊哈爾東北部一個村中的滿族能德山青克哩（nendešan cinkeri）處獲得第一種手稿本，可以稱爲齊齊哈爾本，計一本，共二十三葉，每葉五行，縱一七公分，橫八·三公分。封面滿文爲「badarangga doro i gosin ilaci aniya boji bithe nitsan tsaman bithe emu debtelin」，意即「光緒三十三年合約尼山薩滿一本」。格勒本茲可夫將手稿本各葉裝裱在大型的白紙上，以便保存。齊齊哈爾手稿本的第一個特點是敘述簡單，缺少描寫成分，故事內容是從出外打圍的奴僕向員外帶回其子死訊開始，而以尼山薩滿向冥府蒙古勒代舅舅爲員外的兒子爭取壽限爲終結；第二個特點是滿文單語的使用方法，與一般滿文的習慣不同，有時可將動詞的現在式、過去式及副動詞的語尾，脫離動詞的語幹，而且將許多滿語詞分音節書寫。

宣統元年（一九〇九），格勒本茲可夫又在璦琿城，從滿族德新格（desinge）手中得到二本手稿本，可以稱爲璦琿甲本及璦琿乙本，縱二四公分，橫二一·五公分，都是殘本。甲本，三十三葉，每葉十二行。封面滿文爲「yasen saman i bithe emu debtelin」，意即「亞森薩滿傳一本」，最後一葉滿文爲「gehungge yoso sucungga aniya juwe biya i orin emu de arame wajiha」，意即「宣統元年二月二十一日寫完」。故事內容是以員外的兒子在野外身故上擔架回家爲開端，文筆流暢，在滿文方面，更接近口語，書中禱詞，與其他手稿本不同，引人注目。乙本，十八葉，每葉十一行。封面滿文爲「nitsan saman i bithe jai debtelin」，意即「尼山薩滿第二本」。扉葉上有墨筆所繪穿著完整神服的尼山薩滿畫像。最後一葉滿文爲「gehungge yoso sucungga aniya ninggun biya i orin nadan inenggi de arame wajiha bithe」，意即「宣統元年六月二十七日寫完之書」。故事內容以女薩滿被判死刑而告終。敘事簡略，且欠流暢。

民國二年（一九一三），格勒本茲可夫在海參崴從一個教授滿文的滿族德克登額（Dekdengge）那裡得到第三種手稿本，德克登額在海參崴（Vladivostok）期間，就記憶所及書寫成稿後交給格勒本茲可夫，可稱爲海參崴本，計九十三葉，每葉縱二一·八公分，橫七公分。以墨色油布爲封面，是一種西式裝本。封面居中以滿文書明「nišan saman i bithe emu debtelin」，意即「尼山薩滿傳一本」；右方有贈送者德克登額所寫的滿文「tacibukū ge looye ningge」，意即「教授格老爺的」；左方有以鉛筆書寫的俄文「Vladivostok,1913」，意即「海參崴，一九一三」。海參崴本是格勒本茲可夫所獲手稿中最爲完整的一種。一九六一年，俄人M·沃爾科娃以《尼山薩滿故事的傳說》爲題，作爲《東方文獻小叢書》之七，在莫斯科出版。全書分爲序言、手稿影印、斯拉夫字母轉寫，俄文譯文和註釋等部分，此書出版後，在國際滿學界及阿爾泰學界，都引起重視，先後將滿文故事譯成德語、朝鮮語、意大利語、英語、漢語、日語等多種文字。

五十年代，中國大陸進行民族調查期間，曾於一九五八年左右在遼寧省滿族聚居地區發現一本滿文手稿本，後來一直由北京中國社會科學院民族研究所圖書館典藏，可以稱爲遼寧本。該書縱二二分分，橫一七·二公分，共二十六葉，每葉十二或十四行。此手稿本由季永海、趙志忠在《滿語研究》，一九八八年，第二期上發表，分爲前言、漢語譯文、原文羅馬字轉寫漢字對譯及註釋等部分。

斯塔里科夫是研究我國東北民族的俄國學者，他於一九五七年和一九六五年先後兩次到東北，獲得滿文手稿本一本，可稱爲斯塔里科夫本，全書共二十九葉，每葉十一行，封面滿文爲「nisan saman i bithe damu emu debtelin」，意即「尼山薩滿傳僅一本」。斯塔里科夫去世後，由列寧格勒國立薩勒底科夫—謝德林圖書館收購。一九九二年，雅洪托夫將此手稿作爲《滿族民間文學》系列叢書第一本，題爲《尼山薩滿研究》，由聖彼得堡東方學中心刊行。全書分前言、原稿本影印、羅馬字母轉寫、俄文譯文、參考資料等部分。

除以上先後發現的滿文手稿本外，有關薩滿過陰的故事，還在東北各民族的社會裡廣爲流傳，經學者調查公佈的，例如赫哲族的《一新薩滿》（凌純聲著《松花江下游的赫哲族》，南京，民國二十三年）；索倫族的《尼桑薩滿》（呂光天著《鄂溫克族民間故事》，內蒙古人民出版社，一九八四年）；達呼爾族的《尼桑薩滿》（薩音塔那著《達斡爾族民間故事選》，內蒙古人民出版社，一九八七年）；滿族《女丹薩滿的故事》（金啓孮著《滿族的歷史與生活》，黑龍江人民出版社，一九八一年）；烏拉熙春譯著《女丹薩滿》（《滿族古神話》，內蒙古人民出版社，一九八七年）等等，對探討薩滿過陰收魂的問題，提供了珍貴的資料。

海參崴本《尼山薩滿傳》滿文手稿，對薩滿魂靈出竅，過陰收魂的情節，描寫細膩。原書敘述從前明朝的時候，住在羅洛村的巴勒杜．巴彥員外，中年時，生下一子，十五歲時，在前往橫浪山打圍途中病故。員中夫婦行善修廟，拜佛求神，幫助窮人，救濟孤寡。上天憐憫，五十歲時，生下一子，命名爲色爾古岱．費揚古，愛如東珠。到十五歲時，色爾古岱．費揚古帶領著阿哈勒濟、巴哈勒濟等衆奴僕前往南山行獵，拋鷹嗾狗，到處追逐，射箭的射箭，槍扎的槍扎，正在興致勃勃的時候，色爾古岱．費揚古忽然全身冰冷，一會兒又發高燒，頭昏病重。奴僕們趕緊收了圍，砍伐山木，做成抬架，輪流扛抬小主人，向家裡飛也似地奔走。色爾古岱・費揚古牙關緊閉，兩眼直瞪，突然氣絕身亡。員外據報後，頭頂上就像雷鳴，叫了一聲「愛子呀！」他就仰面跌倒了。夫人眼前好像劃過一道閃電，四肢癱瘓，叫了一聲「娘的兒呀！」也昏到在員外的身上。當衆人正在號啕大哭，趕辦喪事時，門口來了一個彎腰駝背的老翁指點員外前往尼西海河岸請薩滿救治色爾古岱・費揚古。說完，坐上五彩雲霞昇空而去了。

尼山薩滿洗了眼臉，擺設香案，右手拿著手鼓，左手盤繞鼓槌，開始跳神作法，傳達神諭，說出色爾古岱・費揚古在南山打圍時，殺了許多野獸，閻王爺差遣了鬼把他的眞魂捉到冥府去，所以得病死了。員外回家後，差遣阿哈勒濟等奴僕帶著轎、車、馬去迎接尼山薩滿，將神櫃等分裝三車，尼山薩滿坐在轎子上，八個少年抬著轎向員外家飛奔而來，並請來助唱神歌的札立納哩費揚古。尼山薩滿穿戴了神衣、神裙、神鈴、神帽，跳神作法，請神附體，並向員外要了一隻和色爾古岱・費揚古同日生的狗，綁了腳，一隻三歲大的公雞，拴了頭，一百塊的老醬，一百把的紙錢，預備攜帶到死國去。尼山薩滿進入催眠狀態，魂靈出竅，牽著雞、狗，扛著醬、紙，獸神跑著，鳥神飛著，走向死國去，來到一條河的渡口，由鼻歪、耳殘、頭禿、腳瘸、手蹩的人撐著獨木舟，到了對岸，尼山薩滿送給船夫三塊醬、三把紙，作爲謝禮。不久來到紅河岸渡口，因無渡船，尼山薩滿唱著神歌，把神鼓拋到河裡，站在上面，像旋風似地轉瞬間渡過了河，留給河主醬、紙。一路上走得很急促，通過兩道關口，照例各致贈醬、紙謝禮。第三道關口由蒙古勒代舅舅把守，尼山薩滿責備他不該把壽限未到的色爾古岱・費揚古的眞魂偷來死國。蒙古勒代舅舅說明閻王爺已把色爾古岱・費揚古當做養子，不能交還。尼山薩滿逕往閻王城，因護城門已經關閉，圍牆又十分堅固，她就唱起神歌，一隻大鳥飛進城內抓走了色爾古岱．費揚古。閻王爺大為生氣，責令蒙古勒代舅舅去追回色爾古岱．費揚古，不讓尼山薩滿平白地把色爾古岱．費揚古帶走。經過一番爭論，尼山薩滿答應加倍致贈醬、紙。因閻王爺沒有打圍的獵犬，夜晚沒有啼曉的公雞，蒙古勒代舅舅請求尼山薩滿把帶來的公雞、狗留下，蒙古勒代舅舅也答應增加色爾古岱．費揚古的壽限，經過一番討價還價後，增加到九十歲。

尼山薩滿牽著色爾古岱．費揚古的手往回走，途中遇到死去多年的丈夫燒油鍋阻攔，要求附體還陽。因丈夫的骨肉已糜爛，筋脈已斷，不能救治，但他不能寬恕妻子，一隻大鶴神抓起她的丈夫拋到酆都城裡。尼山薩滿帶著色爾古岱．費揚古像旋風似的奔跑，途中拜見了子孫娘娘，參觀了黑霧瀰漫的酆都城，目睹惡犬村、明鏡山、暗鏡峰惡鬼哭號及善惡賞罰的種種酷刑。最後沿著原路回到員外巴勒杜．巴彥的家裡，尼山薩滿醒過來後把收回的眞魂放入色爾古岱．費揚古的軀體裡。過了一會兒，色爾古岱．費揚古就活過來了，好像睡了一大覺，做了好長的夢。衆人都很高興，員外拍掌笑了（註二七）。

遼寧本《尼山薩滿》滿文手稿的內容，無論是人名、地名，或情節，都很相近，可以說是同一個故事的不同手稿，以致各情節的詳略，彼此稍有不同。例如尼山薩滿魂靈出竅過陰到冥府，海參崴本說首先來到了一條河的岸邊，遼寧本則謂首先到了望鄉台，尼山薩滿問道：「這是什麼地方？人為什麼這麼多？」神祇們說：「這是剛死的人望陽間的地方。」尼山薩滿領著衆神前進，海參崴本說走了不久，到了紅河岸，遼寧本則謂走到三岔路，尼山薩滿問道：「這裡有三條路，從哪一條追呀？」鬼祟們說：「東邊這條路有放置障礙的山峰和壕溝，已經死了的靈魂走這條路。

正直無邪的走中間這條路。西邊這條路就是帶費揚古去娘娘那兒的必經之路。」尼山薩滿向前走去，不一會兒，來到了紅河岸邊。蒙古勒代舅舅奉閻王之命追趕尼山薩滿，雙方爭執，討價還價的經過，遼寧本殘缺。尼山薩滿拜見子孫娘娘後所見到的酷刑，各種手稿本不盡相同，海參崴本對酆都城、惡犬村的情景，東、四廂房的刑罰，描繪頗詳，遼寧本則在子孫娘娘的地方看到各種酷刑，講解刑律的就是娘娘本人，譬如尼山薩滿問道：「娘娘，那一對夫妻蓋著單衣，為什麼還熱得直打滾呢？」娘娘說：「那是你們陽間的人，如果丈夫給妻子現了眼，妻子給丈夫丟了臉，死後蓋上單衣還熱。」尼山薩滿又問：「娘娘，那一對夫妻蓋著夾被，為什麼還凍得打戰呢？」娘娘說：「那是你們陽間的人，丈夫不喜歡自己的妻子，同其他漂亮的女人行姦；妻子背著丈夫，同別人隨心所欲，他們死後蓋上夾被也冷得不行。」尼山薩滿又問：「娘娘，為什麼把那個人從腰筋鉤住，正要出去呢？」娘娘說：「那是你們陽間的人，對待財物貪得無厭，給別人東西用斗小上加小；從別人那兒拿東西用斗大上加大，所他們的壽限一到，就用這種刑。」尼山薩滿又問：「為什麼讓那一群人頭頂石頭往山上送？」娘娘說：「這些人上山時，將木頭、石頭往下滾，把山神的頭破壞了。所以他們死後，就讓他們把滾下來的木頭、石頭往山上送。承受不了這種刑的人，只好在那兒呼天叫地。」尼山薩滿又問：「娘娘，為什麼搜這一群人的衣服，要將他們放在盛滿油的鍋中殺死呢？」娘娘說：「這是你們陽間的黑心人，想得到金銀便起了歹心，將別人的嘴堵上無聲地殺死，然後得到金銀，所以他們死後就用這種刑。」尼山薩滿還看到一群婦女因厭惡自己的丈夫，跟親近的人行姦，死後用蛇盤住咬傷的刑罰，其他刑罰，遼寧本殘缺。大致而言，海參崴本的地獄刑罰，佛、道成分較濃厚，草原氣息淡薄；遼寧所本的冥府刑罰，草原氣息較濃厚，佛、道成分較淡薄。色爾古岱·費揚古還陽後，海參崴本未提及他的婚禮，遼寧本敘述色爾古岱·費揚古娶親設宴的情景，頗爲生動，並交待色爾古岱·費揚古所生子孫都活到九十歲，歷世爲官，富貴永存作爲故事的結束（註二八）。海參崴本則以尼山薩滿的婆婆入京控告，朝廷下令取締薩滿信仰，告誡世人不可效法作爲故事的結束。遼寧本雖然有空頁脫文，但仍不失爲一部比較完整的滿文手稿本，有些情節是海參崴本所沒有的。

我國東北各民族長期以來就流傳著許多薩滿故事，凌純聲搜集的故事，包括《一新薩滿》、《那翁巴爾君薩滿》等，都是赫哲族口頭傳下來的薩滿故事。其中《一新薩滿》的故事，與《尼山薩滿傳》滿文手稿本的內容，大同小異，對薩滿過陰追魂的研究，同樣提供了很珍貴的資料。《一新薩滿》故事的大意是說當明末清初的時候，在三姓東面五、六十里，有一個祿祿嘎深，屯中住著一家富戶，名叫巴爾道巴彥，娶妻盧耶勒氏。夫妻生平樂善好施，信神敬仙。二人年近四十，膝下缺少兒女，恐無後嗣承繼香煙，因此，更加虔誠行善，常祝禱天地神明，求賜一子。果然在盧耶勒氏四十五歲時生下一對男孩，大兒子取名斯勒福羊古，小兒子取名斯爾胡德福羊古。到七、八歲的時候，開始學習弓箭刀槍。到了十五歲，時常帶領家人在本屯附近打獵。因野獸一天少一天，兄弟二人請求父母准許他們到正南方百里外的赫連山去打圍。

兄弟二人帶領衆奴僕走了一天，到達赫連山境界，紮下帳房。次日，天氣晴和，衆人到山林打圍，滿載而歸，走到距離紮營三里的地方，從西南方忽然來了一陣大旋風，就在斯勒福羊古兄弟二人馬前馬後轉了兩三個圈子，仍往西南方去了。說也奇怪，兄弟二人同時打了一個寒噤，面色如土，覺得昏迷，日落天黑後，病情更加沉重，衆人急忙做了兩個抬板，八個人連夜把小主人抬回家，走了二十餘里，斯勒福羊古已氣絕而死。東方發白的時候，小主人斯爾胡德福羊古面如金紙，瞪眼不語，也氣絕病故了。

巴爾道巴彥夫婦知道兩個兒子突然相繼身亡後，都頓時昏倒，不省人事。當家中忙著預備馬匹爲二位小主人過火及祭品時，門外來了一個乞丐模樣的老頭兒。巴爾道巴彥吩咐叫老頭隨意吃喝，老頭兒指點員外前往西面五十里泥什海河東岸請一新薩滿來過陰捉魂，否則再過幾天屍體腐爛，就難救活了。巴爾道巴彥騎著快馬找到了一新薩滿，請求救治兩個兒子。一新薩滿答應先請神下山查明兩個兒子的死因，於是拿過一盆潔淨的清水，把臉洗淨。在西炕上擺設香案，左手拿神鼓，右手拿鼓鞭，口中喃喃念咒，跳神作法，神靈附身，口中唱道：「巴爾道巴彥聽著，你那大兒子斯勒福羊古因註定壽數已到，萬無回生之理。不過你那次子斯爾胡德福羊古如果請來有本領的薩滿，依賴神力過陰，急速找尋他的眞魂，攝回陽間，叫他附在原身，就能復活。」巴爾道巴彥聽說次子還有回生的希望，再向一新薩滿跪下叩頭，苦苦哀求。一新薩滿只得允諾，令巴爾道巴彥把薩滿作法所用的神鼓、神帽、神裙等件，用皮口袋裝好送到車上，迅速趕路。

不多時，一新薩滿來到祿祿嘎深，盧耶勒氏來到一新薩滿面前跪倒，號啕大哭。一新薩滿轉達神諭，大兒子斯勒福羊古是依爾木汗註定他在十五歲時歸陰，兩個兒子在赫連山得病的日子，鬼頭德那克楚領著依爾木汗的命令捉拿斯勒福羊古的眞魂，用旋風來到赫連山，看見兄弟兩個容貌完全一樣，分不出那一個是斯勒福羊古，便把兄弟二人的眞魂一齊捉回陰間，先領到自己的家中，將斯爾胡德羊古的眞魂留在家中，當作親生的兒子，然後帶領斯勒福羊古到依爾木汗的面前交差。一新薩滿答應過陰捉魂，三天以內叫他附體還陽，起死回生。

一新薩滿在巴爾道巴彥家中舉行過陰捉魂儀式，在院中擺上香案，上面放著香爐，親自焚燒僧其勒，打開皮口袋，穿戴神帽、神衣、神裙、腰鈴，手拿神鼓，就在院中跳起舞來，神靈附身後問道：「爲何事請我們衆神到此？」助唱神歌的三個札立對答了幾句話後，衆神見這三個札立全然不通神理，便不再問了。尼山薩滿又從竹布根嘎深請來熟通神理札立那林福羊古，重新降神作法，不多時，神靈附體，一新薩滿繞著香案，四面跳起舞來，那林福羊古也手拿神鼓，助唱神歌，對答如流，並令巴爾道巴顏預備板床一張，公雞兩對，黃狗一隻，黑狗一隻，醬十斤，鹽十斤，紙箔百疋，將雞犬殺了，和醬紙一併焚燒，給薩滿過陰時帶到陰間贈送禮物使用。這時一新薩滿躺倒在地，就像死人一般，過陰去了，那林福羊古急忙把一新薩滿抬到臥床上面，用白布蓋好她的身體，另用大布棚在上面遮蔽著日光，差人看守，那林福羊古自己也不遠離。

一新薩滿過陰後，吩咐衆神，攜帶各種物品，並令愛米神在前頭引路，往西南大路前進。不多時，到了一座高山，叫做臥德爾喀阿林，就是望鄉台，凡人死後到此山頂，才知道自己已死。一新薩滿一路上由衆神前後左右護衛著，走了一會兒，眼前有一條貫通南北的大河，因無船隻，一新薩滿把神鼓拋在河中，立時變成一隻小船，她和衆神一齊上了船，飄飄蕩蕩的渡到西岸。一新薩收起神鼓，再向西南大路走去，尚未走出一里路，路旁有一個夜宿處，從裡面出來一人擋住去路，此人就是一新薩滿三年前病故丈夫德巴庫阿，強逼一新薩滿救他還陽。因德巴庫阿的屍體早1已腐爛，無法救活，但他怒氣沖天，不肯讓一新薩滿通過，一新薩滿只好騙他坐在神鼓上，令愛新布克春神把他丟到陰山後面。

一新薩滿繼續向西南大道而去，經過鬼門關，渡過紅河，才到依爾木汗的城池，這城周圍有三道城牆，進城時要經過關門三道，各有門官把守，到了第三道門，一新薩滿搖身一變，變成一隻闊里即神鷹，騰空而起，飛進城內，到了德那克楚的房子上面，找到了斯爾胡德福羊古，讓他坐在背上，飛到第三道門外，變回原形，帶領斯爾胡德福羊古照舊路回去，途中遭到德那克楚阻攔，一新薩滿責備他私養斯爾胡德福羊古的眞魂，要上殿見依爾木汗，按照法律治罪。德那克楚恐事情敗露，不但有擅專的罪名，並且有遭抄家的災難，於是請求一新薩滿不再追究。德那克楚也答應增加斯爾胡德福羊古的壽限，由原有的五十八歲，添上三十歲，共有八十八歲，一新薩滿也把帶來的雞狗醬鹽紙錢等物都送給了德那克楚。

一新薩滿領著斯爾胡德福羊古的眞魂和衆神歡歡喜喜地奔向祿祿嘎深巴爾道巴彥的院中，把斯爾胡德福羊古的眞魂推進他的屍體裡面，使魂附體，自己也隨後撲入原身，不多時，就還陽了，漸漸有了呼吸，那林福羊古急忙令人焚香，自己擊鼓，口中不停地念誦還陽咒語。過了一會兒，一新薩滿翻身坐起來，到香案前喝了三口淨水，繞著斯爾胡德福羊古屍首打鼓跳舞，口中唱著還陽神歌，那林福羊古跟隨敲鼓助唱。過了片刻，斯爾胡德福羊古徐徐的吸氣，聲音漸漸大起來，左右手腳齊動，隨後翻身坐在床上，睜眼往四面觀看，心裡只覺好像做了一場大夢似的（註二九）。

《一新薩滿》與《尼山薩滿傳》的內容，無論是故事發生的時間、地點或人物，都大同小異。《一新薩滿》開端就說到故事發生於明末清初，《尼山薩滿傳》也說是在明朝的時候；《一新薩滿》所說祿祿嗄深的巴爾道巴彥，就是《尼山薩滿傳》中羅洛村（lolo gašan）的員外巴勒杜·巴彥（baldu bayan），都是同音異譯。在薩滿信仰的後期，常見有善惡果報的故事。《一新薩滿》敘述巴爾道巴彥夫婦樂善好施，信神敬仙，祝禱天地，求賜子嗣，果然在妻子盧耶勒氏四十五歲時生下一對男孩，大兒子取名斯勒福羊古，小兒子取名斯爾胡德福羊古，十五歲時，到赫連山去打圍。《尼山薩滿傳》未提及長子名字，但說大兒子於十五歲時到橫浪山打圍身故，員外五十歲時又生下小兒子色爾古岱·費揚古，並非雙胞胎。故事的「赫連山」，就是滿文手稿本「橫浪山」（heng lang šan alin）的同音異譯；「斯爾胡德福羊古」，即「色爾古岱·費揚古」（sergudai fiyanggo）的同音異譯；奴僕「阿哈金」、「巴哈金」，即「阿哈勒濟」（ahalji）、「巴哈勒濟」（bahalji）的同音異譯。《一新薩滿》敘述雙胞胎斯勒福羊古和斯爾胡德福羊古兄弟二人都在十五歲時打圍同時身故；《尼山薩滿傳》則說員外大兒子在十五歲時行圍身故，後來生下小兒子色爾古岱·費揚古，也在十五歲時行圍身故，兄弟二人並非雙胞胎，但都在十五歲時身故，兩個故事內容很類似。《一新薩滿》和《尼山薩滿傳》都有神仙指點員外請求薩滿爲兒子過陰追魂的情節，而且都很生動，也很神奇。

關於員外兩個兒子的死因，兩個故事的敘述，略有不同。《一新薩滿》敘述員外大兒子斯勒福羊古壽限已到，回生乏術，依爾木汗差遣鬼頭德那克楚前往赫連山捉拿其魂。因雙胞胎兄弟二人容貌相似，無法分辨，而把兄弟二人的眞魂一齊捉到陰間，將大兒子斯勒福羊古交給依爾木汗，而把斯爾胡德福羊古留在自己的家中，當作親生兒子。《尼山薩滿傳》敘述員外在二十五歲時所生的大兒子在十五歲時到橫浪山打圍時，庫穆路鬼把他的眞魂捉食而死了。員外五十歲時所生的小兒子色爾古岱·費揚古在十五歲時到橫浪山打圍時因殺了許多野獸，閻王爺差遣蒙古勒代舅舅捉了他的魂，帶到死國，當作自己的兒子慈養著。小兒子色爾古岱·費揚古的眞魂被捉到陰間的原委，兩個故事的敘述，不盡相同。

一新薩滿和尼山薩滿過陰進入冥府所走的路線及所遇到的情景，也略有不同。《一新薩滿》敘述一新薩滿領著衆神渡過貫通南北的一條大河後，即向西南大路走去，尙未走出一里，就遇到三年前死去的丈夫德巴庫阿，抓住她的衣襟，要求把他的魂追回陽世。但因他的身體早已腐爛，無法還陽。他聽到不能復活的話，愈加怒氣沖天，緊緊拉住一新薩滿的衣襟，不放他通過，而被一新薩滿拋下陰山後面。《尼山薩滿傳》中的尼山薩滿是從死國的歸途中遇到丈夫用高粱草燒滾了油鍋等候妻子，經過一番爭辯後，尼山薩滿令大鶴神把丈夫抓起來拋到酆都城了。

《一新薩滿》、《尼山薩滿傳》對薩滿與德那克楚或蒙古勒代舅舅爲色爾古岱·費揚古或斯爾胡德福羊古要求增加壽限而討價還價的描寫，都很生動。《尼山薩滿傳》對贈送雞、狗的描寫，更是細膩。滿文手稿的敘述如下：

> 尼山薩滿道謝說：蒙古勒代舅舅，你如此盡心封贈，把雞和狗都給你了，呼叫雞時喊「阿什」；呼叫狗時喊「綽」。蒙古勒代道了謝，非常高興，帶著雞和狗等行走時，心想喊著試試看，把兩個都放了，「阿什」、「阿什」、「綽」、「綽」地喊叫著，雞和狗都往回走，追趕尼山薩滿去了。蒙古勒代害怕了，拚命地跑去找，張口大喘地央求說：薩滿格格爲什麼開玩笑呢？請不要哄騙吧！若不把這兩樣東西帶去，實在不可以。王爺責怪我時，我如何受得了呢？

這樣再三懇求，尼山薩滿笑著說道：開一點玩笑，以後好好地記住，我告訴你，呼叫雞喊：「咕咕！」呼叫狗喊：「哦哩！哦哩！」蒙古勒代說道：格格開了一點玩笑，我卻出了一身大汗。按照薩滿告訴的話喊叫時，雞和狗都圍繞著蒙古勒代的身邊，搖頭擺尾地跟著去了（註三〇）。

薩滿魂靈出竅過陰以後，其個性依然如故，在地府的魂靈，仍然保留生前的特徵，尼山薩滿在陰間與鬼頭蒙古勒代舅舅的玩笑，確實描寫細膩。《尼山薩滿傳》對地獄種種酷刑的敘述，更是詳盡，而《一新薩滿》則未提及。比較尼山薩滿和一新薩滿這兩個故事後，可以發現這兩個故事的內容，確實詳略不同。其中最大的不同是：《一新薩滿》所述員外的兩個兒子是一對雙生子，在十五歲同時出外打圍，同時得到同樣的病症而死亡；《尼山薩滿傳》所述員外的兩個兒子年齡不同，但都在十五歲時打圍得病身故。至於故事中的人名及地名，或因方言的差異，或因譯音的不同，以致略有出入，但就故事的背景及情節而言，卻都很相近，可以說是同出一源的故事，也是探討薩滿過陰追魂最具體的珍貴資料。

從《尼山薩滿傳》、《一新薩滿》等故事的敘述，可以了解北亞各民族多相信人們的患病，主要是起因於鬼祟爲厲，倘若惡鬼捉食了人們的眞魂，則其人必死。薩滿作法過陰，只限於軀體尚未腐爛的病人，才肯醫治，而且被捕去的魂靈也僅限於冥府所能找到壽限未到者，始能倚靠薩滿的法術令其附體還魂，不同於借屍還魂的傳說。從薩滿降神作法的儀式，可以了解其信仰儀式是屬於一種原始的跳神儀式。薩滿口誦祝詞，手擊神鼓，腰繫神鈴，札立助唱神歌，音調配合，舞之蹈之，身體開始擅抖，神靈附身，薩滿即開始喋喋地代神說話，傳達神諭。薩滿魂靈出竅也是經過跳神的儀式進行的，當神靈附身及魂靈出竅時，薩滿軀體即進入一種昏迷狀態，停止呼吸。其魂靈開始進入地府，領著衆神，渡河過關，在陰間到處尋找死者的眞魂，最後帶回陽間，推入本體內，病人復活痊癒。薩滿的精神異狀，或反常因素，使宗教心理學家及宗教歷史學者在探討薩滿信仰的起源時，都感到極大的興趣（註三一）。賀靈撰〈錫伯族《薩滿歌》與滿族《尼山薩滿》〉一文已指出《尼山薩滿》和《薩滿歌》在展現薩滿信仰儀式過程中，都反映了滿、錫兩族同時代的民間巫術，爲研究北方民族及其他崇奉薩滿信仰的國內外民間巫術的產生、發展和消失，提供了非常珍貴的資料。薩滿巫術作爲具有薩滿信仰的原始民族特有的精神狀態，隨著薩滿信仰的形成、發展而形成、發展。《尼山薩滿》和《薩滿歌》在反映滿、錫兩族巫術精神方面，可謂淋漓盡致。通過這兩部作品，可以清楚地認識巫術的本質，巫術精神在北方游牧狩獵民族中發展的特點，巫術精神和薩滿信仰的關係，以及巫術在藝術中的表現形式等。總之，從這兩部作品中可以看出，巫術是薩滿信仰得以長期存在的重要條件，也是廣大群衆之所以長期崇奉薩滿信仰的重要因素（註三二）。

第三節　薩滿與祭祀祈福

在古代的時候，國家的大事，是祀與戎，祭祀與征伐，皆見諸中外歷史，在北亞草原族群的漁獵社會裡，祭祀更是重要的信仰儀式。爲避免鬼魔作崇，奉獻供品，祈求祝禱，可使鬼魔或神靈得到滿足，不致使人生病，亦可減輕災禍。祭祀時，多由薩滿充當祭司，念誦祝詞，薩滿跳神作法的功能，主要是爲族人祭祀神祇，禳災祈福，祈求豐收。

赫哲族在每季出外行圍打獵之前，或狩獵回家，多舉行家祭謝神，所祭的神靈很多，祖宗都在祭祀之列，將諸神像供在西炕上，焚香獻酒，家中的男子自尊長以至小輩依次跪列地下，由薩滿祝告神靈，擊神鼓，唱神歌。赫哲族除了薩滿、阿哈瑪法能通神鬼之外，還有專主祈禱的佛日朗，看香頭的伊車冷，上卦看病的八車冷，上卦占卜的杭阿朗，其中以佛日朗尤爲重要。赫哲族除了家祭外，還要舉行祭天神、祭吉星神的盛大祀典，由佛日朗擔任專主祈禱的儀式。

天神是赫哲族最尊敬的神祇，常供奉在神樹上。他們相信凡有特異徵兆或特異形狀的大樹木，都有天神棲附在樹上，而在這種神樹近根的樹榦上，雕刻一個人面形，作爲天神。至於供在廟中的天神，則爲木偶。有些地方，每一族供一天神，有些地方則每家都供天神。赫哲族相信人生遭遇極大的危險而得保平安，染患重病而得痊癒，或漁獵豐獲等等，都是天神的保佑賜福，因此許願祭祀天神。由許願人擇日祭祀，並請闔屯男子前往神樹前陪祭，由佛日朗祝告迎送天神。赫哲族尊敬吉星神，僅次於天神。他們認爲吉星神是最清潔的神祇，人們如果染患外科重病，他們就認爲是觸犯了吉星神，吉星神發怒而降災於人，所以須向吉星神許願。吉星神常供在廟中，祭吉星神多因病癒還願。祭祀之日，到了夜深人靜的時候，在星光月色之下，才開始祭典，不許點燈，由佛日朗祝告，焚燒香草（註三三）。《瀋陽縣志》記載契丹、女眞、滿族都有祭祀天神的習俗（註三四）。

祭天神是女眞、滿族舊俗，志書中稱跳神作法的巫爲「伯衣薩滿」（booi saman），意即家薩滿。滿族主要是採用薩滿信仰的形式進行祭祀活動，其祭祀形式主要有祭天、祭祖、背燈祭、換索祭等，一般在秋冬舉行，連祭三天。有的爲慶豐收而祭，稱爲太平祭，有的爲災害病痛而祭，稱爲還願祭。每年秋後，由族長擇定吉日祭祀，頭一天祭祖，薩滿戴上神帽，穿上神衣神裙，腰繫神鈴，手拿神鼓，繞場三周後面向西牆香案，口誦祝詞，且歌且舞。當天晚上舉行背燈祭，專祭佛托媽媽，熄滅燈火，薩滿擊鼓起舞，念誦祝詞。第二天祭天，第三天舉行換索祭，專爲求福保嬰而祭，由薩滿跳神驅邪保平安，使孩子好養活（註三五）。《璦琿縣志》、《綏化縣志》，對滿族的祭祀活動，都有詳盡的記載，其儀式大同小異，茲引《璦琿縣志》所載家祭儀式如下：

> 滿洲家祭，預諏吉日（時憲書註明宜祭祀日即可用，惟不用寅亥二日。）是日黎明，恭迎祖宗匣於前祭者之家（內藏先像，亦有綢條者。）祭器有哈嗎刀（刀形以銅或鐵爲之，四周有孔，擊以連環，搖之有聲。）轟務（以木杆爲之，長二尺有半，杆首綴銅鈴數枚。）抬鼓、單環鼓、扎板、腰鈴、裙子、盅壺、匙箸、碗碟、几架、槽盆（刳楊木爲之，長約五尺，上寬二尺，底半。）之爲祭時，宰豬去皮毛及承肉之用諸類。是日，同族咸蒞襄助祭祀，正室西炕上設几案架，恭懸先像，藉以挖單，几上供黃面餑餑數盤，亦有黃米一盂者。家薩滿二人捧香碟，燒年期香訖，薩滿擊腰鈴，持哈嗎刀，族人擊單環鼓，童男二人擊扎板，相與樂神，薩滿歌樂詞三章畢，主祭、助祭者，咸行叩首禮，禮畢，乃宰豕去皮，折爲十一件，熟而薦之，盛以槽盆。薩滿手搖轟務，歌樂詞三章，主祭、助祭者行禮如前。朝祭訖，食福胙，親友畢至，方盤代几，腸肚、心肝二碗，白肉一盤，酒飯相款，族人即將木盆實以肉，抬於炕上，下藉油紙，不設几案，共食共飲，即夕復祭，薩滿手單環鼓，歌樂詞三章，主祭、助祭者行禮如前，宰豕折豕，薦

> 豕如前，薩滿復歌樂詞一章，乃息燈燭，族人擊大鼓，童男敲扎板，薩滿手搖神鈴，歌樂詞六章，歌畢，舉燈燭，食福胙如前。次日黎明，祭天地，俗曰還願。院中照壁，北置大案一具，上供木酒盅三枚，小米子一碟，宰豕去皮，折爲十一件，陳於照壁東偏，其西偏安鍋設灶，取肉少許熟之，切爲多數小方，盛以磁盆二，又以木碗二實小米飯，同供之案。薩滿單腿跪地，口念安祭祝詞，以銅匙舉肉與飯南向分布，主祭者行九叩禮。尋以豕尾小米納置鎖莫杆錫斗，以答天貺，禮畢，食祭餘於院中，名曰食小肉飯。午後煮肉燎皮，會食於屋內，名曰喫大肉飯。是夕，祭星，無燈燭，宰豕折豕薦豕如前，祭畢，仍與親友共食之，凡祭用黑豕無雜色者，祭肉餘者瘞院中，不少留，豕骨棄之河，祭期以兩日爲率，富者或延至六、七日，薩滿或男或女，名數多寡，隨家豐儉。舊時家祭禮，歲一舉行，近多間年矣（註三六）。

滿族祭祀，有家祭，也有族祭。家祭是以一家一戶爲主，本族人可以參與，邀請薩滿參加；族祭是凡同族人都參加，薩滿理所當然要參加（註三七）。其中家祭最受重視，家祭形式，除春秋常例大祭、燒官香、許願祭、背燈祭、祭祖、還願祭外，辦家譜也是滿族一系列祭祖活動中的大宗。此外，如蓋新房，大病痊癒、增添人丁等等，也要舉行簡單的特殊家祭活動。富育光、孟慧英合著《滿族薩滿教研究》一書指出乾隆年間頒定的《欽定滿洲祭神祭天典禮》，將滿族薩滿信仰以法規的形式固定下來，並採取相應的政治手段予以推行，它最終成爲滿族普遍從事的規範化一的祭禮。這種新的祭禮即爲滿族的家祭。其特點是滿族各族姓原有的祭祀體系被取締，皇族的祭祀被封爲各祭祀模本，從祭品、祭具、祭辭，甚至響器的敲法、點數，至參加人數、日期、祭祀程序，莫不詳備。新祭禮自上而下的推行與實施，逐漸淹沒了薩滿信仰的原始形態（註三八）。由於祭禮的規範，各地滿族家祭的形式及程式，漸趨一致，大同小異。家祭的神職人員是家薩滿，在各家例行的祭祀活動中，家族男女老幼的平安，都仰賴家薩滿祈求諸神的保佑，通過家祭儀式向諸神致謝，並祝禱來年仍須仰仗諸神的護佑。

家祭以外的野祭，也是一種傳統的古老祭祀活動，其最大特點是薩滿展現豐富多彩的神技，將昏迷術、模擬術、舞器術、配合術融為一體。野祭的程式包括；請神、神靈附體、札立贊神、送神。野祭的目的，主要是祈佑，由薩滿向神靈祈求佑護和幫助；其次是治病，族人患病，由薩滿跳神治病，逐祟驅邪，鎮宅守院，或禳解災厄。薩滿唱誦的請神歌，薩滿神靈附身的神諭、薩滿答對神祇的贊辭，都是神辭。《滿族薩滿教研究》一書指出，同滿族家祭神辭相比，野祭神辭要豐富得多。家祭神辭除了請諸神、報祭祝者身分，就是求福求壽，年豐畜旺。它失去了野祭神辭中最為豐富的宗教內容和幼稚、質樸的宗教心理表現，向廟堂化方向走去，野祭神辭卻為後世提供了認識原始宗教的一種途徑（註三九）。

滿族定都於盛京以後，仍然保留祭堂子及立竿祭天的薩滿祭祀活動，薩滿仍參加宮廷祭祀活動。其中清寧宮的祭神儀式，是盛京皇宮內的主要祭祀活動，薩滿也一直是宮廷祭祀活動的主角。《盛京皇宮》一書對盛京宮廷祭祀活動，敘述頗詳。按照滿族家祭習俗，在清寧宮西牆正中及北牆西側設置神龕各一座，以進行薩滿祭祀活動。皇宮內的家祭分為「磕頭祭」和「使喚豬祭」兩種，前者是一種不殺豬，不請薩滿，只是家人供獻糕酒，磕頭三遍的小型祭祀；後者則是在清寧宮除供獻糕酒外，還要舉行殺豬、請薩滿跳神的大型祭祀。清寧宮薩滿祭祀中夕祭的神祇主要是七仙女、長白山神及遠祖等。祭祀開始，五鼓獻糕，皇帝吉服向西跪，中設如來、觀音神位，女薩滿身著吉服，手持舞刀，念誦祝詞後，皇帝向神行禮，然後由司香婦女將如來、觀音神位請出戶外，置於門外西側所設神龕南向奉祀。然後開始「進牲」，牲是沒有雜色的神豬，入清寧宮西間，皇帝闔家人等向神豬跪下，薩滿以酒灌入豬耳，神領牲後，庖人刲牲，帶清寧宮的大鍋中熟而薦之於神位前。此時薩滿進入神位前供桌西側，念祝詞三次。薩滿每次念畢祝詞後即起舞，雙手擊鼓，聳動腰鈴，最後皇帝率領后妃子姪宗室等磕頭三次，祭祀完畢，供肉撤下，宗室人等席炕分享福肉。夕祭薦肉後，即掩上門窗，熄滅甑灶火光，秘密準備供獻，開始背燈祭，以祭祀七星神女，薩滿先後四次搖動神鈴，念誦禱詞神歌。背燈祭儀式結束後，即打開門窗，點亮燈光，撤下供獻，將神像納入朱櫃中（註四〇）。除宮廷祭祀外，在八旗朝祭神幄中也供設如來、觀音菩薩、關帝等神位（註四一）。

薩滿在宮中所扮演的角色，除了祭祀活動外，在皇帝大婚的儀式中，薩滿也有他一席之地。《大婚禮節》一書記載皇帝大婚，向天地、喜神行三跪九叩禮畢，皇帝、皇后在東暖閣稍坐，內務府女官撤香案，另設灶君香供、香爐案，在灶君前鋪設皇帝、皇后拜褥，由薩滿預備。灶君前應設香案、燈燭、香爐，都由薩滿陳設（註四二）。

一般人邀請薩滿跳神，除了治療心理與生理的疾病外，當然也常請薩滿爲家人祈求平安，消災祈福，其中跳鹿神是一種重要的活動。在赫哲族社會中，每年春季二、三月及秋季七、八月間，有薩滿跳鹿神的活動，其主要意義是薩滿爲其家屬及全村居民消災祈福。村中人家醫病跳神許願痊癒及求子得子的人，都趁此隆重的儀式一齊來還願。薩滿擇定跳鹿神的日期後，先行通知要還願的人家，預備祭品，到了舉行儀式的日期，薩滿在家中將愛米神及神具由箱中取出供在西炕上，焚香敬酒，薩滿坐在南炕上向愛米神禱告，並告以爲闔村居民消災祈福，請求諸神降臨，各顯威靈，然後有村中少年若干人擊鼓搖鈴助興，每人走三圈。薩滿頭戴神帽，身穿神衣神裙，足穿神鞋，手戴神手套，胸佩布克春、薩拉克、額其和及護心鏡，由薩滿家的門口開始跳神，自右而左跳轉三圈，然後再整隊而出，衆人擊鼓，唱鳩神歌，薩滿先唱，衆人隨身附和，令鳩神好好的領路。神隊出門後折向西走，至村中西方盡頭，以此爲起點，挨家跳去，由西而東，至村中東方的盡頭爲止，然後面朝西回家。神隊每到一家，即魚貫而入屋內，將愛米神供在炕桌下，神鷹放在桌上，薩滿入院行至正屋門外，即開始跳神，跳入西屋，繼續跳三圈，跳畢，主人爲薩滿進酒，稍息整隊而出，再向前進。跳至最後一家，乃整隊歸來薩滿家，並唱歸來神歌，且行且唱，到薩滿家院子後，由還願者等人舉行簡單的祭神儀式。此外，還有跳柳條圈的儀式，薩滿以楊柳條彎成一半圓形，自己如跳繩般的先跳，其次由薩滿家人跳，後及外人，每人各跳三次。跳柳條圈意義，是表示跳入圈後，在神威範圍之內，災病不能侵犯，永保平安（註四三）。

古人相信向神禱求，可得子嗣。古代的巫覡也有禱祈鬼神，以求子嗣的習俗。赫哲族的婦女年逾三十而不生育者，他們就認爲自己缺少第三個靈魂，必須請薩滿找魂。相傳在跳鹿神時，神隊在歸途中，求子的婦女躲在薩滿背後，在神帽或神裙上的飄帶挽一結，不讓薩滿知道，薩滿到家後查問挽結的人，求子的婦女下跪，以酒灑在神桿上，叩頭許願，若能得子，則敬獻牛馬豬羊來還願。薩滿擊鼓向神禱告，乃命求子的婦女過三、四日到薩滿家來跳神，取回胎兒的魂靈。在此三、四日期間，薩滿於睡眠時，魂靈出外找魂，或將他處孕婦的胎魂盜取過來，或捕捉死後不久的嬰兒魂靈，放在家裡，求子的夫婦在約定的日期到薩滿家取胎魂，薩滿擊鼓，使胎魂附體。這種求子的儀式，赫哲族稱為「捉雀」，他們相信嬰兒夭折後，其魂即變為雀鳥，捉雀即捉魂，胎魂附體後始能懷孕生育。有些地方的求子儀式，不在跳鹿神期後，而在了檔子時舉行。薩滿送魂至陰間時，在神帽的飄帶挽一結，不使薩滿得知，神鷹在往返陰間道上，即抓魂帶回。當日在除喪服人家的屋內，俟席散後，即舉行求子的儀式（註四四）。

養生送死是人生的大事，赫哲族年老在家身故者，按照舊俗，多於三日後入殮安葬，殮前請薩滿來，穿便衣，手持神刀，站立在死者前囑道：「闔屯之人不少一個，均來送汝，所送各物，好為收藏，到陰間使用，勿為途中惡鬼奪去，並不必想念家中。」與薩滿並肩而立者一人，手持酒壺，薩滿禱告若干時，敬酒一杯、三杯為止，同時有二人跪在死者頭之南或北，手持用薩滿所開奠儀清單，高聲朗誦。入殮後，薩滿復囑道：「你走你的路，可不必回想，陰魂亦不必留在家中，為害家人。」死於非命者隔日即葬；死於痘者當日即葬。下葬後，薩滿並為其家人跳神，先從死者生前最愛之人跳起，然後依次在其他的家人前跳神，以免死者將其家人的魂魄攝去。喪期已滿除喪服，赫哲族稱為「了檔子」，這種儀式最要緊的是送死者的第二靈魂到陰間冥府去，因為第二靈魂在人死後，在家看靈，在外守魂，如不送第二靈魂到冥府去，就要變成厲鬼。除服這一天，喪家屋外搭一布篷，將炕上布墊靈位移至布篷中，將死者生前所穿的衣服、鞋、帽等物放在靈位後，在靈位前放一桌，上供酒食等祭品。篷外有一狗爬犁放置親友送來的禮物，篷前東西兩方各焚木柴一堆，東火為陽間火，西火為陰間火，薩滿立於東火之旁，右手持神杖，左手持神刀，一老人提神鷹，頭向西，立於西火之旁，薩滿乃向靈前囑咐道：「你的親友送來衣帽、乾糧各物，都載在狗爬犁上，請你檢收，帶到陰間去，自己使用，現在神鷹領路，薩滿伴送，請即登程。」薩滿沿途不停的提醒已至某處，越過某山，渡過某河。當薩滿提醒已到陰間冥府時，家人即將死者的衣服在火上焚化，作靈位用的布墊撕燬，又擲少許祭品於火中，了檔子的儀式就告結束（註四五）。從赫哲等族的除服儀式，可以了解薩滿在養生送死的儀式中確實扮演了重要的角色。

薩滿除了祭祀祈福外，也進行占卜。滿洲、赫哲等族凡遇族內重大事件或偶發事件，都要經過神靈卜驗來決定，進行卜驗者，多為富有經驗的老薩滿。游牧社會藉占卜指示打獵的方向，以求多獲取野獸，有助於一個民族調適自然以獲得生存的功效。占卜不但發揮了社會規範與制裁的功能，而且有統合族君內部成員的意見，使趨於一致的用途，在社會群體內，藉占卜的力量，以統一歧見，整合內部意見，確實是很重要的功能。薩滿占卜，幫助人們消除疑惑，以及因疑惑所引起的憂慮不安，也同樣具有正面的作用。

薩滿驅祟治病，過陰收魂，消災祈福，禱求子嗣，祭祀除服，占卜解夢，在人們養生送死的各種儀式中，薩滿都扮演著重要的角色。薩滿跳神治病，是以整個文化傳統與信仰體系為後盾，他們多能很清楚地向病人解釋為什麼是你生這種病，而不是他生這種病，對那些屬於精神心理方面的病人，或慢性疾病的患者，確實產生了很大的作用。但在醫學上而言，薩滿的治病，只能稱為「社會文化治療」（Socio-cultural therapy），或稱為「民俗精神醫術」（Ethno-psychiatry）。在薩滿信仰盛行的地區，人們的心理疾病、功能性疾病及器官性疾病，幾乎都倚賴薩滿跳神治病，民俗醫療法雖然缺乏系統，也不是主流醫學，但是民俗醫療有超自然的作用，在北亞草原族群中具有正面的社會功能，是可以肯定的。追溯主流醫學的起源及其發展，也不能忽視北亞草原社會源遠流長的民俗醫療史。

【註　釋】

註　一：徐昌翰撰〈論薩滿文化現象——「薩滿教」非教芻議〉，《學習與探索》，一九八七年，第五期，頁一二二。

註　二：《多桑蒙古史》（臺北，臺灣商務印書館，民國五十四年八月），第一卷，第一章，頁三三。

註　三：王肯等著《東北俗文化史》（瀋陽，春風文藝出版社，一九九二年七月），頁五一四。

註　四：烏丙安撰〈薩滿世界的「眞神」——薩滿〉，《滿族研究》，一九八九年，第一期（瀋陽，遼寧省民族研究所，一九八九年），頁六八。

註　五：常蔭廷纂修《綏化縣志》（臺北，國立故宮博物院，民國十年鉛印本），卷七，頁一二。

註　六：西清著《黑龍江外記》（臺北，臺聯國風出版，民國五十六年十二月），卷六，頁一五。

註　七：魏聲龢著《雞林舊聞錄》（吉林，吉林文史出版社，一九八六年六月），頁二七六。

註　八：方式濟著《龍沙紀略》，見《明清史料彙編》（臺北，文海出版社，民國五十六年三月），初集，第八冊，頁二二。引文中「舞鳥於室」，文淵閣欽定四庫全書作「舞馬於室」。

註　九：烏丙安著《神秘的薩滿世界》，頁二四八。

註一〇：蔡志純撰〈蒙古薩滿教變革初探〉，《世界宗教研究》，一九八八年，第四期，頁一二四。

註一一：于乃昌撰〈痴迷信仰與痴迷的藝術——珞巴族的原始宗教與文化〉，《中國藏學》，一九八九年，第二期（北京，中國藏學出版社，一九八九年），頁一五九。

註一二：《松花江下游的赫哲族》，頁六六一。

註一三：劉小萌等著《薩滿教與東北民族》，頁一四三。

註一四：烏丙安著《神秘的薩滿世界》，頁一三。

註一五：劉小萌等著《薩滿教與東北民族》，頁四六。

註一六：崔奎撰〈哈薩克族的習俗與薩滿教〉，《中國少數民族月刊》，第九期（北京，中國人民大學，一九八七年），頁八九。

註一七：富育光著《薩滿教與神話》，頁四六。

註一八：《多桑蒙古史》，第七章，頁二八七。

註一九：格列科夫、雅庫博夫斯著，余大鈞譯《金帳汗國興衰史》（北京，商務印書館，一九八五年六月），頁一三一。

註二〇：韓國綱撰〈錫伯族薩滿教一瞥〉，《中央民族學院學報》，一九八八年，第二期（北京，中央民族學院，一九八八年三月），頁九四。

註二一：高橋勝之譯〈關於西伯利亞蒙古及歐俄異民族中的薩滿〉，《東亞論叢》，第三輯（日本，一九四〇年九月），頁三八四。

註二二：陳宗振、雷選春撰〈裕固族中的薩滿—祀公子〉，《世界宗教研究》，一九八五年，第一期（北京，中國社會科學出版社，一九八五年三月），頁一五三。

註二三：仁欽道爾吉、郎櫻編《阿爾泰語系民族敘事文學與薩滿文化》（內蒙古，內蒙古出版社，一九九〇年八月），頁二七。

註二四：成百仁譯註《滿洲薩滿神歌》（漢城，明知大學，一九七四年），序文，頁一至頁四。

註二五：莊吉發撰〈談「尼山薩蠻傳」的滿文手稿本〉，《食貨月刊復刊》，第七卷，第七期（臺北，食貨月刊社，民國六十六年十月），頁五二至五九。

註二六：季永海撰〈《尼山薩滿傳》的版本及其價值〉，《民族文學研究》，一九九四年，第三期（北京，中國文聯出版公司，一九九四年八月），頁五九至六九。

註二七：莊吉發譯註《尼山薩蠻傳》（臺北，文史哲出版社，民國六十六年三月），頁一至頁一八三。

註二八：季永海、趙志忠譯注〈尼山薩滿〉，《滿語研究》，一九八八年，第二期（哈爾濱，黑龍江滿語研究所，一九八八年十二月），頁一〇八至一一六。

註二九：凌純聲著《松花江下游的赫哲族》，頁六三七至六五七。

註三〇：莊吉發譯註《尼山薩滿傳》，頁一一七。

註三一：莊吉發撰〈薩滿信仰的社會功能〉，《國際中國邊疆學術會議論文集》（臺北，國立政治大學，民國七十四年一月），頁二二五。。

註三二：賀靈撰〈錫伯族《薩滿歌》與滿族《尼山薩滿》〉，《阿爾泰語系民族敘述文學與薩滿文化》（內蒙古，內蒙古大學，一九九〇年八月），頁二六七。

註三三：凌純聲著《松花江下游的赫哲族》，頁一二八至一三〇。

註三四：曾有翼纂修《瀋陽縣志》（奉天，作新印刷局，民國六年），卷一一，頁五。

註三五：《遼寧風物志》（瀋陽，遼寧人民出版社，一九八五年九月），頁一七九。

註三六：孫蓉圖修《璦琿縣志》（臺北，國立故宮博物院，民國九年鉛印本），卷一〇，頁六。

註三七：尹郁山編著《吉林滿俗研究》（吉林，吉林文史出版社，一九九一年十二月），頁一二〇。

註三八：富育光、孟慧英著《滿族薩滿教研究》，頁六七。

註三九：《滿族薩滿教研究》，頁九六。

註四〇：《盛京皇宮》（瀋陽，紫禁城出版社，一九八七年七月），頁二七五。

註四一：王鴻賓等著《盛京軼聞》（長春，吉林出版社，一九八八年二月），頁二二。

註四二：《大婚禮節》（臺北，國立故宮博物院，同治十年排印本），頁七。

註四三：凌純聲著《松花江下游的赫哲族》，頁一二三。

註四四：《松花江下游的赫哲族》，頁一二七。

註四五：《松花江下游的赫哲族》，頁二二四。

第六章　結　論

薩滿信仰是屬於歷史的範疇，有其形成、發展的過程，以歷史文化觀點分析薩滿信仰的特點，是有意義的；將薩滿信仰的特點作爲確定薩滿信仰的發祥地點及其在不同地區的分佈，也是較爲客觀的。薩滿信仰盛行於東北亞、北亞以迄西北亞的草原地帶，以貝加爾湖附近及阿爾泰山一帶爲發祥地，表現最爲典型。我國北方阿爾泰語系通古斯、蒙古、突厥等語族，例如匈奴、靺鞨、突厥、契丹、女眞、蒙古、滿洲、赫哲、達呼爾、錫伯、索倫、鄂倫春、維吾爾等族，都崇奉過薩滿信仰。薩滿信仰的盛行，就是東北亞或北亞文化圈的文化特質。

薩滿信仰有其普遍性，亦有其局限性。所謂美洲印第安人也有同樣的薩滿，中國漢族的巫覡信仰，也是薩滿信仰，回民的毛拉、倮倮的必磨，苗族、傜族的鬼師，都是薩滿的遺跡，亞洲南部、馬來群島亦有類似薩滿的存在云云（註一），是有待商榷的。其實，所謂毛拉、必磨、董薩、鬼師、乩童等等，雖然有相似之處，但也各有其自身的民族特點及習慣稱謂，都不能歸入薩滿信仰系統內，以東北亞或北亞文化圈的薩滿信仰一名去統稱世界各地的原始信仰，確實不妥。閻崇年撰〈滿洲貴族與薩滿文化〉一文已指出「古代人類地域文化差異大，交通不發達，相互溝通少，故其宗教各具特色，各有稱謂。南亞的原始宗教，黑人對偶像的崇拜，雅利安人的原始宗教等，雖都屬於原始宗教，但都不是薩滿教。薩滿教固有其寬泛的國際性，亦有其局限的地域性。所以到目前爲止，尚無充分材料證明在世界五大洲——非洲、歐洲、亞洲、南美洲和北美洲，其廣闊空間所居住的各族，都存在共同

的薩滿教。因此，既要探索薩滿教傳布廣泛的國際性，又要把握其傳播局限的地域性。」（註二）

一般學者認爲「薩滿教產生於原始社會後期，是一種自發的多神的宗教。」（註三）趙展撰〈論薩滿教與滿族祭祖的關係〉一文，一方面不同意將滿族祭祖說成是薩滿教活動，一方面認爲原始社會有宗教的說法是一種誤解，充其量只不過是一種信仰或者是崇拜而已。因爲原始信仰既無教規、教義，又無經典，這怎麼可說它是宗教呢（註四）？薩滿信仰沒有成文的、有系統的經典教義，沒有教派名稱，沒有寺廟建築，沒有規範化、統一的宗教儀式，沒有公認的教主，沒有縱的師徒關係的宗教組織，缺乏宗教制度及組織形式，並未具備構成宗教本質的基本要素，一般學者將薩滿信仰稱爲薩滿教，確實不妥。

薩滿信仰有一個共同的思想基礎，相信萬物有靈，是由原始的巫覡信仰脫胎而來的多神的泛靈崇拜，以自然崇拜、圖騰崇拜、祖先崇拜及英雄聖者崇拜爲主要內容，對於自然界的一切事物，都相信有神靈主司，薩滿對於自然界的某種動植物及已故祖先、英雄等神靈所以具備特別的力量，就是因爲薩滿與這些靈異事物具有圖騰或同宗的血緣親密關係。薩滿的神服及法器，並不是單純的裝飾，它也有象徵神格的功能，就是巫術法力的象徵。祭祀不同的神靈時，穿戴不同的神服，可以表現神和神之間的性格差異，薩滿在不同的巫儀祭祀中更換神服，就是表示祭祀各個不同神靈的特徵（註五）。神服上的銅鏡及其他佩飾，都具備聲、光、色等三種要素的咒術及其象徵的意義，能賦予薩滿奇異的神力。薩滿跳神作法，念誦咒語，吟唱神歌，它最重要的作用，就是使用神祕的語言來溝通或支配自然界的力量，使平常的事物產生一種超自然的能力，並得到各種神靈的保護和輔助，而使薩滿能夠抵抗惡魔，驅除鬼祟。就這方面而言，薩滿就是熟悉使用反抗巫術的巫師。薩滿巫術本爲企圖借助於超自然的神秘力量對人、事、物施加影響或予以控制的一種方式和手段，他們相信通過一定的方式和手段，可以達到自己的目的。

北亞草原族群的逐鬼驅祟活動，在不同的地區，不同的時代，其儀式彼此並不一致，各有特徵。有的舞鳥於室；有的飛鏡驅祟；有的殺豬狗禳解；有的與惡魔鬥法；有的以銅鏡驅走惡魔；有的把鬼怪趕到俑像內或者活的替罪祭羊身上，並用這種羊的胛骨占卜，以禳除轉嫁疾病（註六）；有的以紙草爲替身，將附在病人身上的惡魔趕到替身的身上，然後用火焚燒，嫁禍於替身，薩滿治病的方法，不一而足，特別是幫助那些受到靈魂困擾的病人。薩滿除治病外，也跳鹿神，爲村鄰消災祈福；或爲不孕婦女禱求子嗣；或充當年節家祭的祭司；或爲喪家除服；或占卜解夢，幫助人們消除疑惑以及因疑惑所引起的憂慮不安。薩滿驅祟治病是以整個文化傳統與信仰體系爲後盾，而且也能很清楚地向病人解釋爲什麼是你而不是他生這種病，對於牽涉精神心理方面的病人，或慢性疾病的患者，無疑地產生了很大的作用，有助於人們調適自然以獲得生存的功效。但是在醫學上而言，薩滿的跳神治病，只能稱爲「社會文化治療」（Socio-Cultural therapy），或者稱爲「民俗精神醫療」（Etheno-psychiatry）　。崇奉薩滿信仰的民族認爲如果沒有薩滿的救助，要想治好病人、安葬死者、多獲獵物、家庭幸福等等，都是不可思議的（註七）。

薩滿信仰是一種特殊形式的巫術文化，鬼魂神靈觀念與巫術交織雜揉在一起，形成了一個詭異多變、光怪陸離的信仰世界（註八）。薩滿驅祟治病，占卜吉凶，送魂除殃等活動，都普遍運用巫術，除反抗巫術外，還有交感巫術、模擬巫術、配合巫術、昏迷巫術等等通神的方法，各種巫術在靈魂互滲的基礎上運用順勢和接觸的原理進行。所謂順勢巫術即根據同類相生的原則，通過模仿等手段來達到他的目的；接觸巫術是指通過被某人接觸過的物體，施加影響力，則某人亦將受到影響（註九），薩滿跳神作法時，其巫術觀念、巫術原理，多貫穿於其中，巫術的因素，在北亞草原社會中的薩滿跳神活動中都有顯著的呈現。薩滿既然充分使用巫術，因此，薩滿信仰的觀念和活動，就是以巫術爲主體和主流發展起來的複雜文化現象，既是行爲狀態，又是信仰系統；既是社會現象，又是個人經驗（註一〇）。薩滿信仰含有原始宗教的成分，又包含大量非宗教的成分，使用「薩滿教」字樣，常使人產生誤解，使用「薩滿信仰」字樣，較符合實際。

昏迷巫術，習稱昏迷術，是薩滿跳神作法時的一種意識變化及精神現象。薩滿魂靈出竅後的過陰法術，就是一種昏迷術，也被稱爲脫魂型。薩滿的靈魂可以脫離自己的身體，而翺翔於天空，或下降地界冥府，與天空、冥府的神靈或亡魂等超自然性存在直接溝通（註一一）。脫魂就是薩滿施行昏迷術達到最高潮階段的主要動作，也被稱爲飛魂（註一二）。薩滿昏迷術中的脫魂或飛魂，就是薩滿信仰最顯著的特點，若捨棄昏迷術，就無從探討薩滿信仰的特質。

一個法力高強神通廣大的薩滿多善於控制自己的思維結構，熟悉自己進入神魂顛倒狀態的方法，以及保持和調整進行昏迷術時所需要的特殊狀態，同時又須顧及到進行巫術的目的（註一三）。在神魂顛倒的精神狀態下，薩滿本人平日的人格暫時解離，或處於被抑制的狀態中，而被薩滿所領神祇的神格所取代。薩滿相信肉體軀殼，只是魂靈的載體，薩滿的昏迷術，就是能使自己的魂靈脫離軀體達到脫魂境界，使薩滿的人格自我眞空，讓薩滿所領的神祇進入自己的軀體內，所謂神靈附體，就是神靈進入眞空軀殼的特殊現象，薩滿已無本色，各因附體的神格而肖之，例如老虎神來附身時，薩滿就表現猙獰的形象；媽媽神來附身時，薩滿就發出噢咻的聲音；姑娘神來附身時，薩滿就表現靦腆的姿態。薩滿的舞姿，多彩多姿，時而如鷹擊長空，時而如猛虎撲食，時而輕歌曼舞，時而豪放粗獷，最後達到高潮，精神進入高度緊張狀態，聲嘶力竭，以至於昏迷（註一四）。薩滿神靈附體後的狂舞，主要是模倣巫術的充分發揮。薩滿在神魂顚倒的狀態下，彷彿回到了朦朧的原始宇宙結構中，天地既無分野，自然、神與人都合而爲一。原始薩滿信仰保留了天穹觀念中天地相通及天人感應的思想痕迹，薩滿信仰的靈魂觀念是屬於較爲複雜和抽象含義的觀念，靈魂不僅能夠脫離實體而單獨存在，它能在各種事物中間轉來轉去，附著於其他物體，對人及物施加各種影響，而且甚至認爲靈魂不死，它以獨特方式，生活在另一個天地裡（註一五）。薩滿相信宇宙三界的神靈及亡魂不僅在空間方面上中下三界可以相通，而且在時間方面過去、現在和未來三世也可以相通，天地互參、天人感應和人神合一的思想，就是東北亞或北亞文化圈各民族古代薩滿信仰的核心問題。

薩滿魂靈出竅後，他的魂靈不僅暫時脫離自己的軀殼，同時也走出個人存在的範圍，開始漫遊自己熟悉的另一個世界。由此可知薩滿的人格解離或魂靈出竅，並非薩滿個人的特殊經驗，其思想基礎是某種宇宙理論，不能從人的觀點來認識薩滿信仰，而應從他作爲思想基礎的本質的觀點來理解薩滿信仰，這種本質現象就是普遍而複雜的神魂顚倒，薩滿的過陰追魂，附體還陽，就是薩滿以魂靈出竅的意識變化與九天三界天穹觀，以及魂靈轉生的思想，互相結合的概念。

薩滿所領的各種神祇附體後，可以同薩滿的魂靈互相會合，由薩滿的魂靈帶領著一同漫遊天界或冥府。薩滿神魂顛倒的本質現象，在不同的歷史時期，在不同的文化類型中，常常改變它的內涵。原始薩滿信仰中亡魂所到的地方，與東北亞或北亞草原社會的生態環境很相似，在下界生活，並非地獄，而是越深處越溫暖，深處也有陽光，並無下界爲惡的觀念，亡魂所到的那個地方，是和人間相類似的另一個世界，這種觀念的產生，似與北亞或東北亞的先民長期穴居生活有關。薩滿信仰的天穹觀念，在形成、發展過程中，由於受到外來宗教和文化的影響，而發生了很大的變化。佛教、道教普及於東北亞或北亞草原社會後，薩滿信仰也雜揉了輪迴、酆都城、十殿閻羅等觀念。亡魂所到的下界冥府，是黑霧瀰漫的酆都城，亡魂還要接受嚴厲的審判和各種酷刑的懲罰，薩滿過陰後漫遊的地府景象，與原始薩滿信仰的天穹觀念，已經相去甚遠，草原族群的亡魂所到的下界，已不再是充滿陽光，可以馳騁的另一個像人間獵場那樣美好的奇異世界，亡魂的生前與死後，已具有濃厚因果報應的色彩，善惡分明。北方少數民族長期與中原漢族文化大規模接觸以後，薩滿積極吸收了有利於自己生存發展的佛、道思想，把它們納入自己的體系之中，使薩滿信仰的內容更加豐富，更具神秘性。由於佛、道思想的滲透，使薩滿信仰的內容及本質，產生了極大的變遷。

宗教信仰的保存及延續，需要以一系列因素爲條件，這些因素包括與客觀因素作用有關的原因，以及與主觀因素作用有關的原因。社會發展中的客觀因素，不僅是自然的存在，不僅是物質的關係，而且還有其他許多社會關係，其原因可能與主觀因素在自發性的活動中發生作用有關（註一六）。薩滿信仰雖然在歷史上不同時期曾經反映了人們對自然、社會及個人自身的認識，但由於薩滿信仰的內在因素及外在環境的變遷，從清初以來，就遭受官方取締。布里亞特人相傳薩滿的祖師哈拉貴爾堅曾得到神力，天神想考驗他，就將一個富翁的女兒魂靈捉去，那個女兒就生病了。哈拉貴爾堅騎在太鼓上登天入地去尋找魂靈，最後在神桌上的小瓶子裡找到了，天神不讓魂靈飛出去，把右手的手指頭伸入瓶口裡，哈拉貴爾堅變成一隻蜘蛛，刺傷了天神的右頰，天神因爲疼痛，用右手壓著面頰，於是富翁女兒的魂靈就從瓶子裡逃了出來。天神震怒，便削弱了哈拉貴爾堅的神力，從此以後薩滿的法力就漸漸衰落了（註一七）。這個故事雖然不足以解釋薩滿信仰衰落的眞正原因，但由於這個故事流傳很廣，可以反映薩滿信仰已經遭到壓抑。達呼爾族流傳的故事裡也說皇帝下了個旨意，傳尼桑薩滿到宮廷給國母治病，沒想到，她費了好大勁兒，還是沒治好國母的病。皇帝正好抓住這個藉口，以謠言惑衆，欺騙百姓爲名，把她逮捕起來，用很粗的鐵繩捆綁起來，然後扔進九泉之下。索倫族流傳的故事也很相似，故事中說尼桑成了更加有名的薩滿後，這個消息被清朝皇帝知道了，於是請她給親戚治病。尼桑薩滿卻沒治好。皇帝很生氣，就把她用很粗的繩捆起來扔到九丈深的井裡（註一八）。海參崴滿文手稿本《尼山薩滿傳》的結尾有一段描寫提到尼山薩滿的婆婆後來聽到村人談論，這次薩滿去的路上，看見了自己的丈夫，請求把他救活。尼山薩滿以筋骨已爛，不能救活，彼此爭執，而把他抛到酆都城。婆婆很生氣，斥責媳婦二次殺了丈夫，便到京城去向御史告狀。太宗皇帝降旨，將薩滿神帽、腰鈴、手鼓等法器一併裝在一個皮箱裡，用鐵索拴牢，抛到井裡。書末記載說「因爲它是不入大道的邪教之書，後人不可效法，其深戒之。」薩滿信仰因被指爲異端邪教而遭受取締。

東北亞星祭儀式，各部族彼此不同，東海女眞，一歲兩舉，初雪祭星，以禳解災病，祈求冬圍豐收；正月祭星，以除祟祛瘟，禱祝康寧（註一九）。明憲宗成化十九年（一四八三）十月，進入朝鮮的女眞人趙伊時哈等八人行辭別禮時，朝鮮國王命都承旨李世佐賜酒，李世佐詢問女眞人「有祭祀之禮乎？」趙伊時哈等答稱：「祭天則前後齋戒，殺牛以祭。又於月望祭七星，然此非常行之事，若有疾病祈禱則有之耳！」（註二〇）女眞星祭活動，就是薩滿禳解祈禱的儀式，崇德七年（一六四二）十月二十九日，初纂本《清太宗文皇帝實錄》有一段記載說：「多羅安平貝勒妻福金，以其夫之病，由氣鬱所致，令家臣石漢喚巫人金古大來家，剪紙人九對，付太監捧至北斗之下，焚一半，埋一半，及福金拘禁至三日，福金輒昏迷。」（註二一）句中的「巫人」，即滿洲薩滿，安平貝勒杜度生病時，薩滿金古太使用交感巫術，剪紙人九對爲替身，在北斗星下焚燒掩埋，嫁禍於替身，以禳解災病。清太宗降旨將薩滿金古太處斬。清太宗認爲薩滿跳神治病，害人不淺，因此禁止薩滿跳神治病，並下令：「永不許與人家跳神拿邪，妄言禍福，蠱禍人心，若不遵者殺之。」（註二二）順治十八年（一六六一），律例中明白規定「凡無名巫覡私自跳神者，杖一百，因而致人於死者，處死。」（註二三）由於官方的取締，薩滿的活動，日趨式微。

隨著人類社會文化的進步及儒、釋、道思想的普及，薩滿信仰的存在及其整合組織的功能，也逐漸減退，薩滿所扮演的角色，亦漸漸失去其重要性。當草原族群接觸到文化較高的其他民族時，薩滿信仰遂日益退縮。《多桑蒙古史》有一段記載說：

> 畏吾兒人曾遣使至信仰偶像教之中國，延剌麻（noumis, lamas）至，與珊蠻辯論，欲擇其辯勝者而從之。諸剌麻

誦其名曰「noum」之聖經，此其道德故事物語箴言之彙編也。中有勸人勿害他人，勿害動物，以德報怨等誡。剌麻分爲數派，各教派教義不同，其最流行者信仰輪迴之說。據云，其教流傳已數千年，善人之靈魂死後視其功之大小，投生爲國王以至平民。惡人之曾殺人虐其同類者，則變爲爬蟲猛獸之屬。諸信仰偶像者，在汗前誦聖經若干則，諸珊蠻默不能對。由是畏吾兒首先皈依偶像之教。」（註二四）

維吾爾等族先後皈依其他宗教，薩滿信仰便從北亞各地開始，逐步地退縮。佛教哲理固然高於薩滿信仰，道教的知識，亦較薩滿信仰豐富。薩滿信仰本身由於理論上的缺乏系統，談不上高深的哲理。《樺川縣志》已指出「其言猶誕，其視老、佛、基、回卓然具有一種哲理者迥乎不同。」（註二五）薩滿信仰既不能與儒、釋、道相提並論，或分庭抗禮，遂逐漸退縮而趨於衰落了。

薩滿信仰的內容，極其廣泛，學術界對薩滿信仰特質的分析，所持觀點，固然不同，態度亦異。廣義論者抹煞了不同歷史時期不同地域的自發宗教的區別，從而也模糊了薩滿信仰的特質；狹義論者對薩滿信仰的界定，不夠全面、準確和縝密（註二六）。否定薩滿信仰的學者，認爲薩滿信仰是一種迷信，薩滿跳神治病，愚昧無知，害人不淺；肯定薩滿信仰的學者，則認爲薩滿是原始文化的創造者，在氏族中有其特殊的地位，薩滿信仰是一種綜合體，蘊含著豐富的原始醫學、文學、藝術、審美意識文化內容（註二七），因此，薩滿信仰的研究，涉及宗教學、語言學、民俗學、民族學、社會學、心理學、醫學、人類學、文學、歷史學以及音樂舞蹈等各種學科，由於學者的專業訓練不同，所持觀點，並不一致。然而中外學者對薩滿信仰核心問題的不同主張，與其說相互矛盾，不如說是相互補充，都有助於認識東北亞或北亞的文化特質。

【註　釋】

註　一：莫東寅著《滿族史論叢》（北京，人民出版社，一九五八年八月），頁一七五。

註　二：閻崇年撰〈滿洲貴族與薩滿文化〉，《滿學研究》，第二輯（北京，民族出版社，一九九四年十二月），頁一二一。

註　三：季永海、趙志忠撰〈薩滿教與滿族民間文學〉，《中央民族學院學報》，一九八九年，第一期（北京，中央民族學院，一九八九年一月），頁八一。

註　四：趙展撰〈論薩滿教與滿族祭祖的關係〉，《滿學研究》，第二輯，頁一四一。

註　五：色音撰〈薩滿的法服與法器〉，《北方民族》，一九九二年，第一期，頁九一。

註　六：內貝斯基撰，謝繼勝譯〈關於西藏薩滿教的幾點注釋〉，《國外藏學研究譯文集》，第四輯（西藏，西藏人民出版社，一九八八年八月），頁一三九。

註　七：姚鳳撰〈黑龍江畔奧羅奇人的原始宗教觀念〉，《北方民族》，一九九三年，第一期，頁九三。

註　八：畢桪撰〈薩滿教信仰與哈薩克民間文學〉，《中央民族學院學報》，一九九〇年，第四期，頁八八。

註　九：黃意明著《中國符咒》（香港，中華書局，一九九一年六月），頁二八。

註一〇：馬林諾夫斯基著，李安宅譯《巫術科學宗教與神話》（北京，中國民間文藝出版社，一九八六年五月），頁九。

註一一：櫻井德太郎著《東アヅアの民俗宗教》（東京，吉川弘文館，昭和六十二年四月），頁一五。

註一二：內貝斯基撰，謝繼勝譯〈關於西藏薩滿教的幾點注釋〉，《國外藏學研究譯文集》，第四輯，頁一三七。

註一三：列武年科娃撰，北辰譯〈今日的薩滿教理論及歷史問題〉，《北方民族》，一九九二年，第四期，頁九八。

註一四：張雷軍撰〈試論錫伯族的宗教信仰及其成因〉，《北方民族》，一九九三年，第一期，頁八三。

註一五：蔡家麒著《論原始宗教》（昆明，雲南民族出版社，一九八八年九月），頁四。

註一六：亞布洛柯夫著，王孝雲、王學富譯《宗教社會學》（成都，四川人民出版社，一九八九年六月），頁一七六。

註一七：高橋勝之譯〈關於西伯利亞蒙古及歐俄異民族中的薩滿〉，《東亞論叢》，第三輯（日本，一九四〇年九月），頁二九六。

註一八：趙志忠、姜麗萍撰〈尼山薩滿與薩滿教〉，《滿族研究》，一九九三年，第三期，頁四七。

註一九：王宏剛、金基浩撰〈論滿族崇鷹習俗〉，《滿族研究文集》（長春，吉林文史出版社，一九九〇年七月），頁二三四。

註二〇：《成宗大王實錄》，卷一五九，頁一四，成宗十四年十月戊寅。

註二一：《清太宗文皇帝實錄》，初纂本（臺北，國立故宮博物院），卷三九，頁五八，崇德七年七月二十九日。

註二二：《盛京皇宮》（瀋陽，紫禁城出版社，一九八七年七月），頁二七三。

註二三：《欽定大清會典事例》（臺北，臺灣中文書局，據光緒二十五年刻本影印），卷七六六，頁一三。

註二四：《多桑蒙古史》，卷一，附錄五，頁一八一。

註二五：《樺川縣志》，卷六，頁一。

註二六：劉厚生撰〈關於薩滿教的界定、起源與傳播〉，《世界宗教研究》，一九九五年，第一期（北京，中國社會科學出版社，一九九五年三月），頁一〇五。

註二七：孟淑珍撰〈鄂倫春族薩滿祭祀、競技盛會及其多重功能與作用〉，《北方民族》，一九九三年，第一期，頁八九。

版

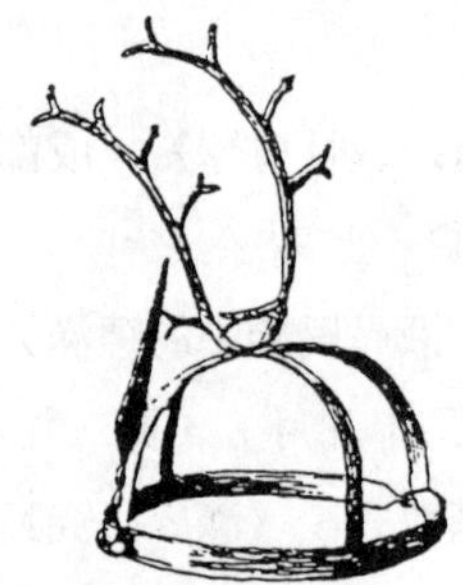

圖二：
葉尼塞薩滿鹿角神帽

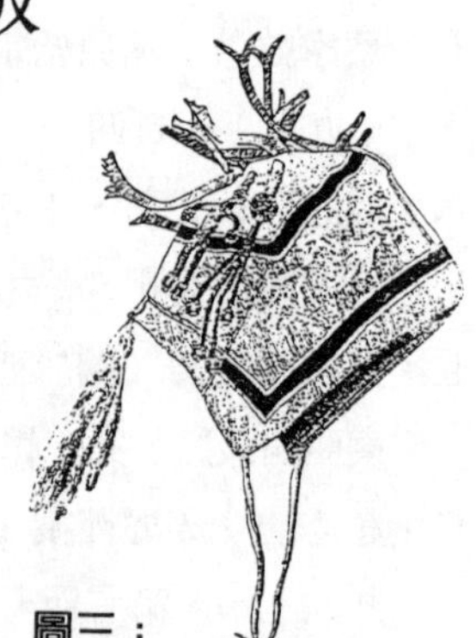

圖三：
通古斯薩滿鹿角神帽

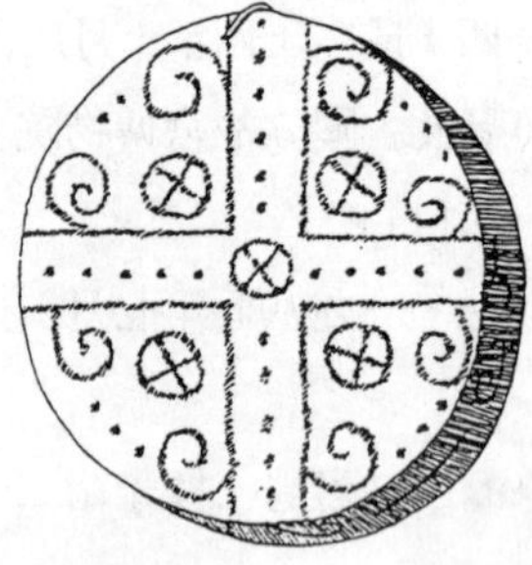

圖四：
阿爾泰薩滿神鼓鼓面

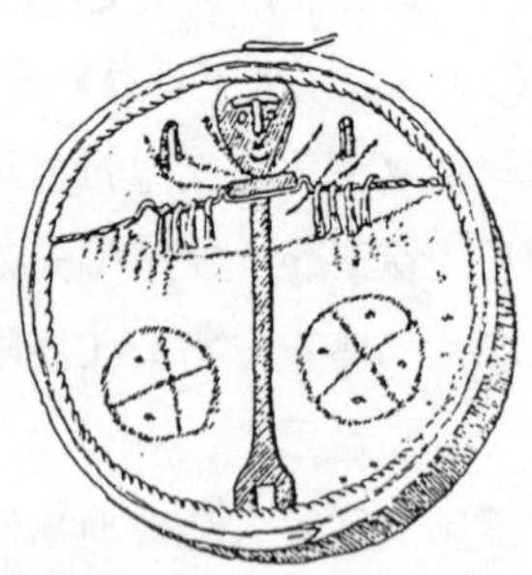

圖五：
阿爾泰薩滿神鼓鼓背

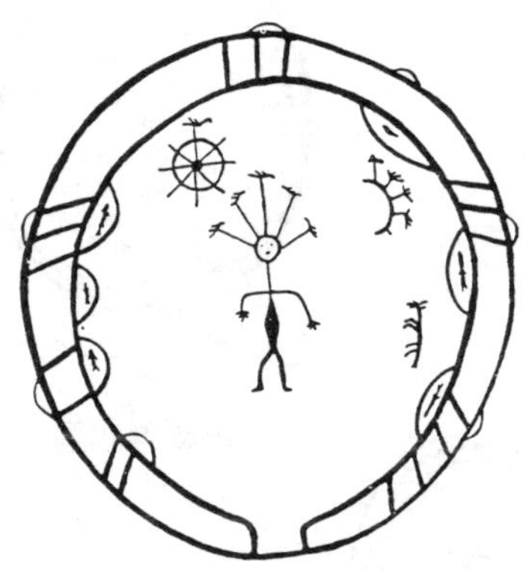

圖六：
葉尼塞薩滿神鼓鼓面

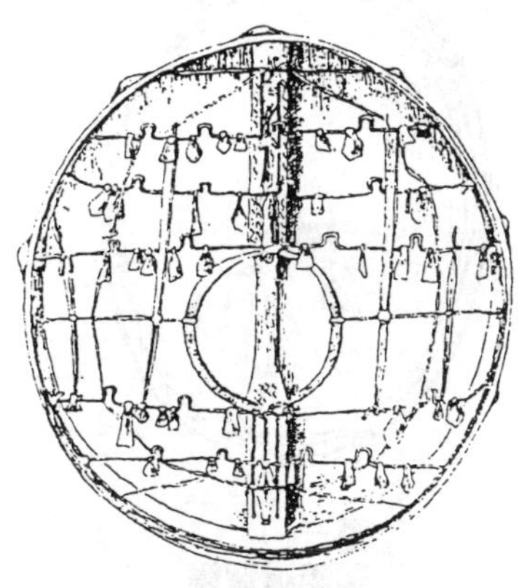

圖七：
葉尼塞薩滿神鼓鼓背

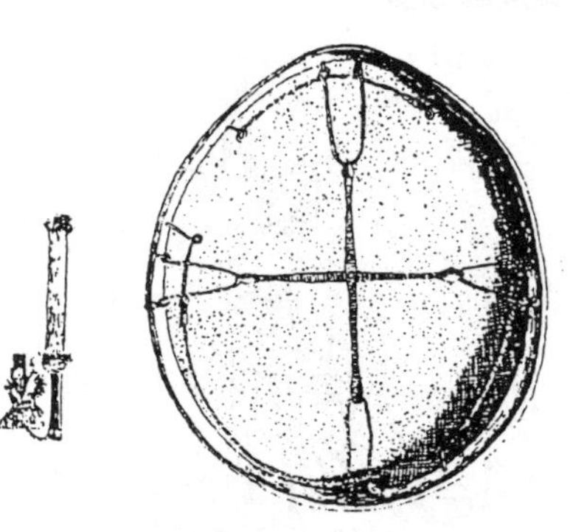

圖八：
通古斯薩滿神鼓

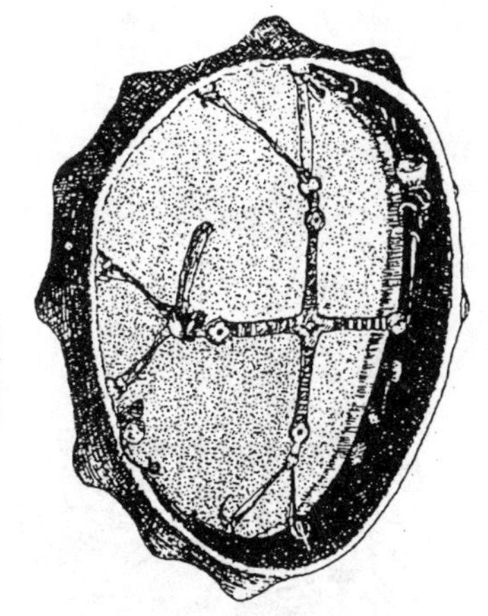

圖九：
雅庫特薩滿神鼓

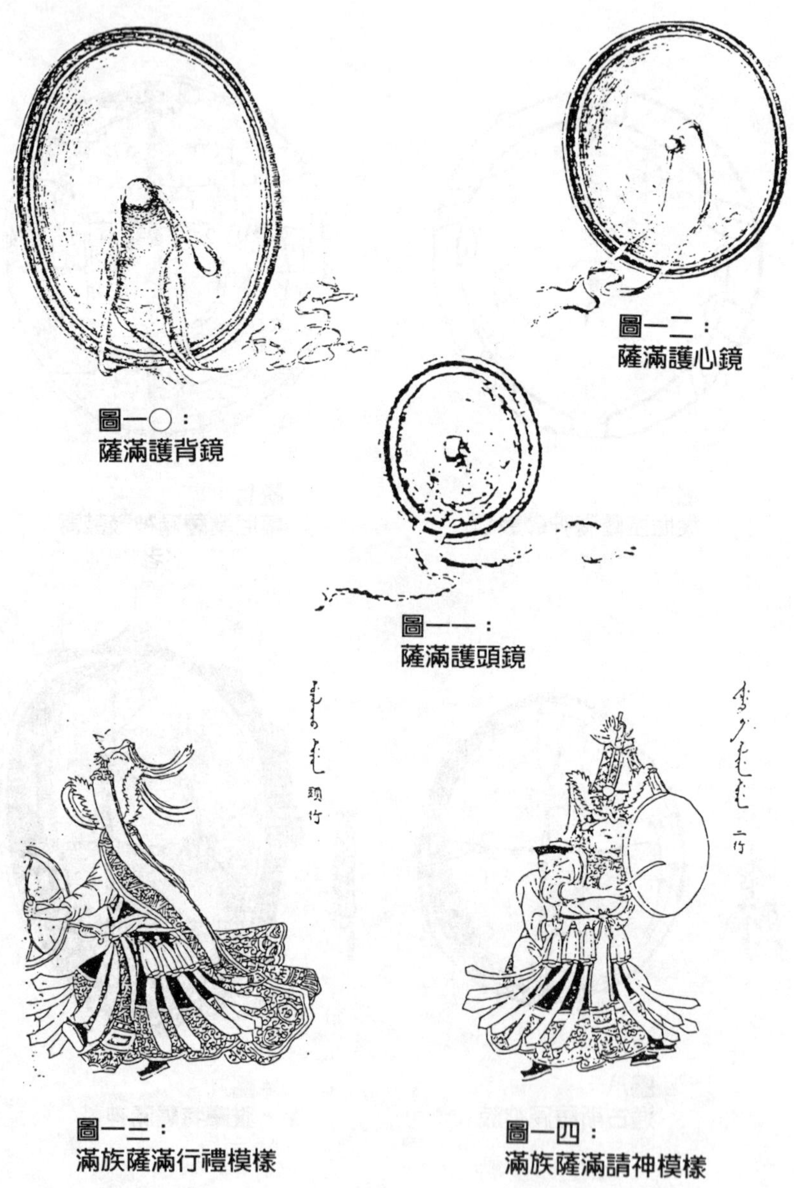

圖一〇：薩滿護背鏡

圖一二：薩滿護心鏡

圖一一：薩滿護頭鏡

圖一三：滿族薩滿行禮模樣

圖一四：滿族薩滿請神模樣

圖一五：
滿族薩滿迎神模樣

圖一六：
滿族薩滿跳老虎神模樣

圖一七：
滿族薩滿跳老虎神模樣

圖一八：
滿族薩滿跳神模樣

圖一九：
滿族薩滿跳舞模樣

圖二〇：
滿族薩滿耍鼓模樣

圖二一：
滿族薩滿耍鼓模樣

圖二二：
滿族女薩滿跳舞模樣

附錄一 海參崴本《尼山薩滿傳》滿文手稿

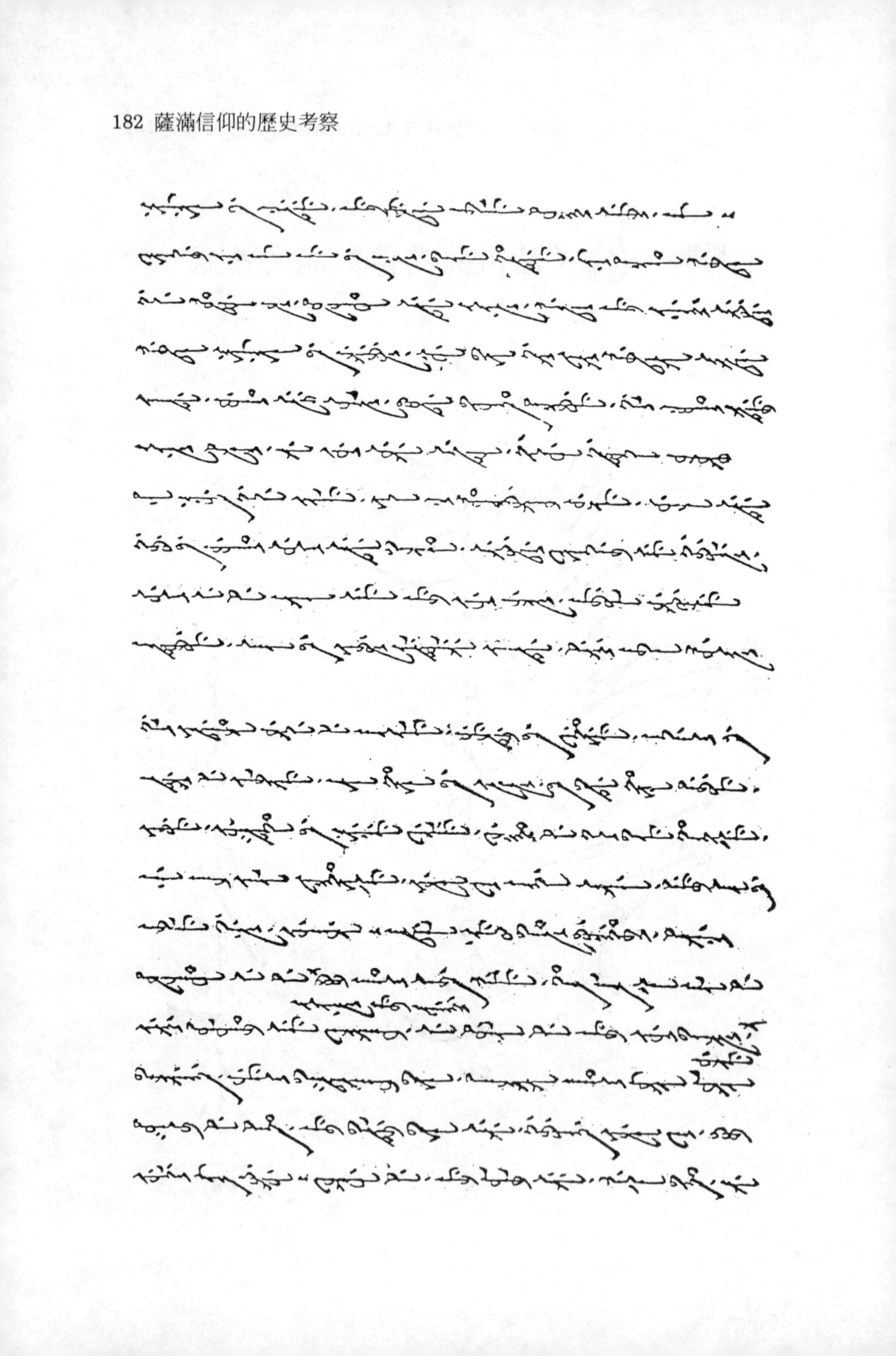

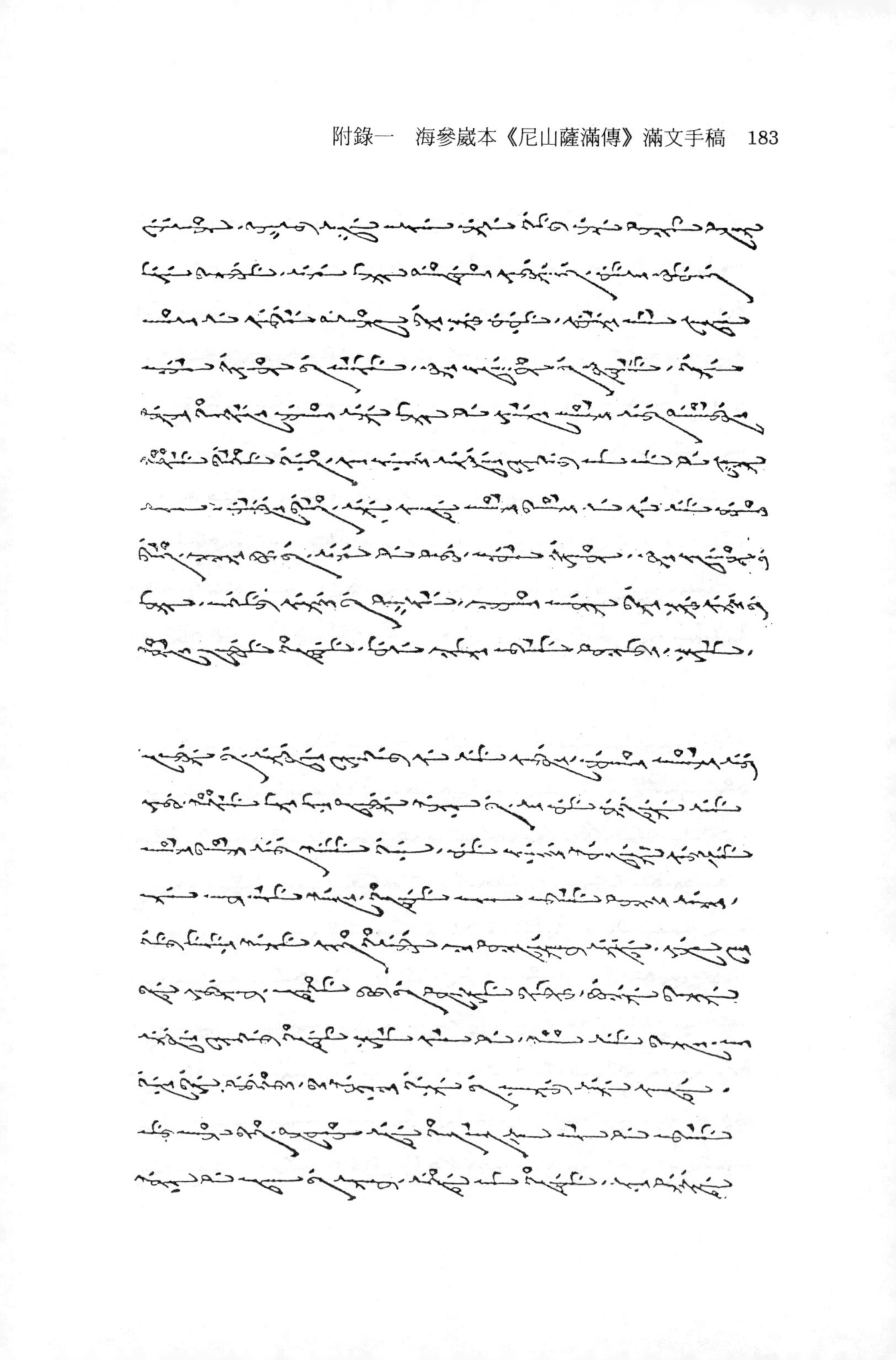

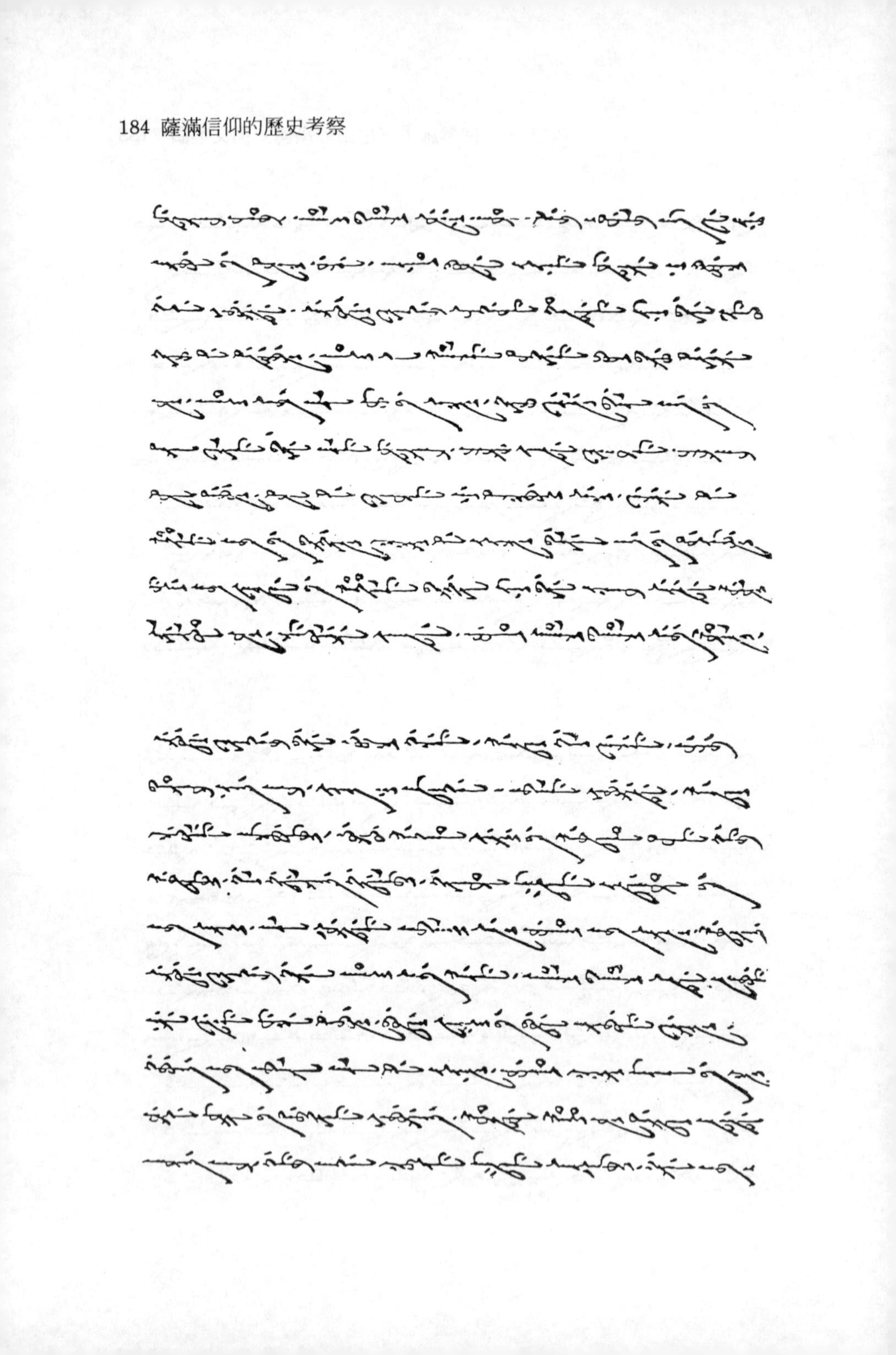

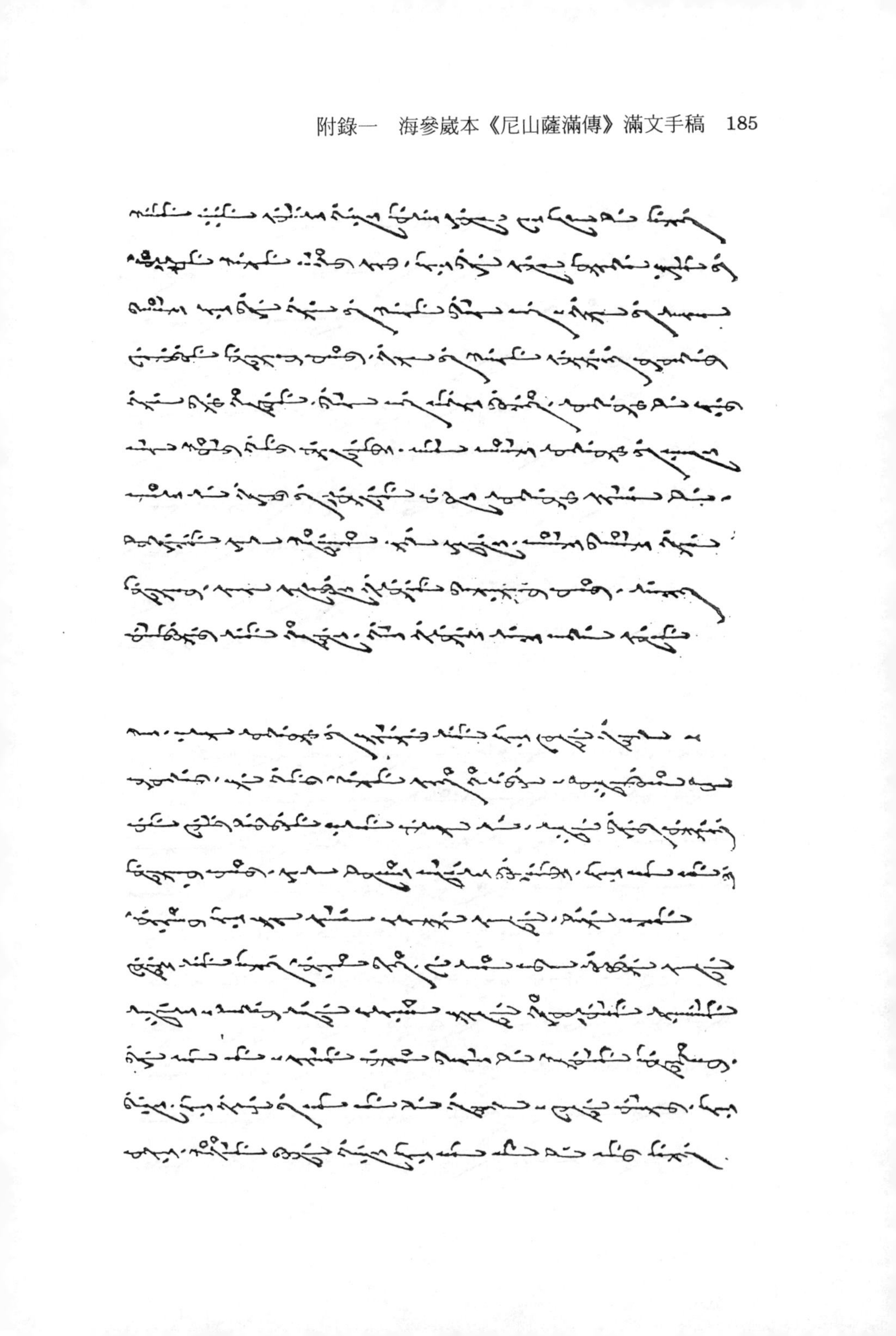

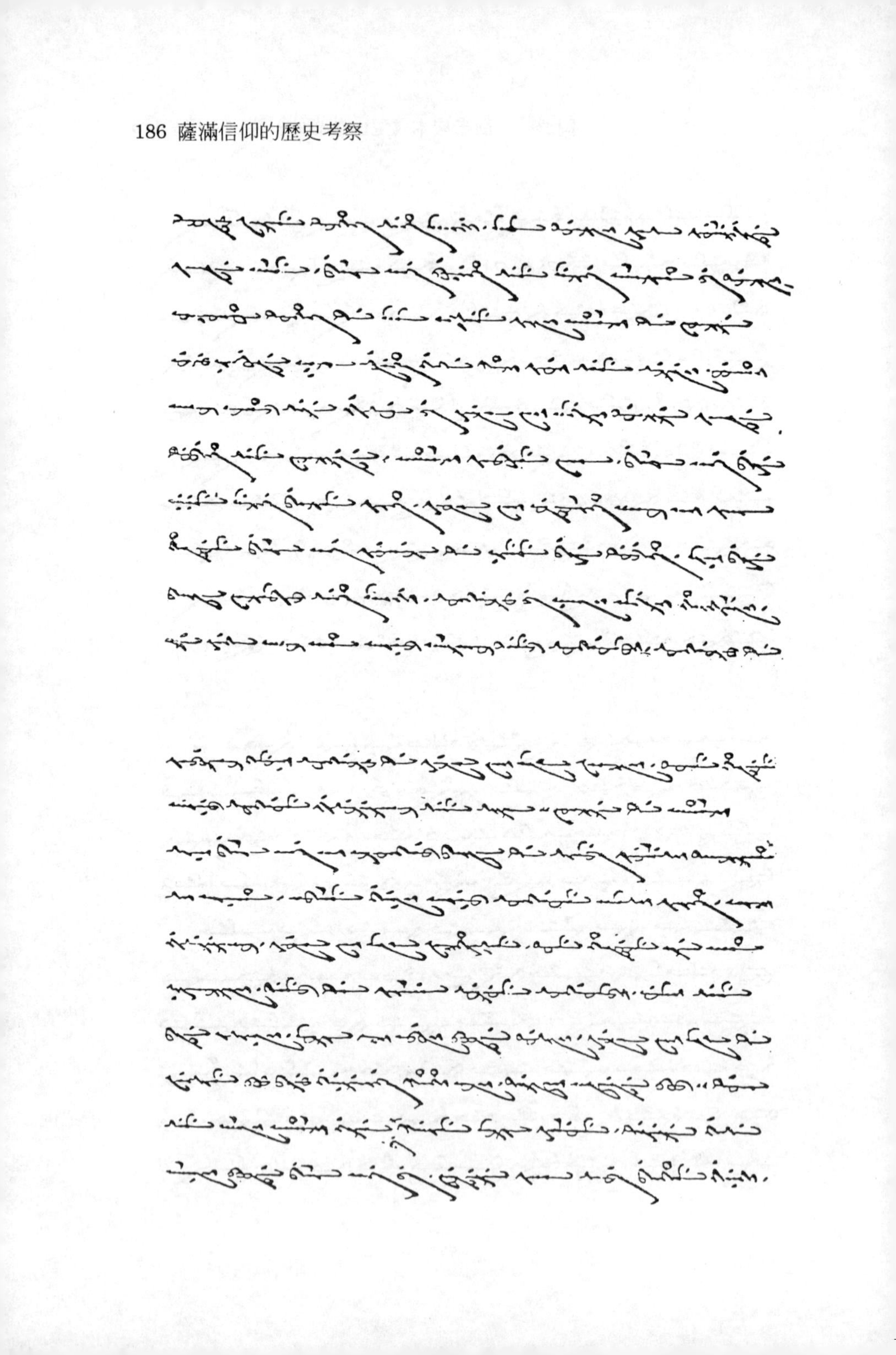

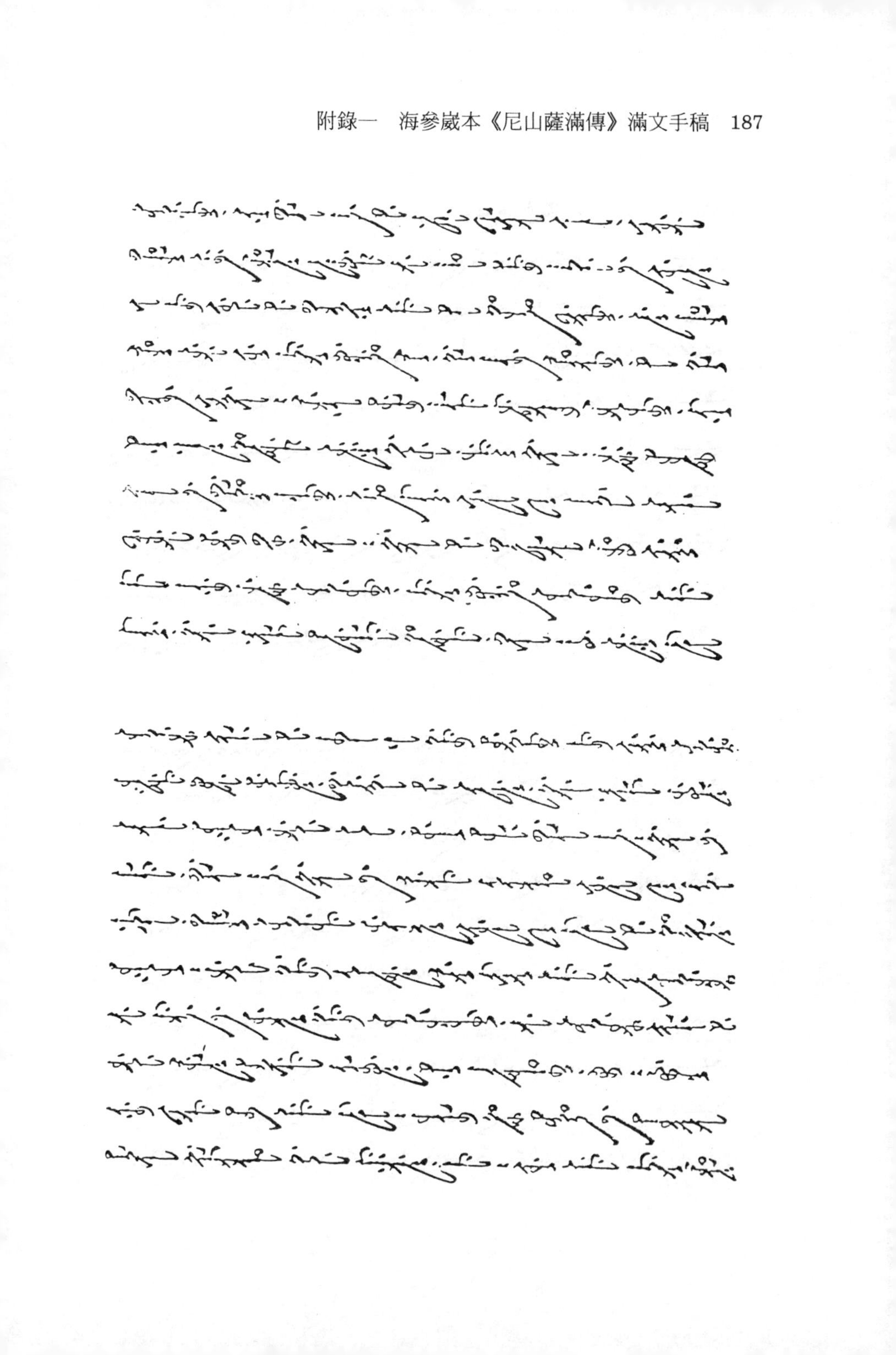

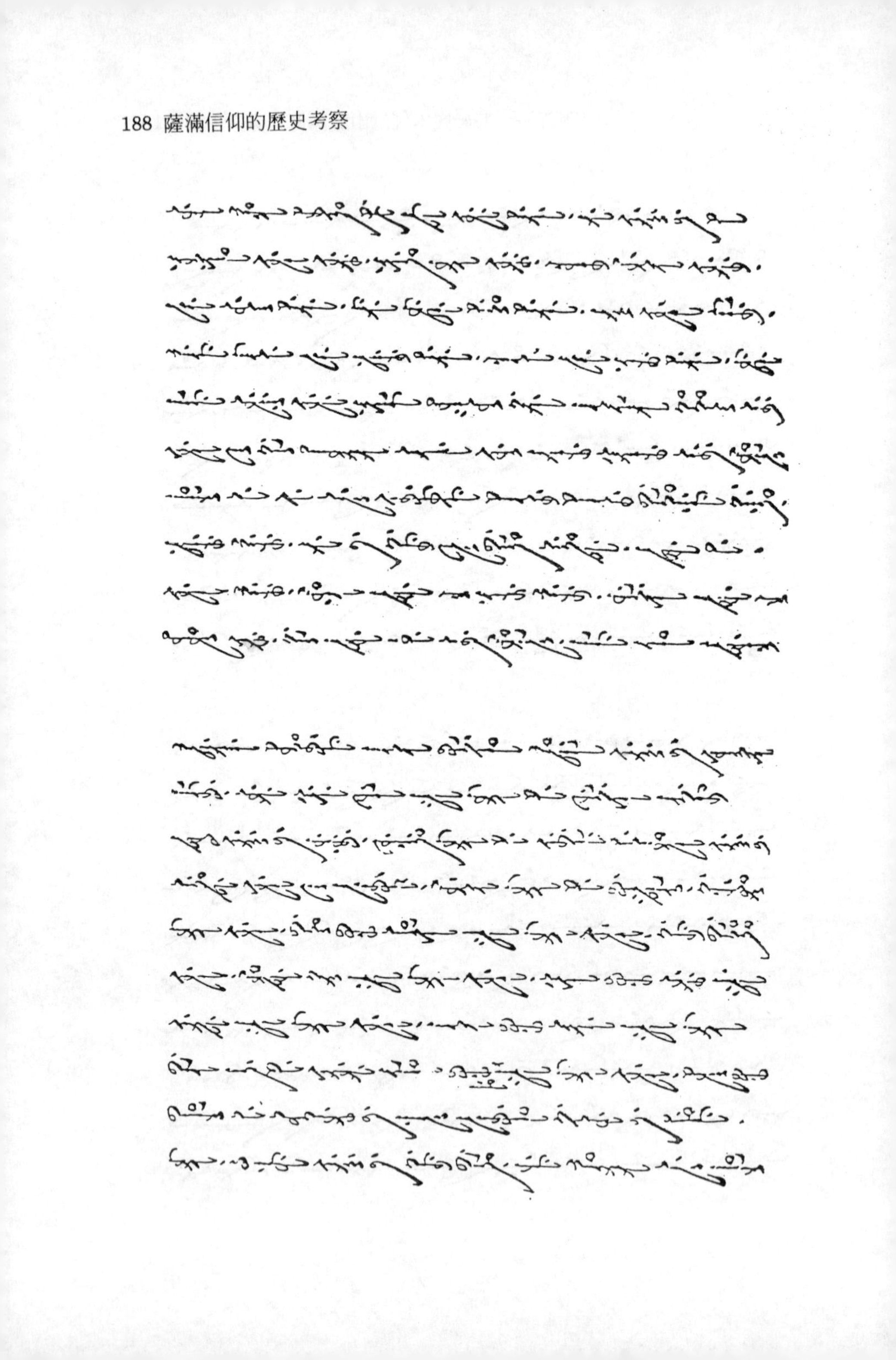

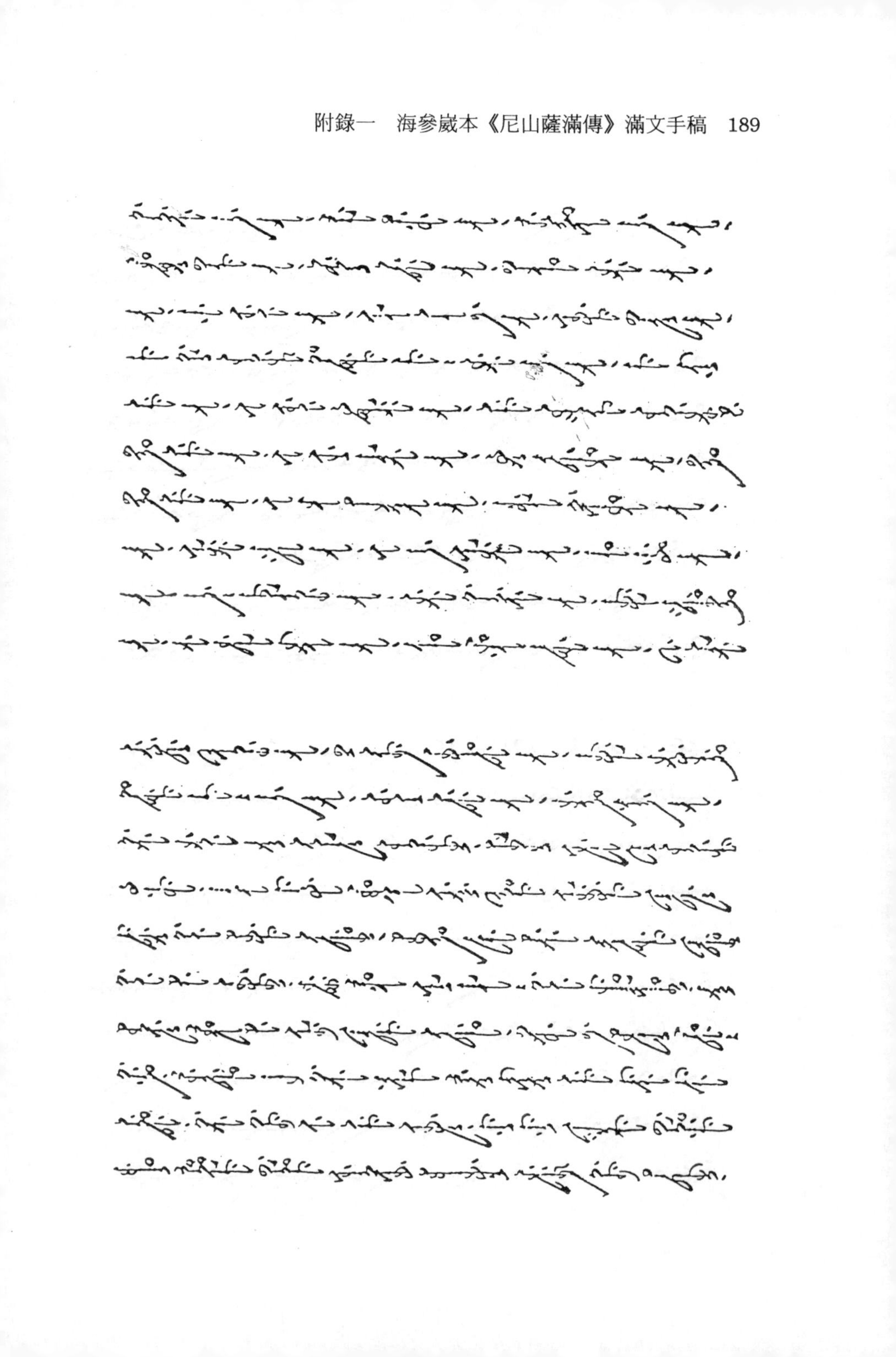

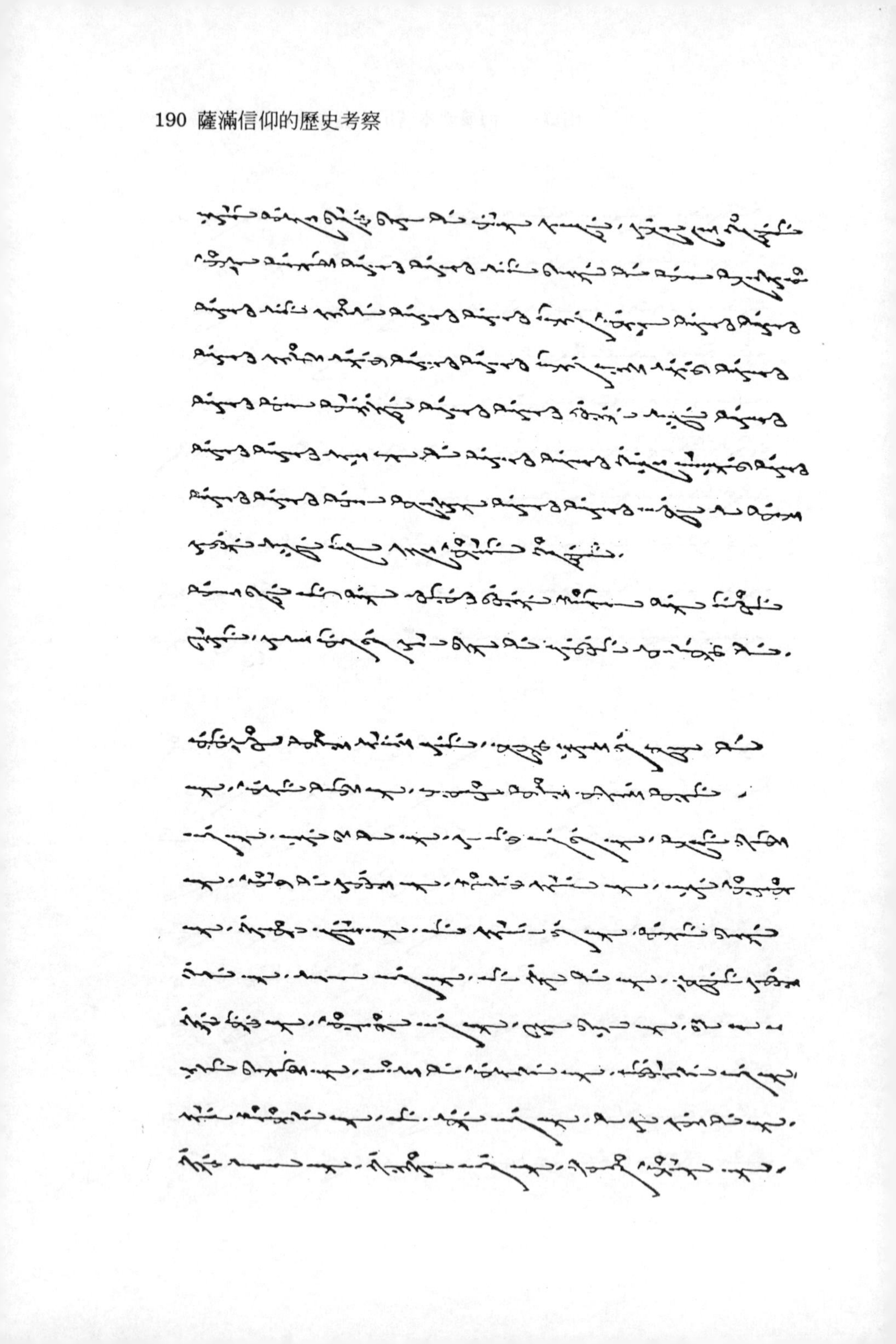

[illegible]

[illegible]

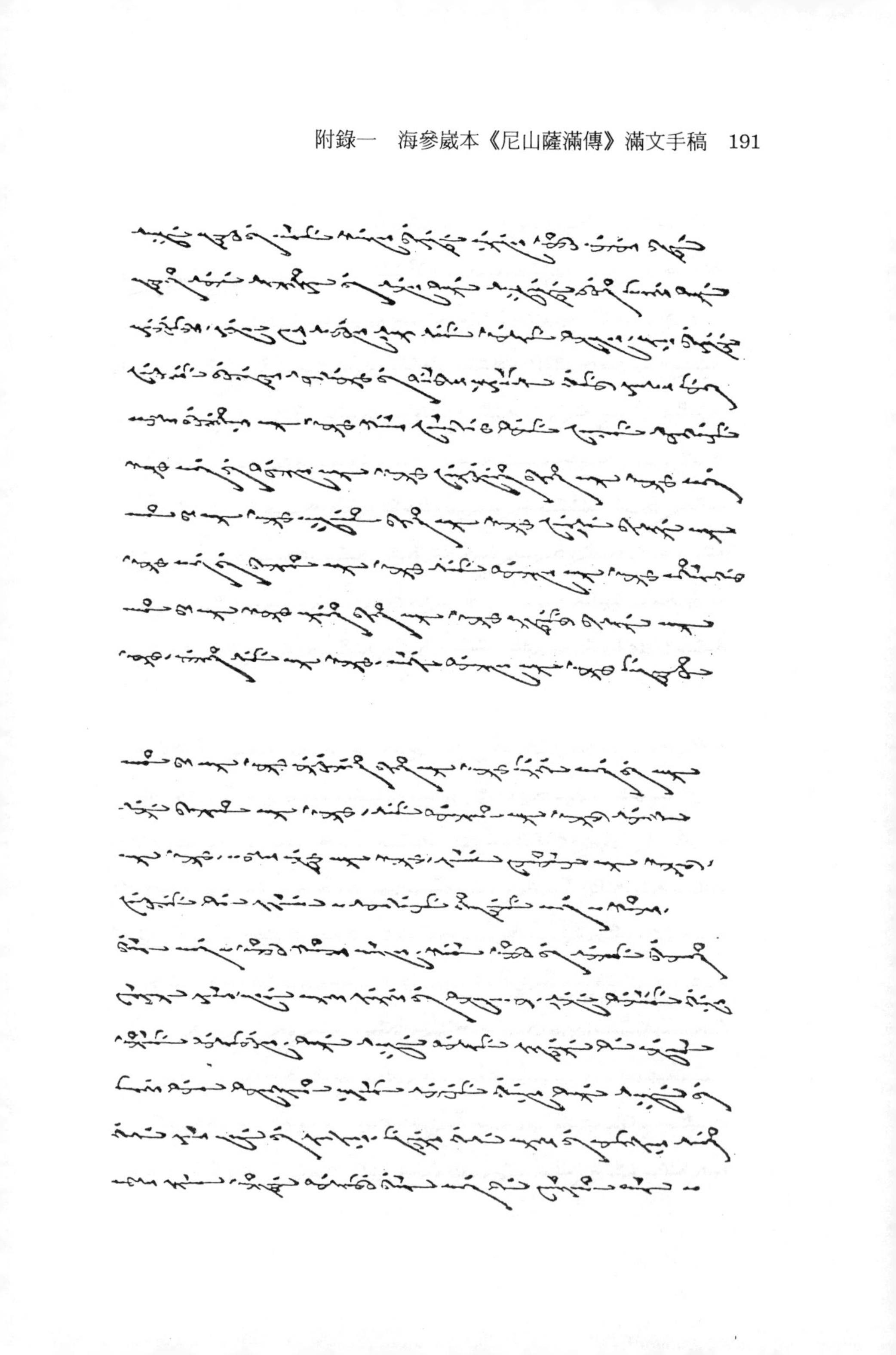

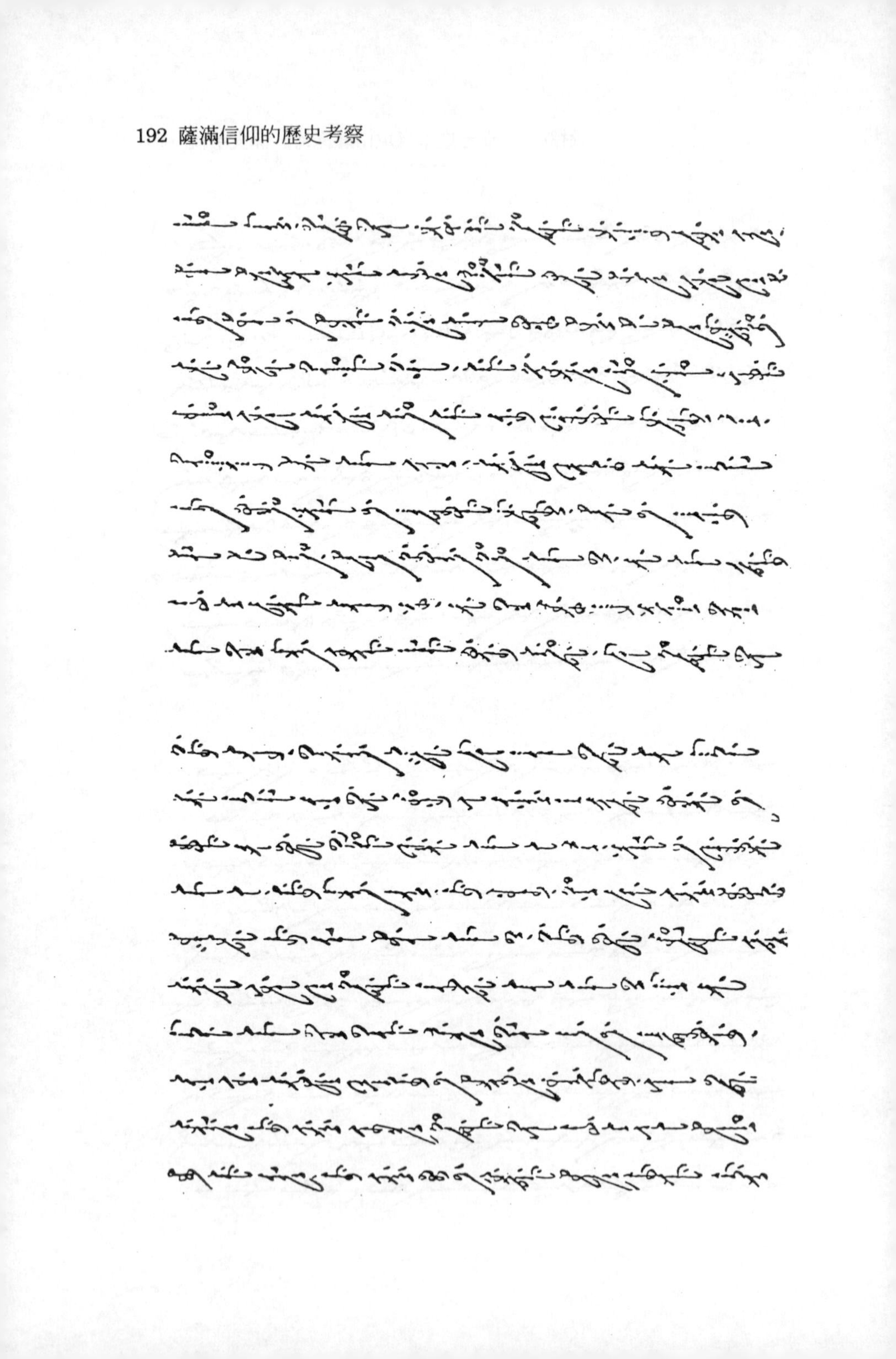

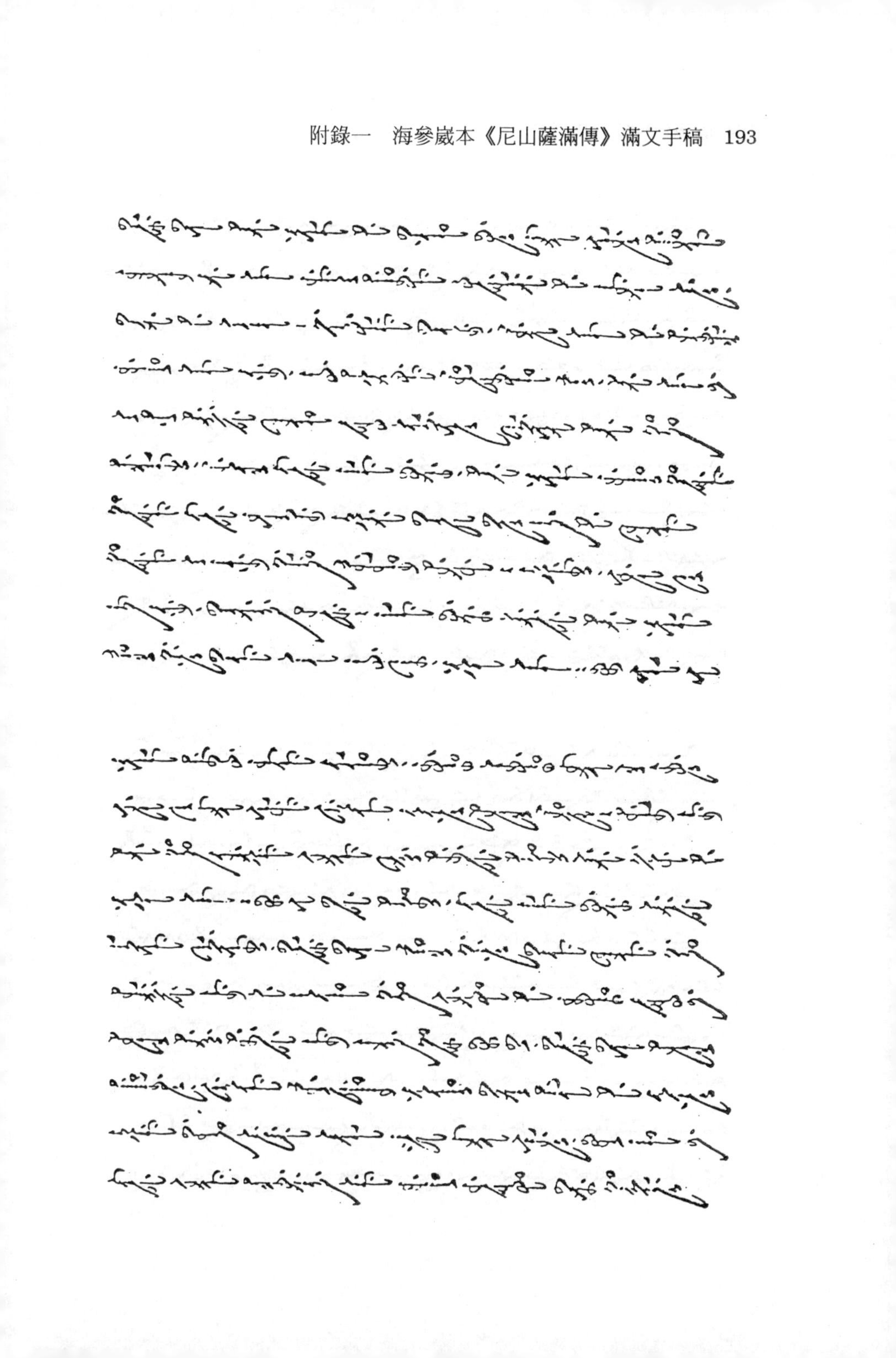

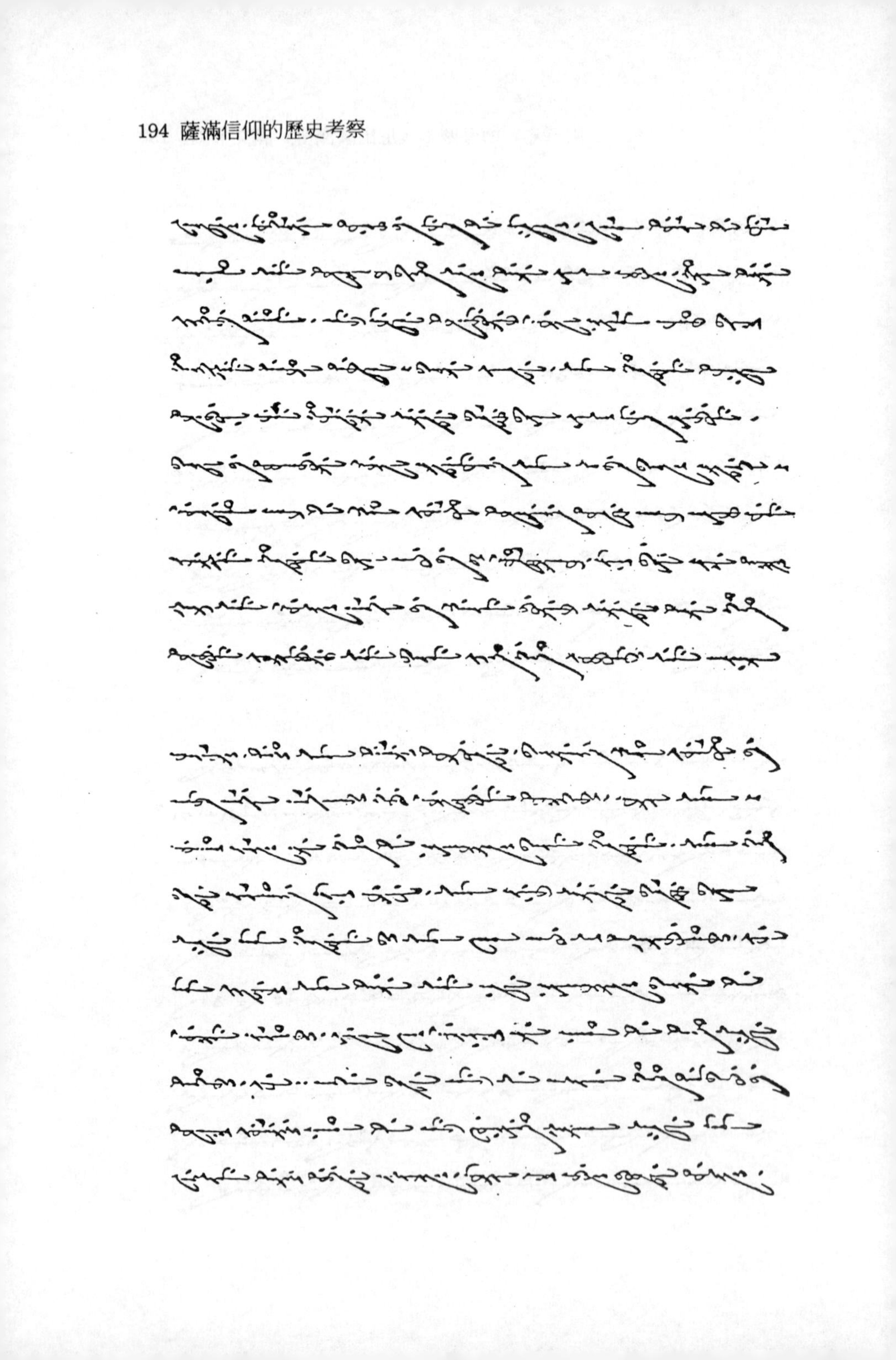

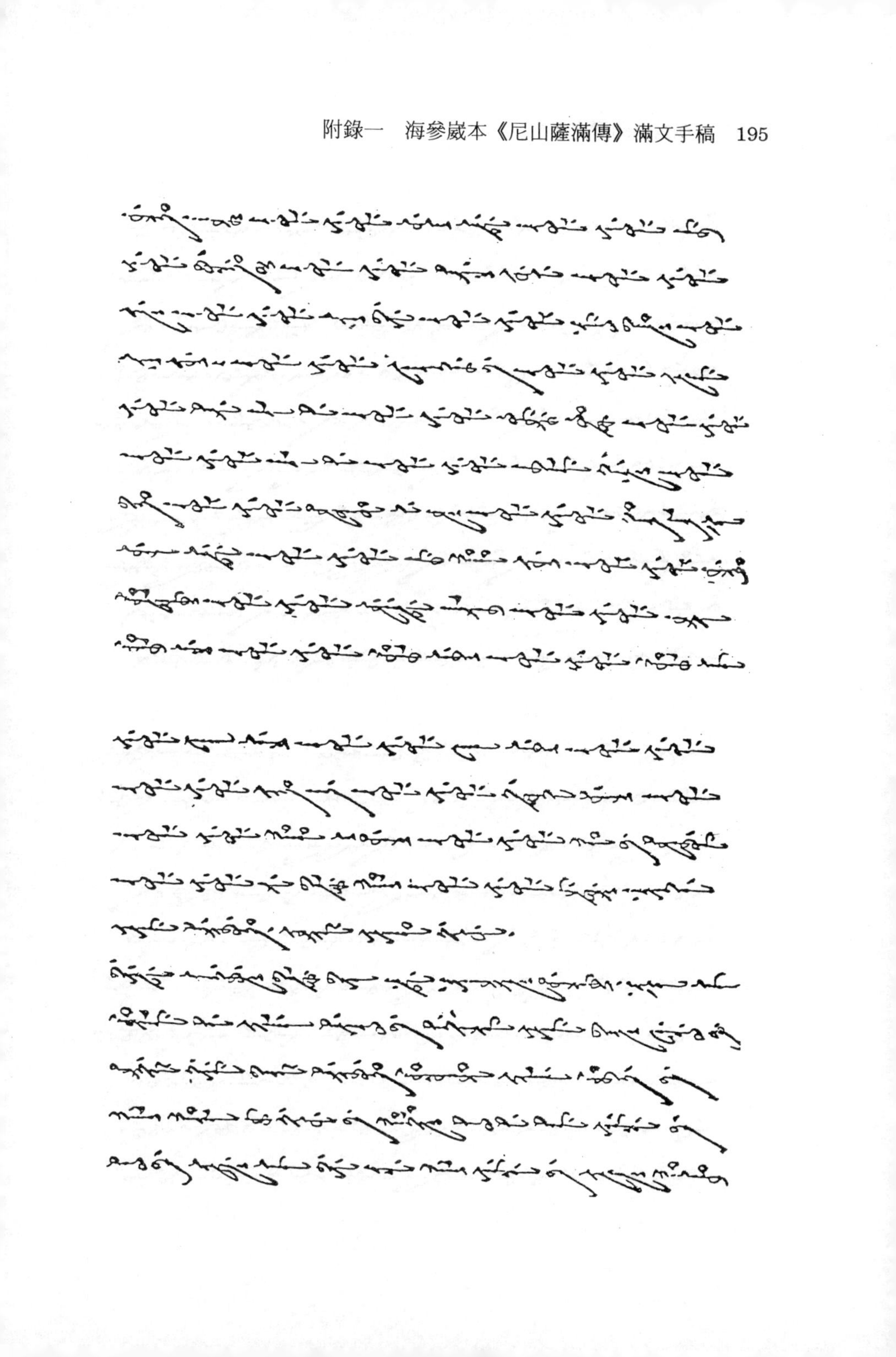

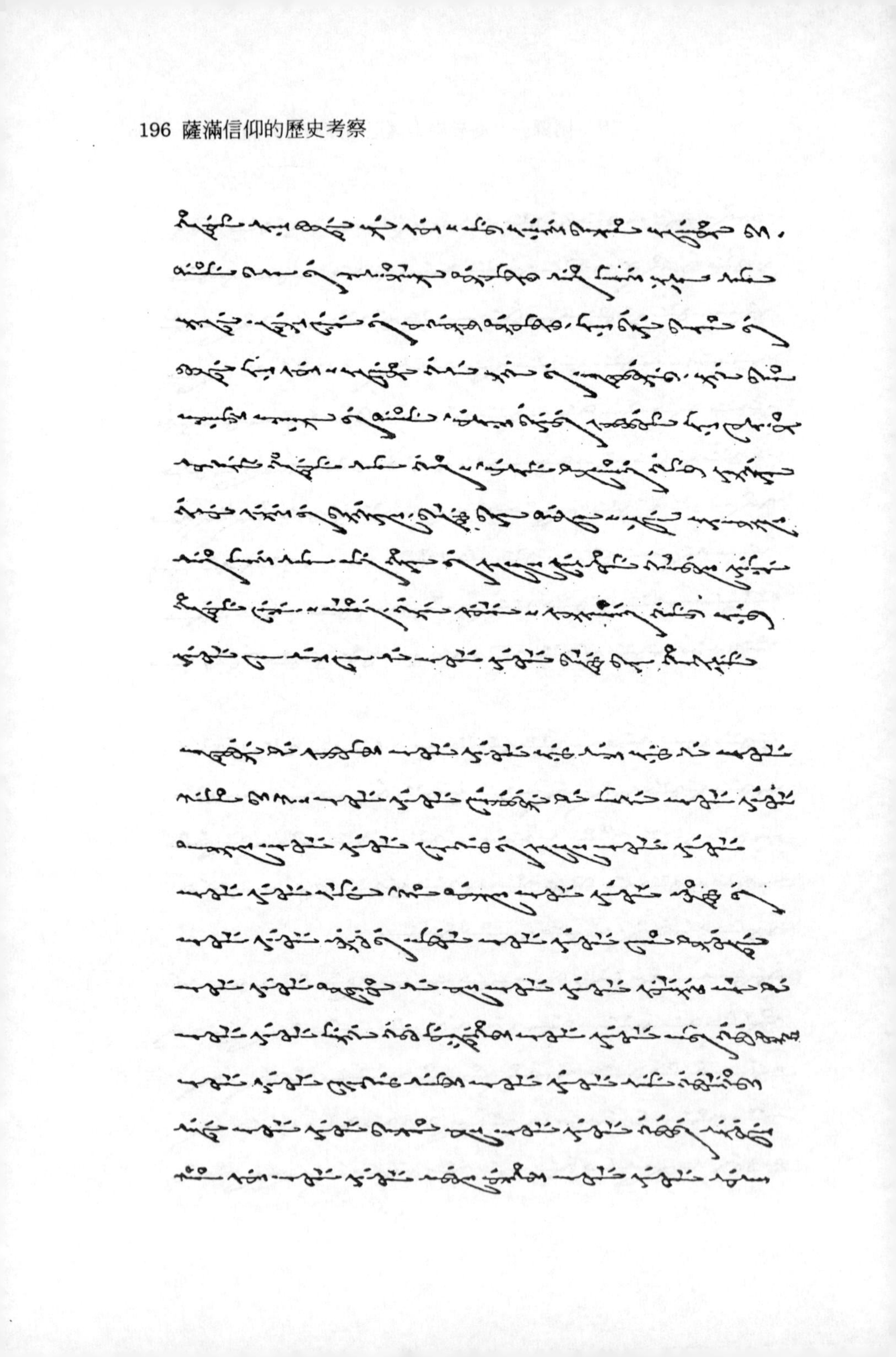

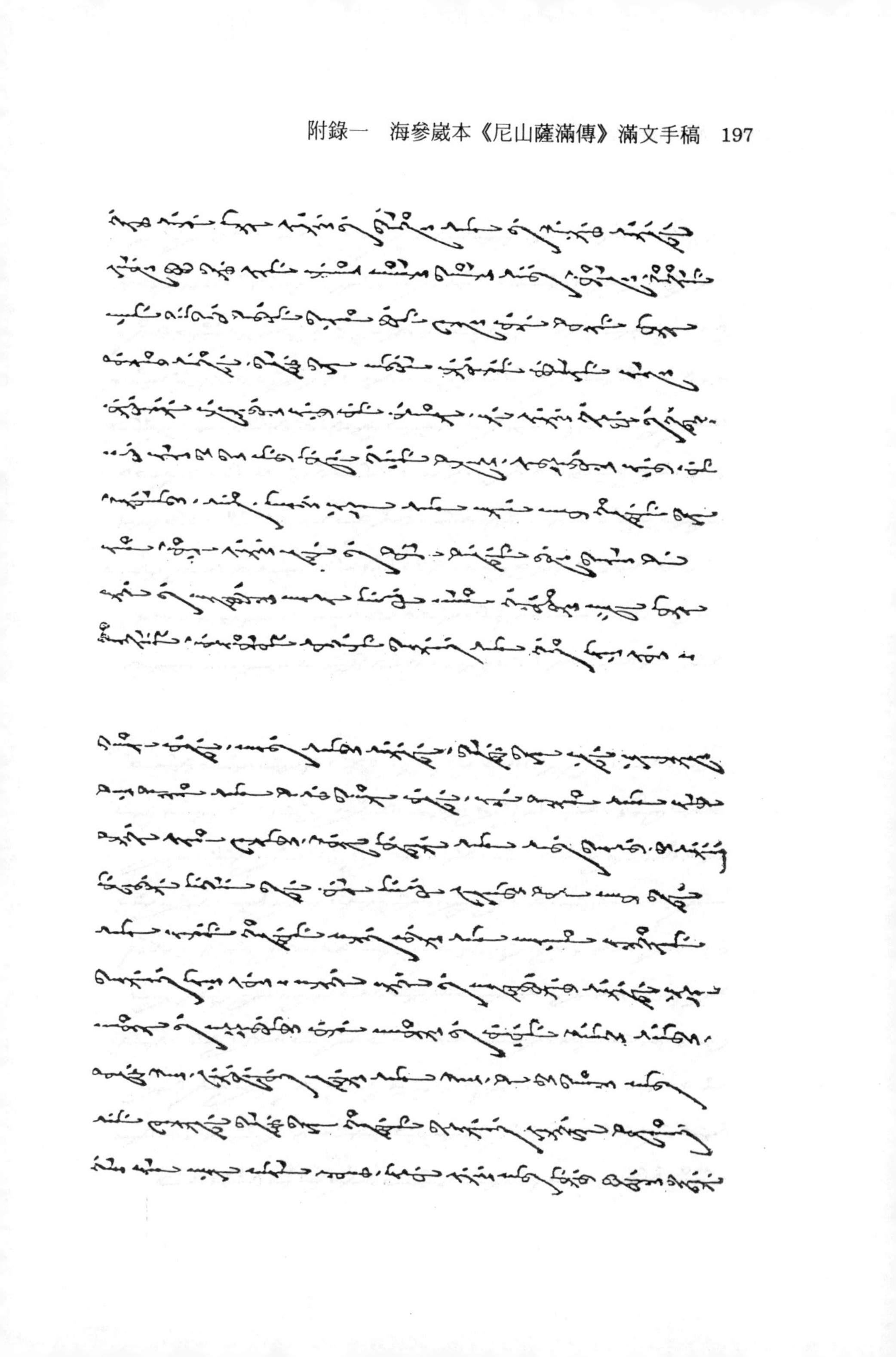

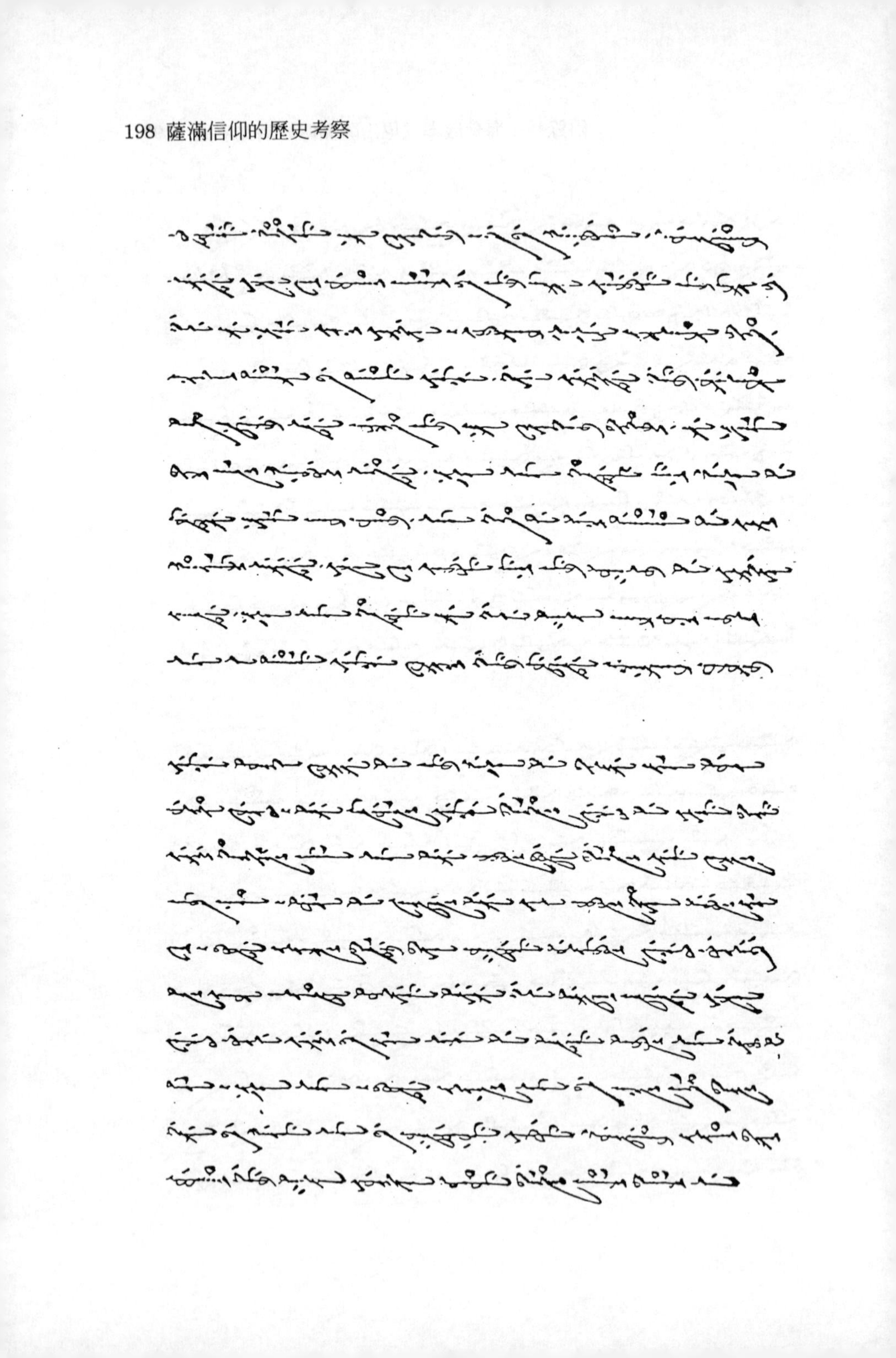

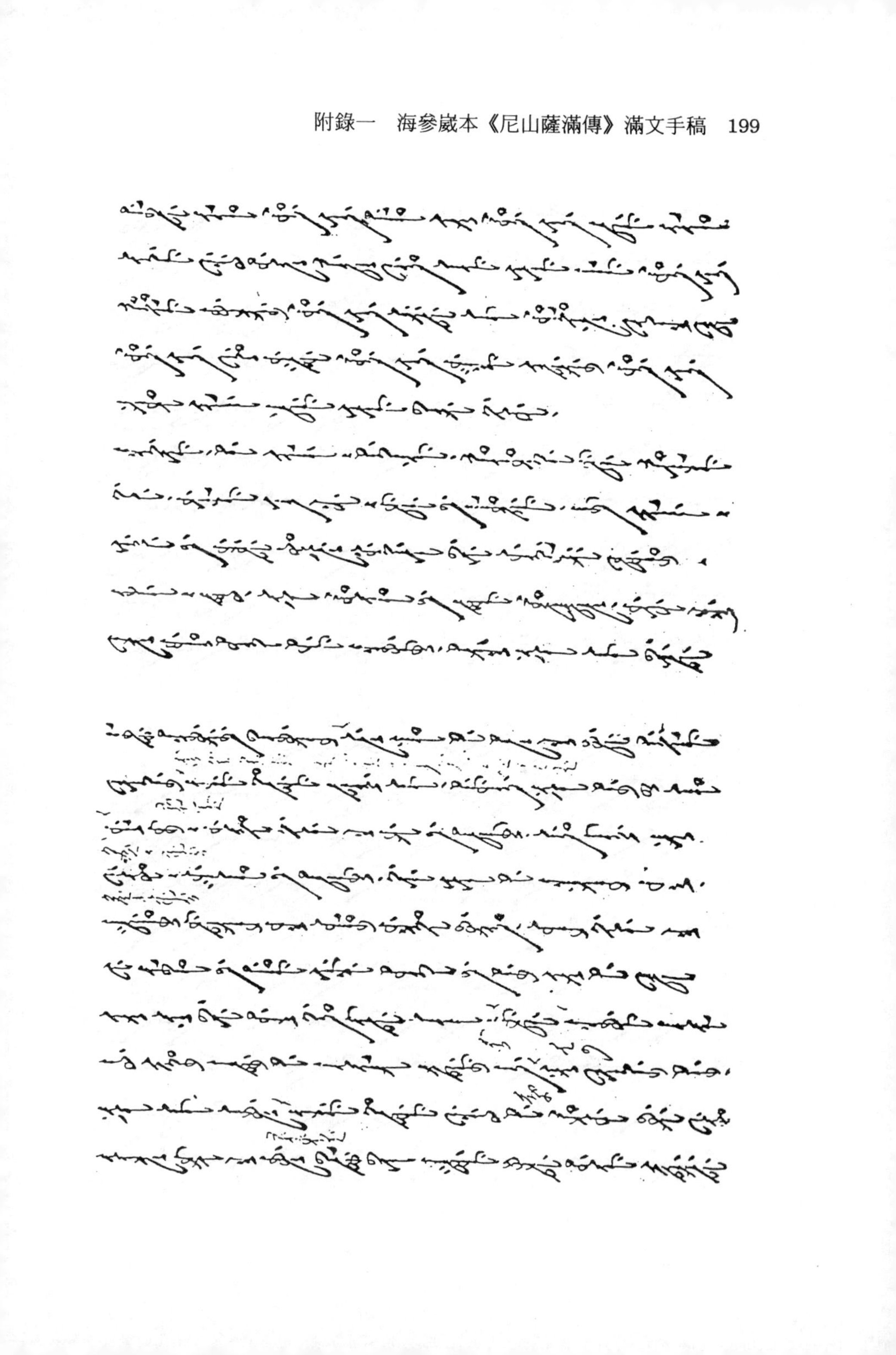

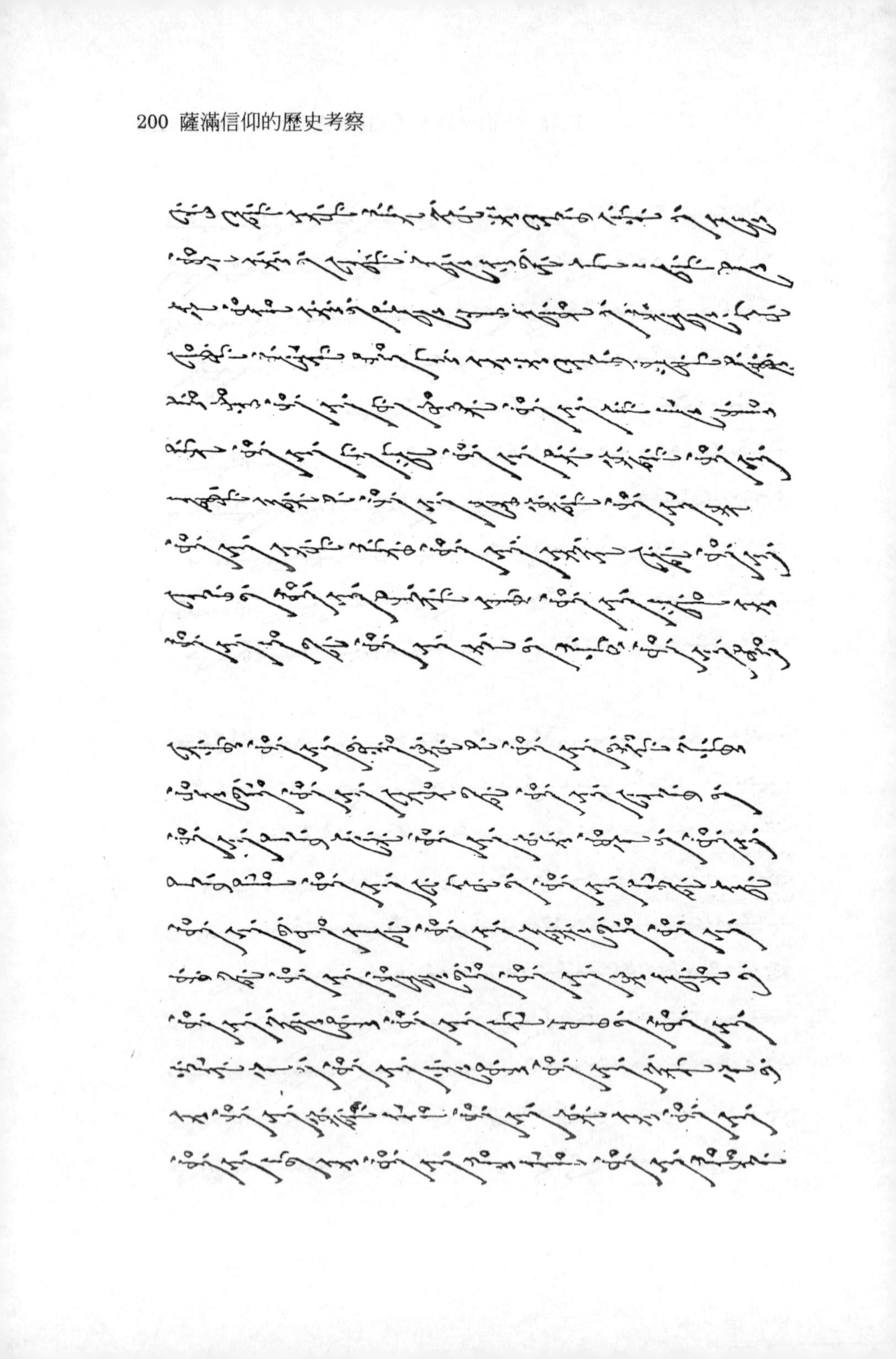

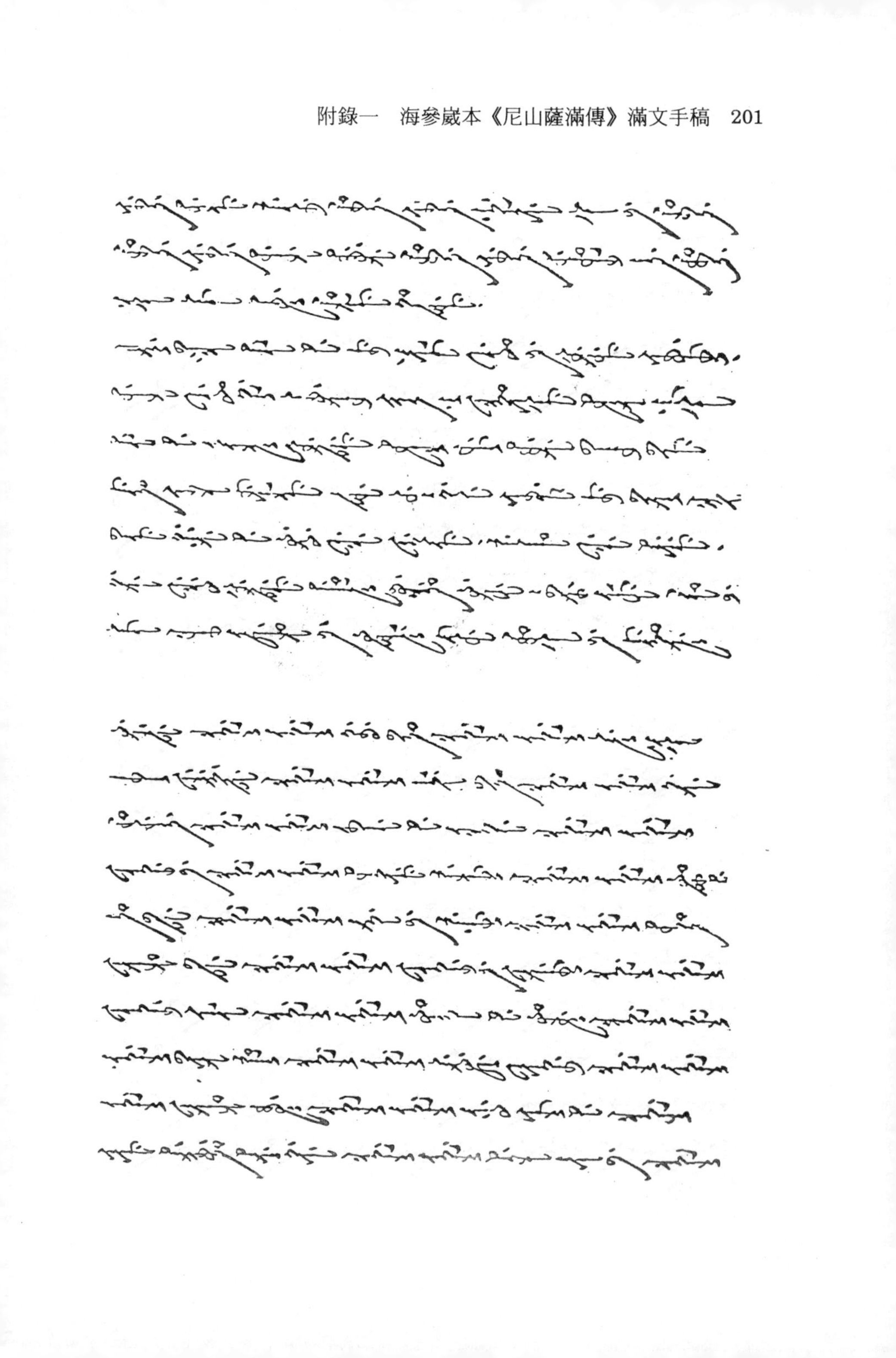

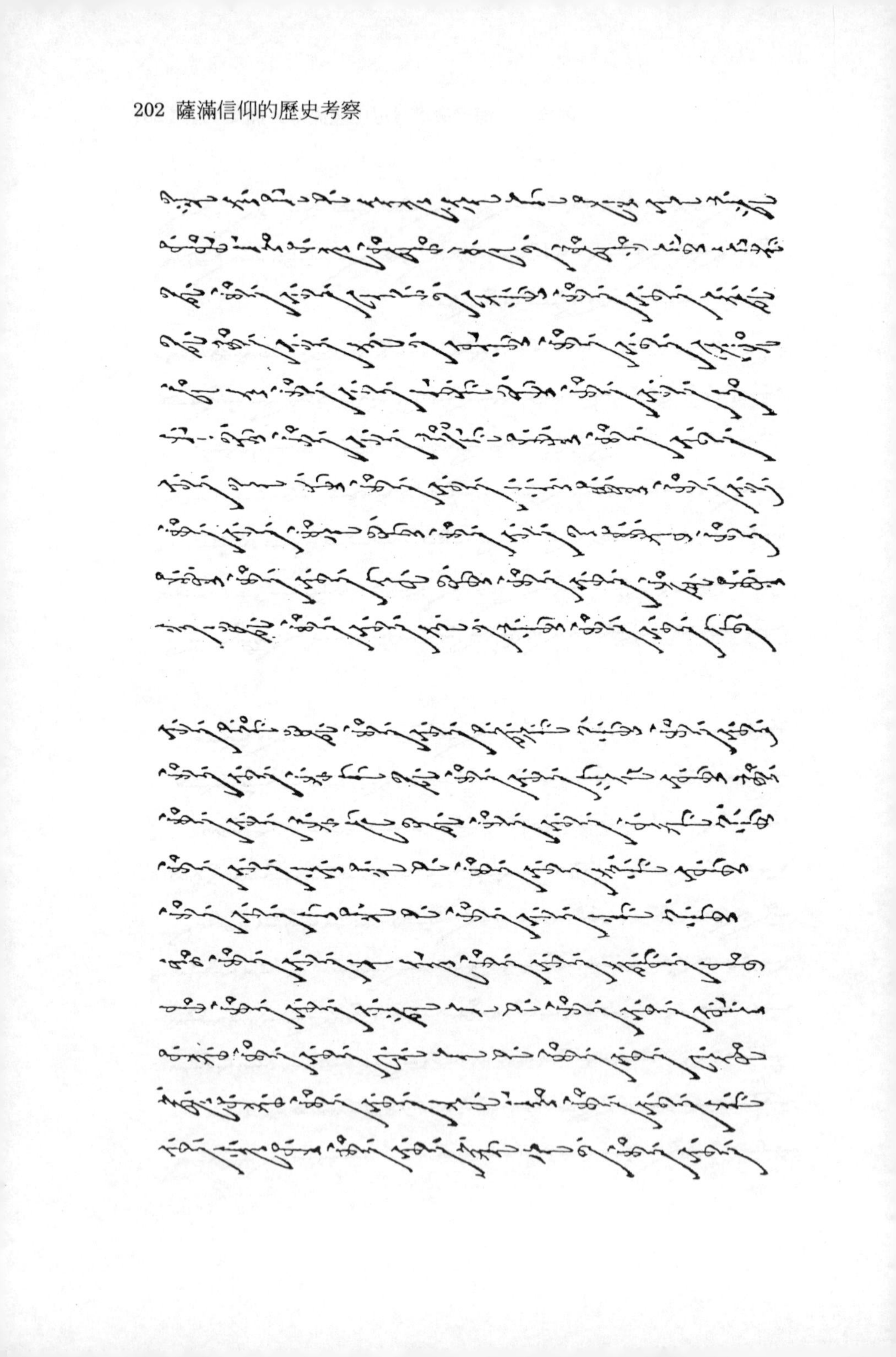

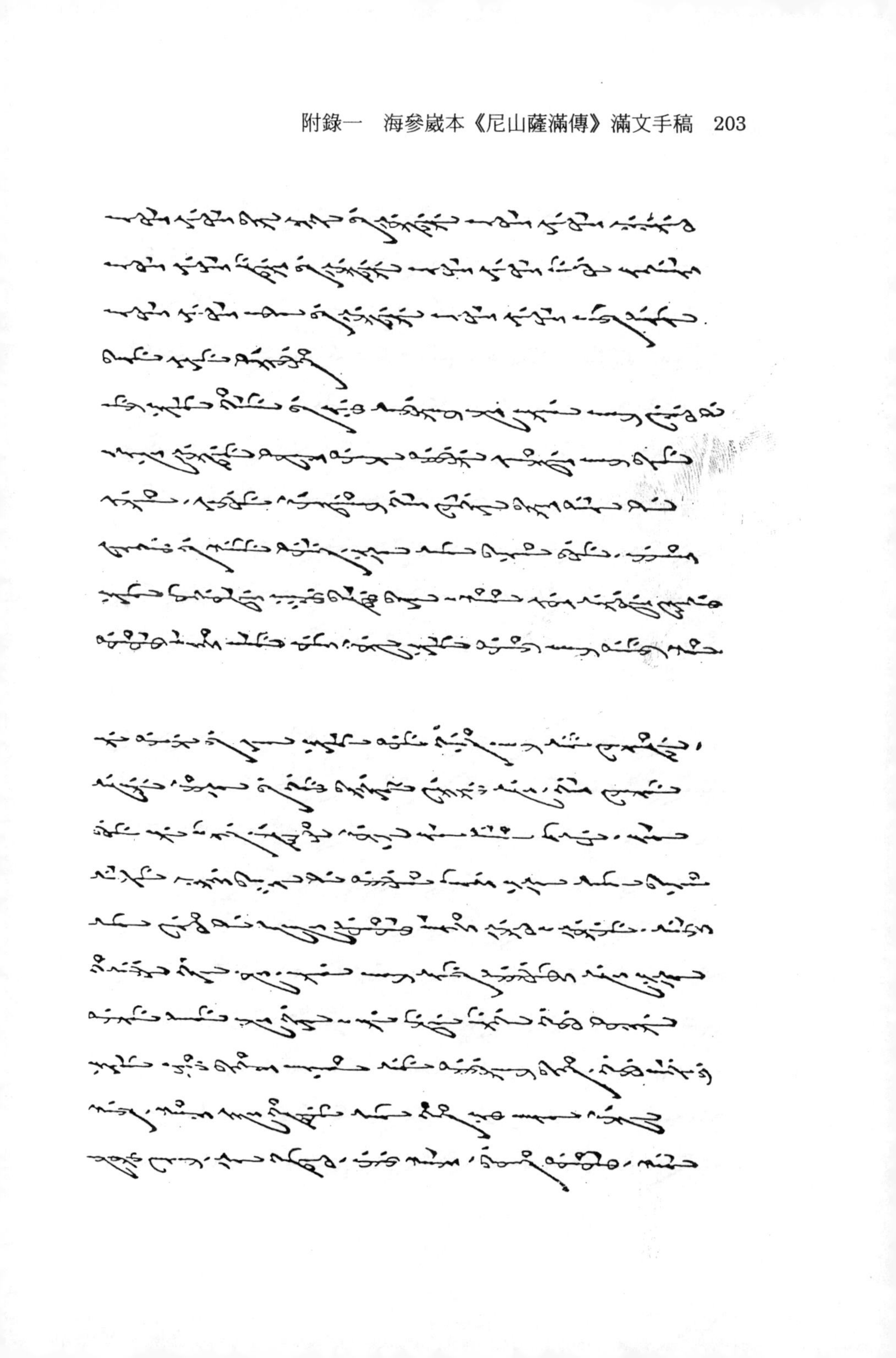

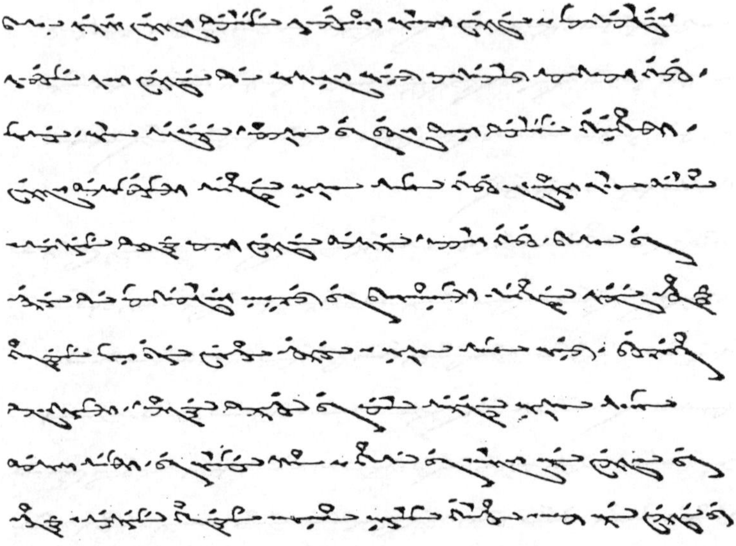

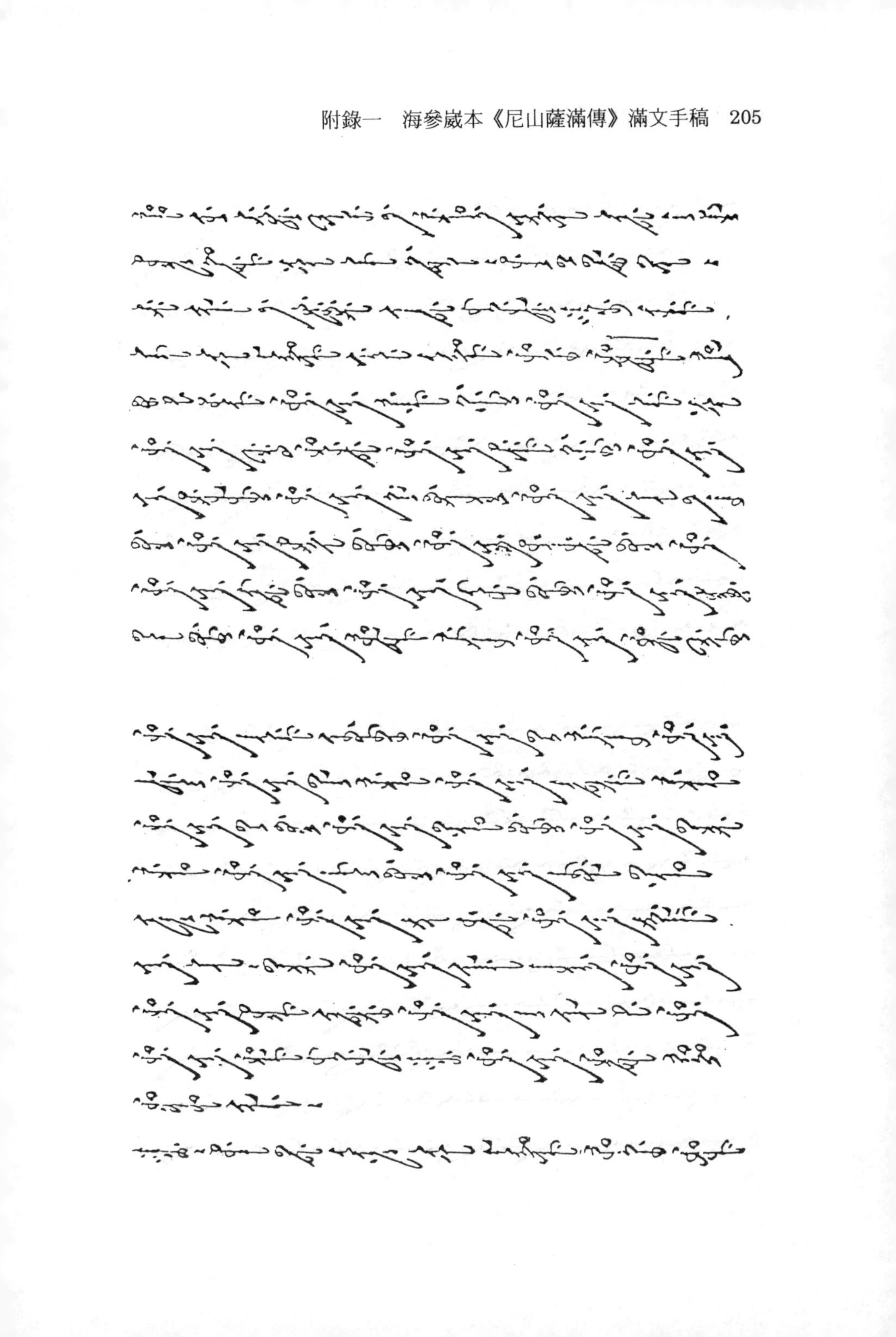

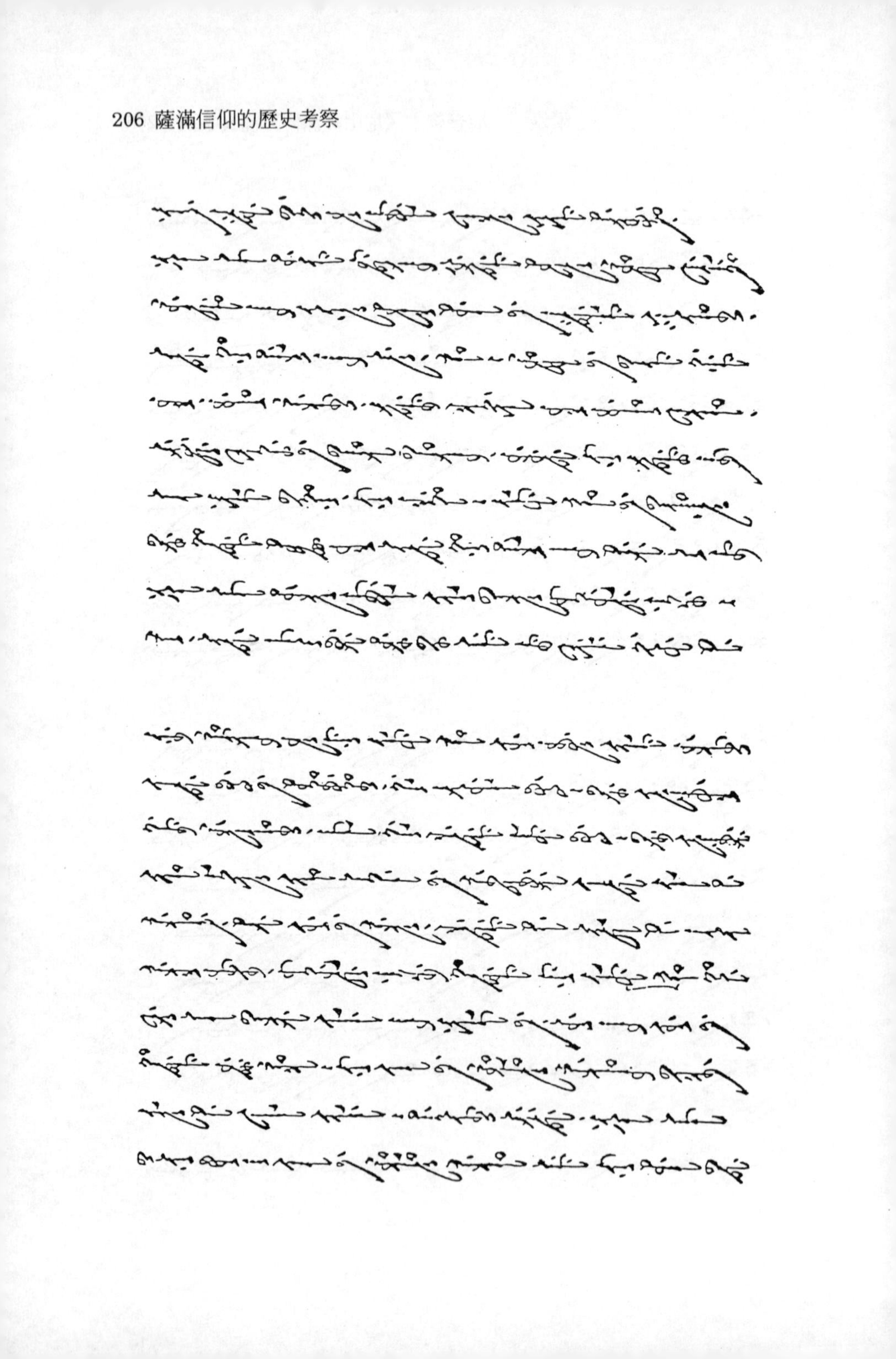

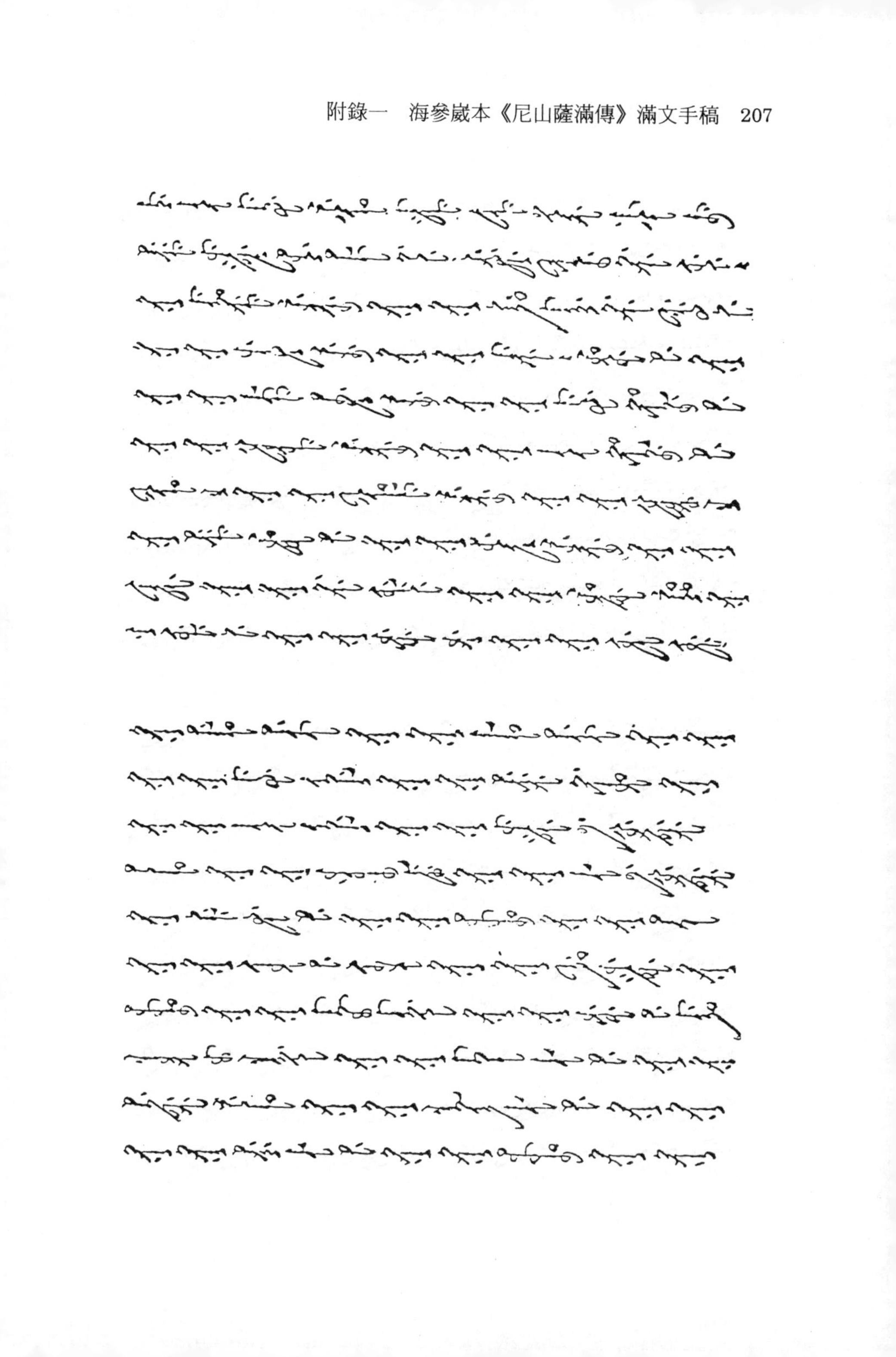

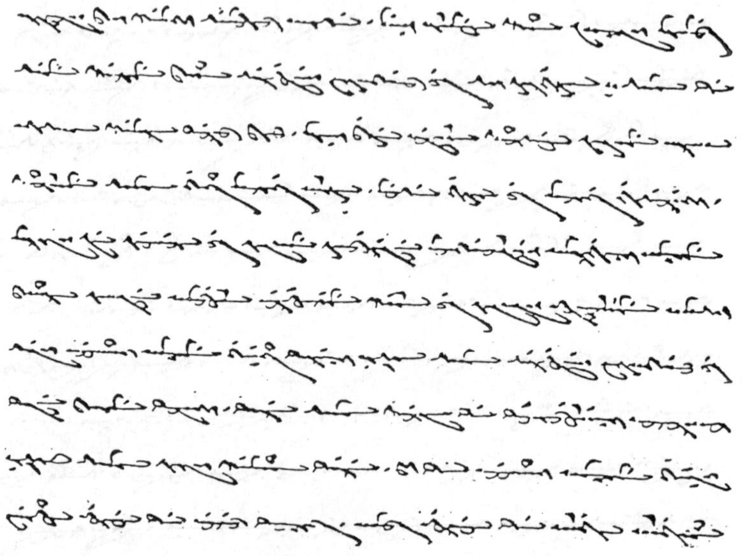

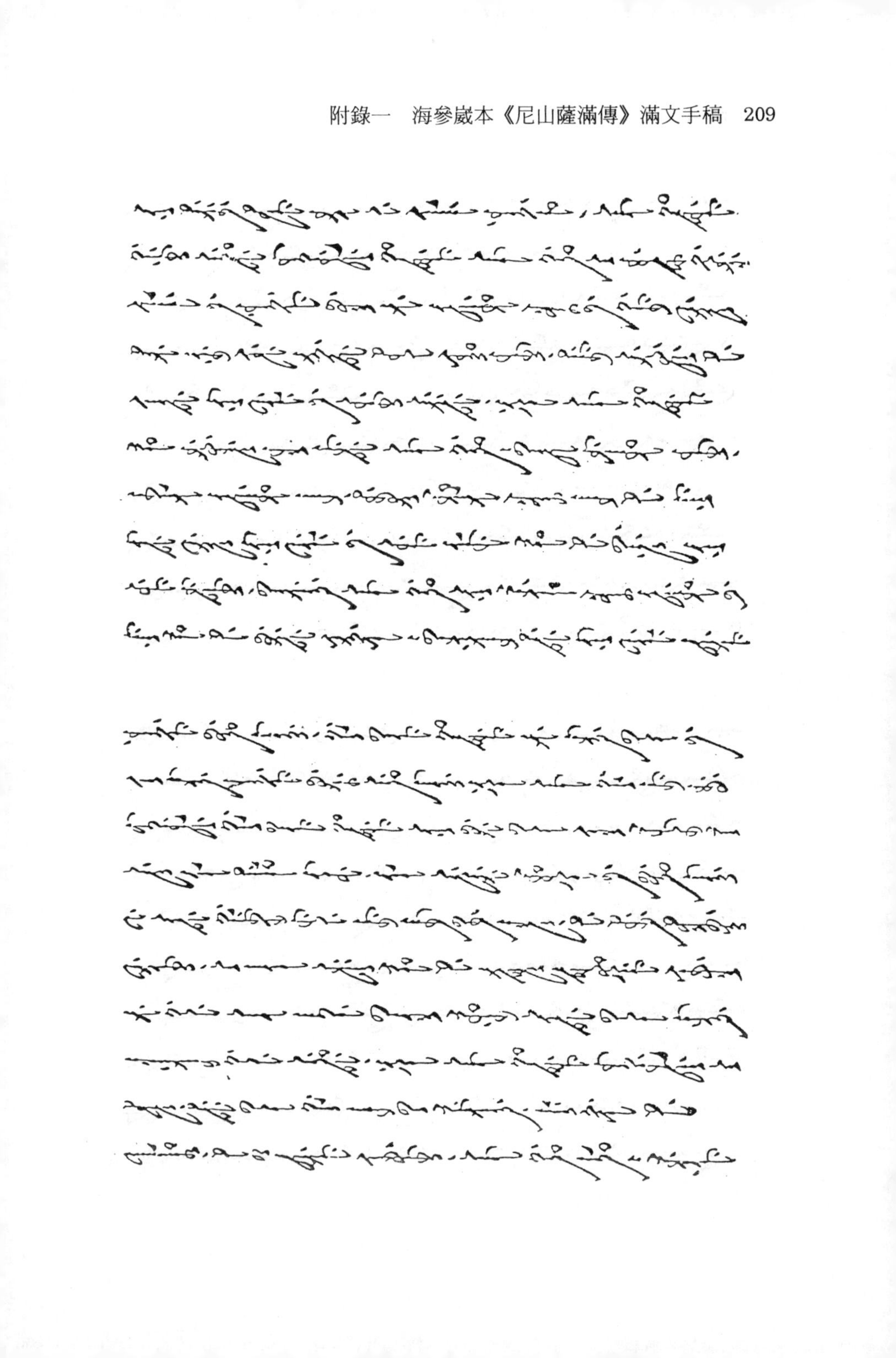

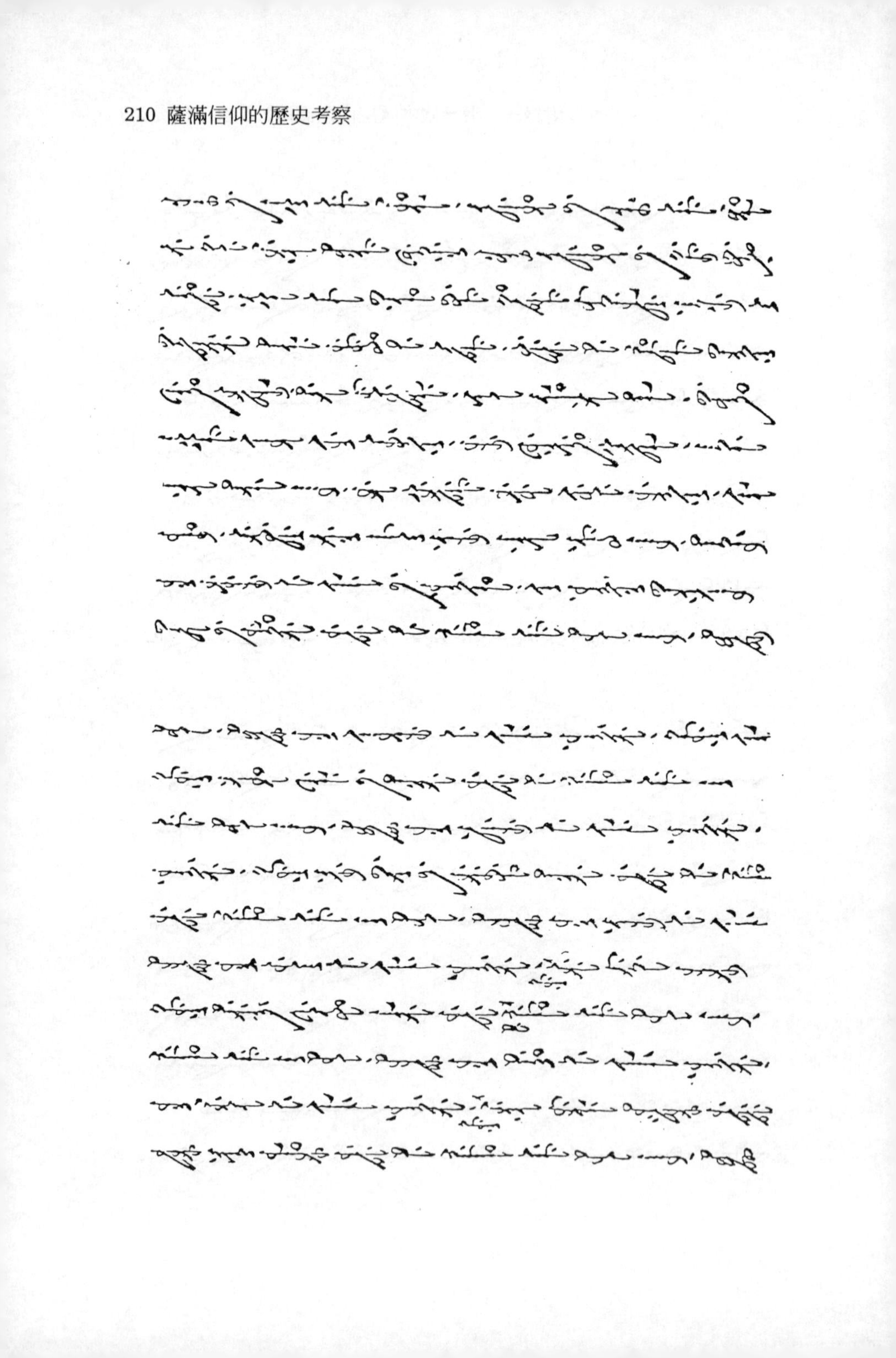

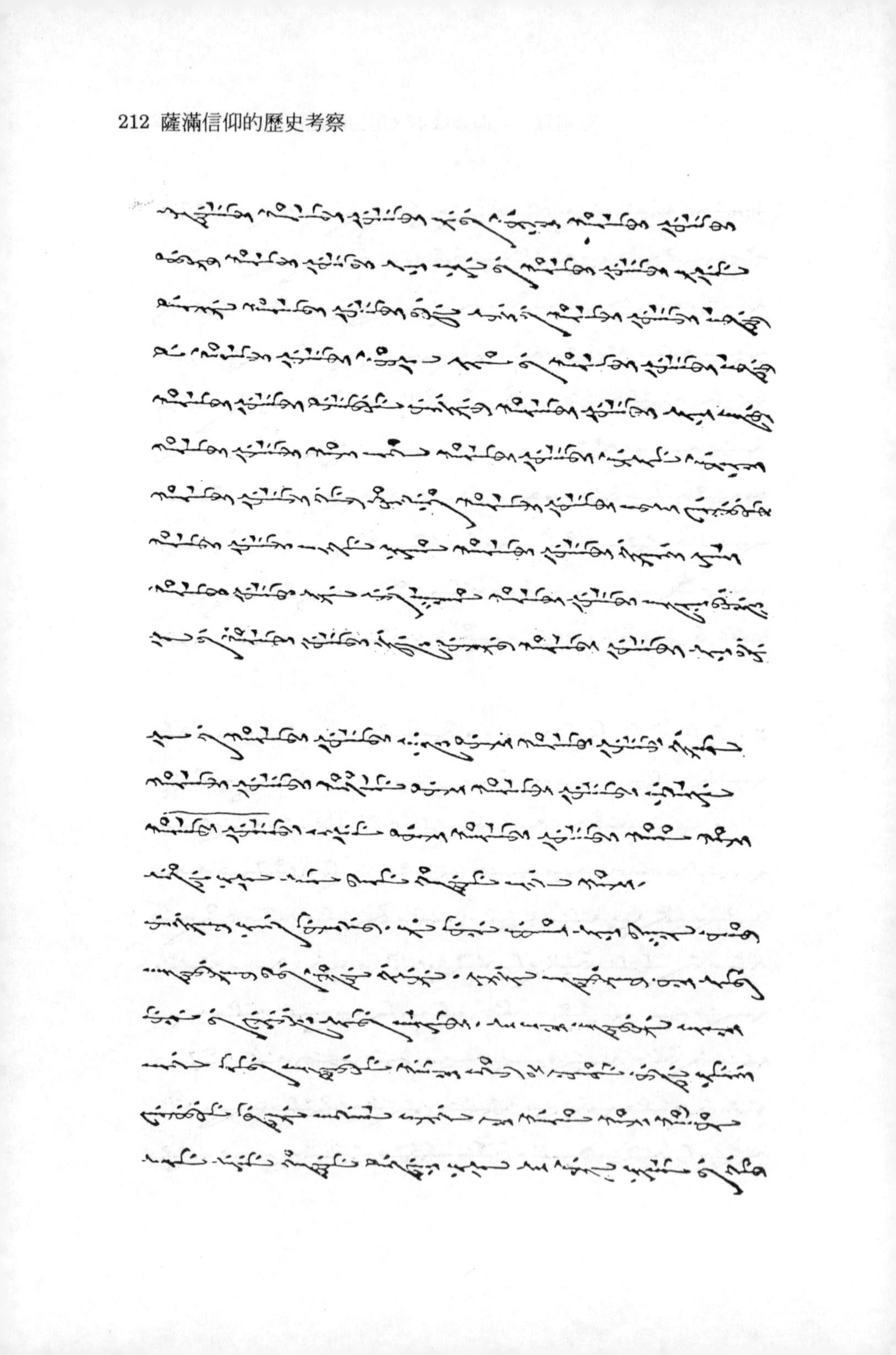

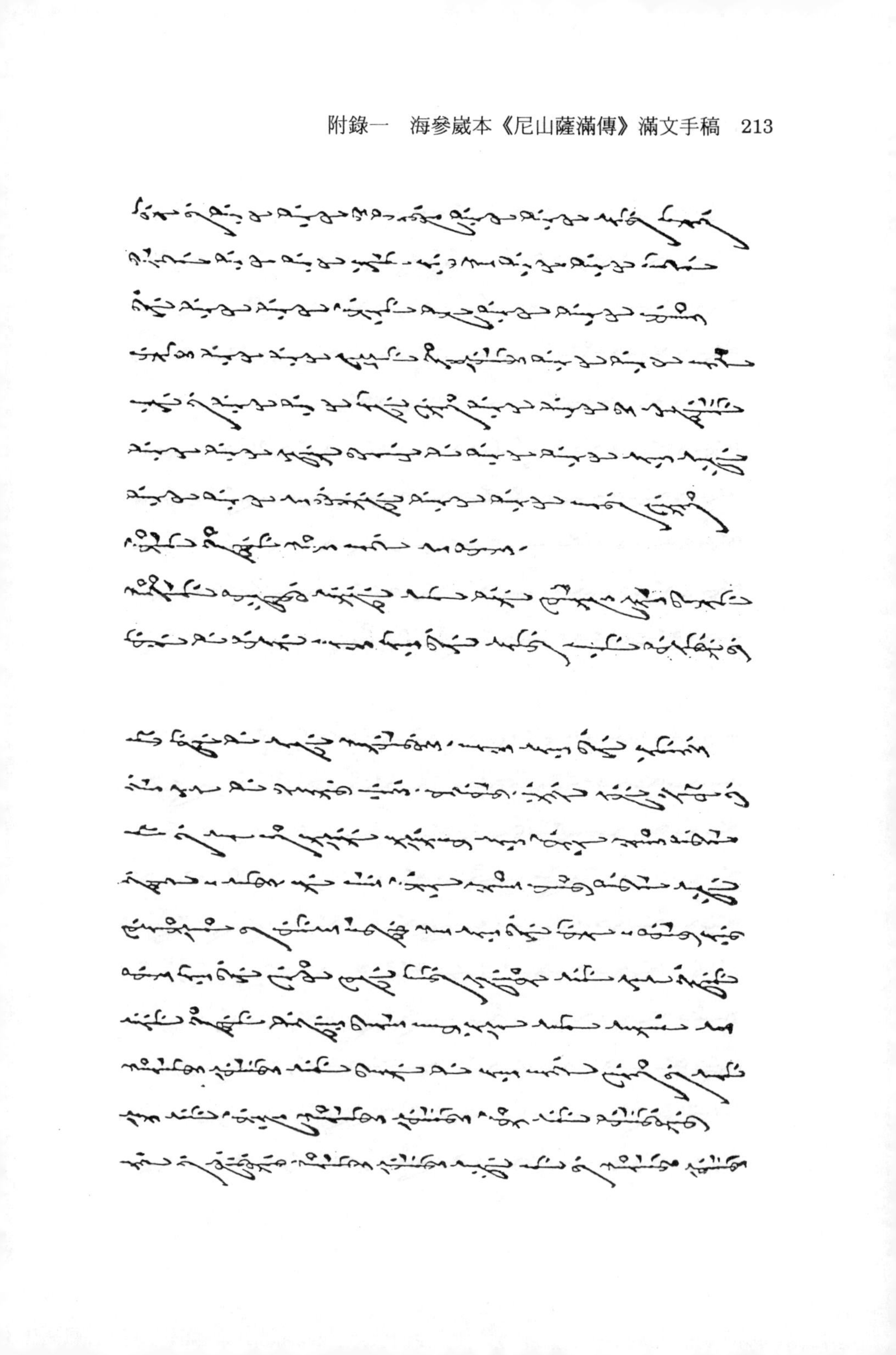

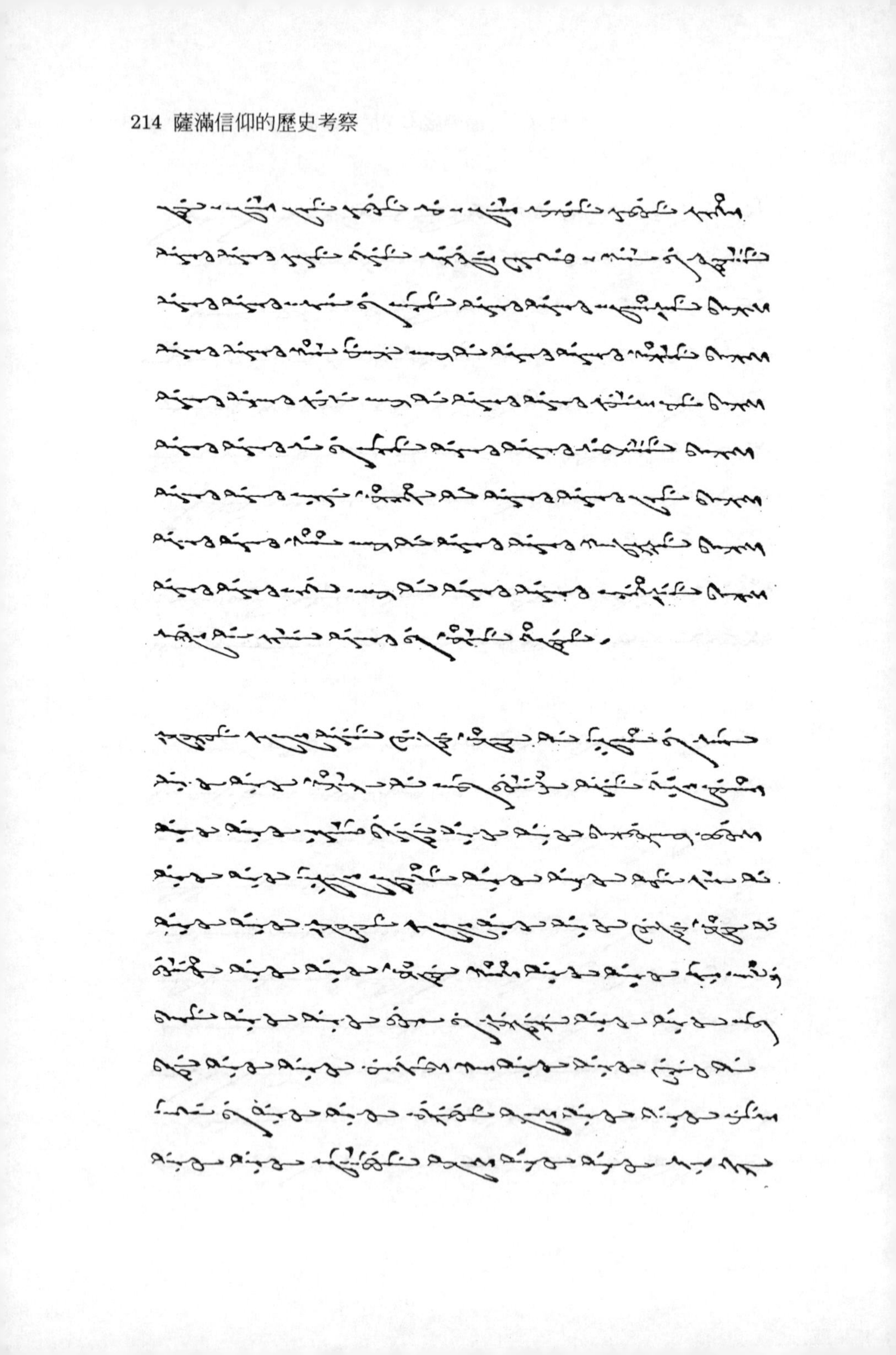

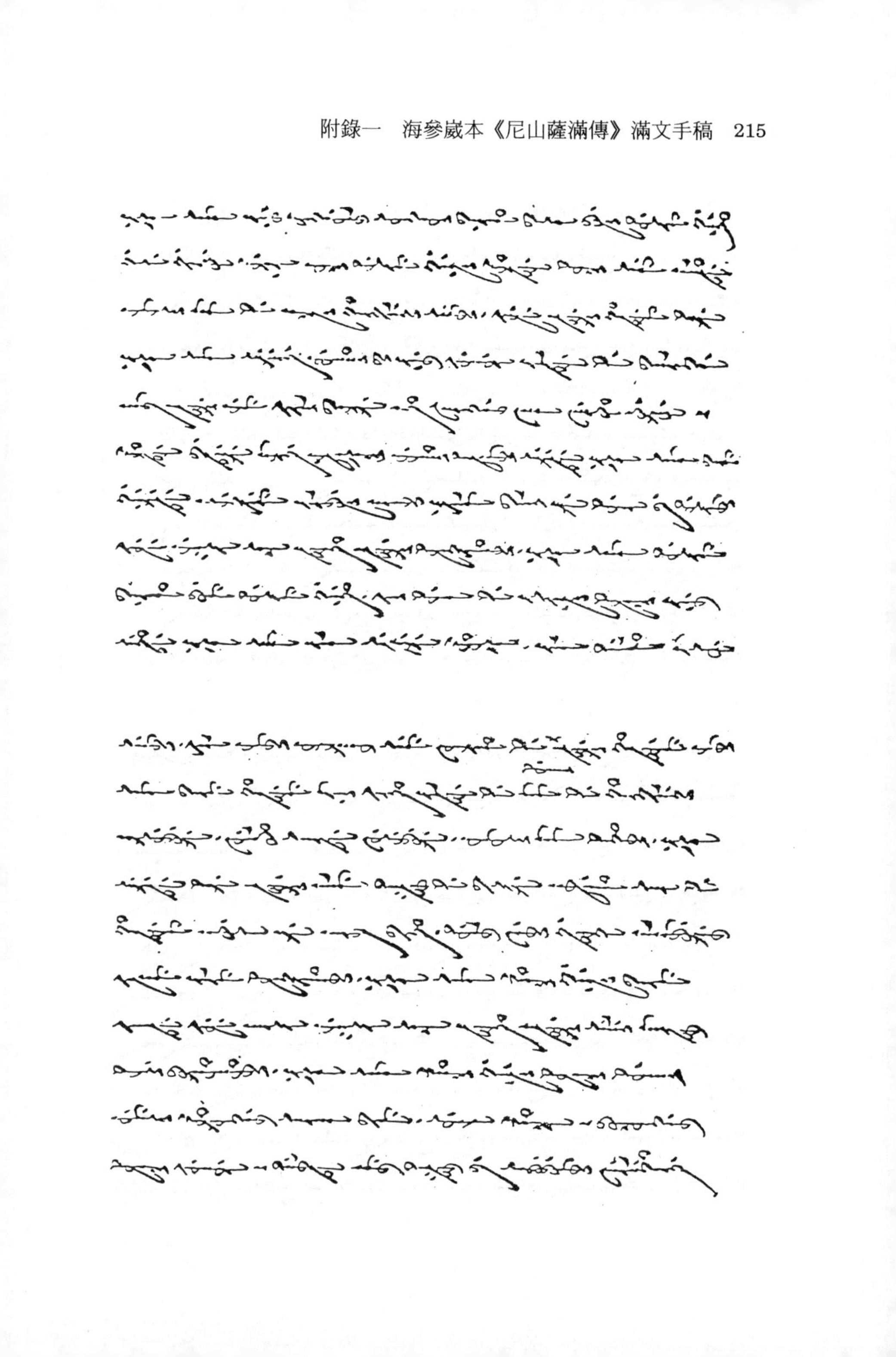

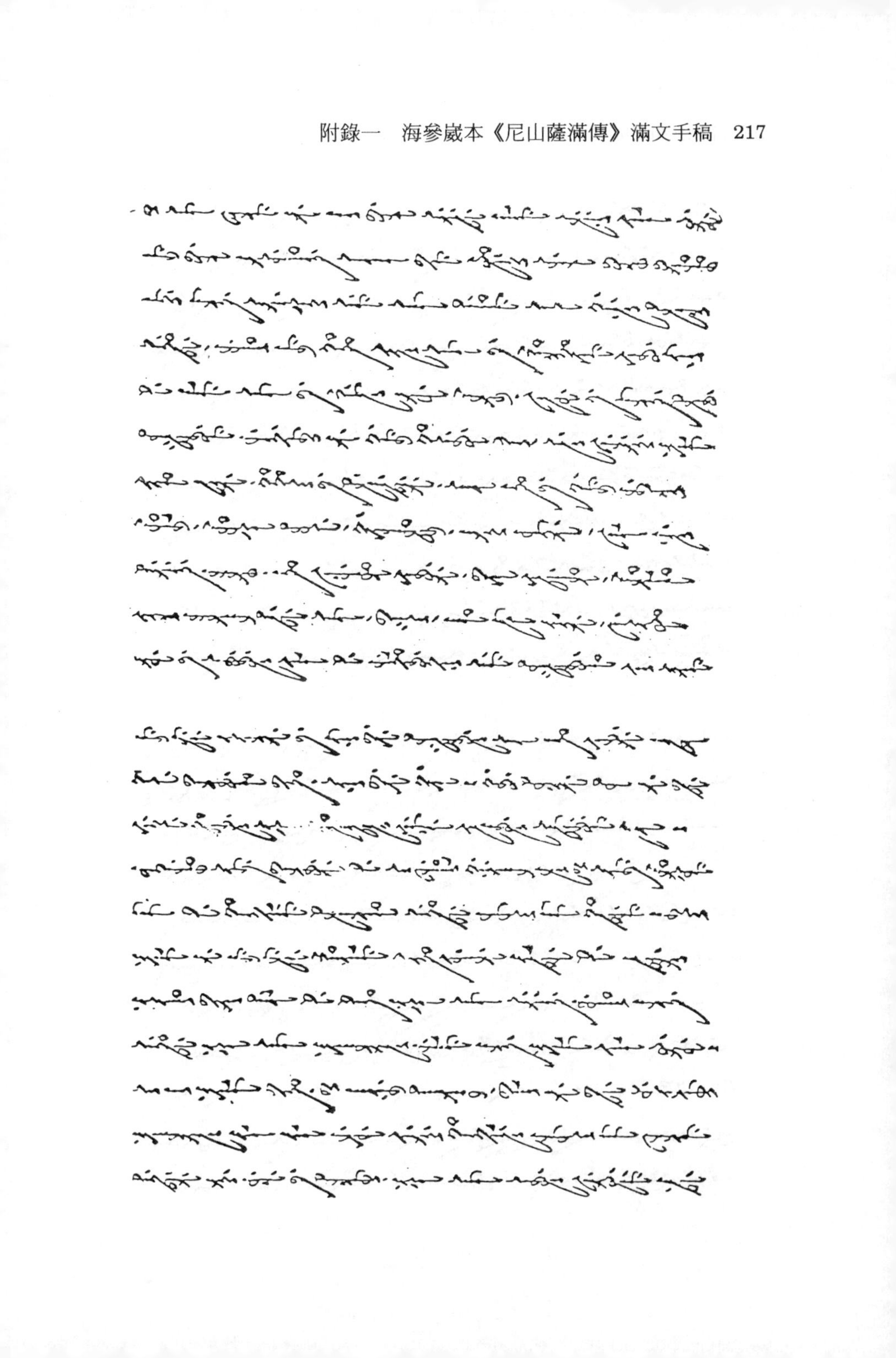

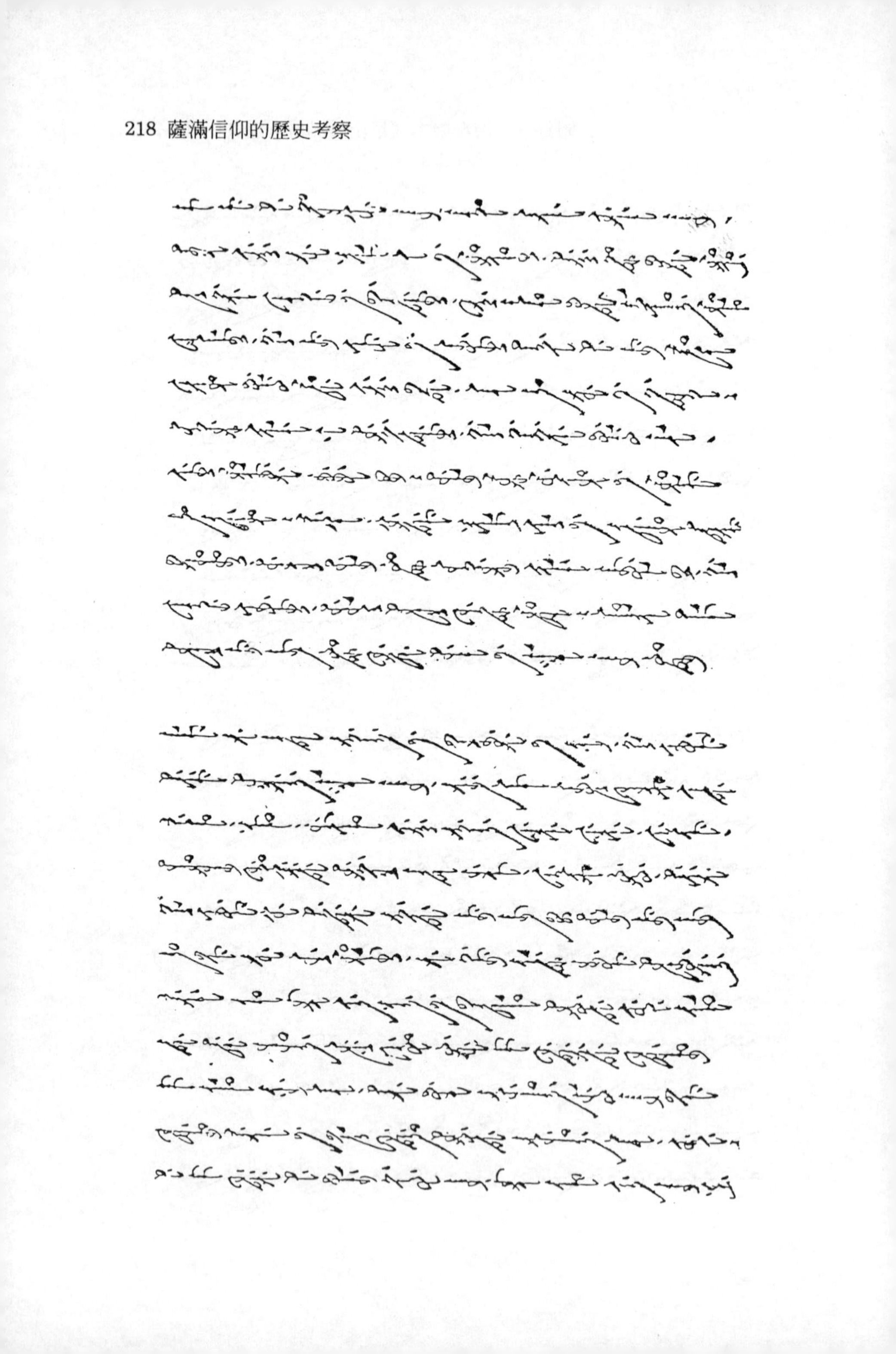

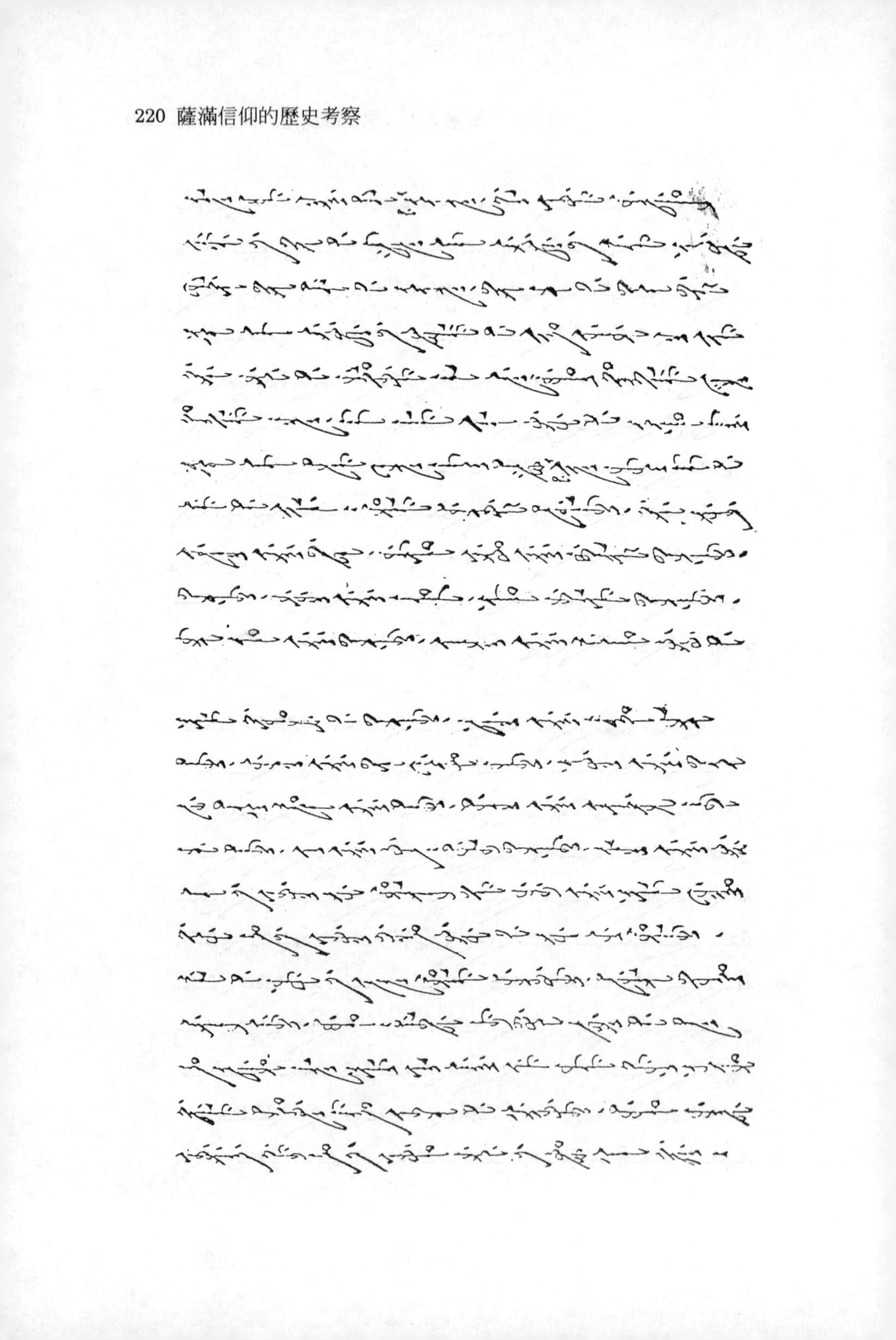

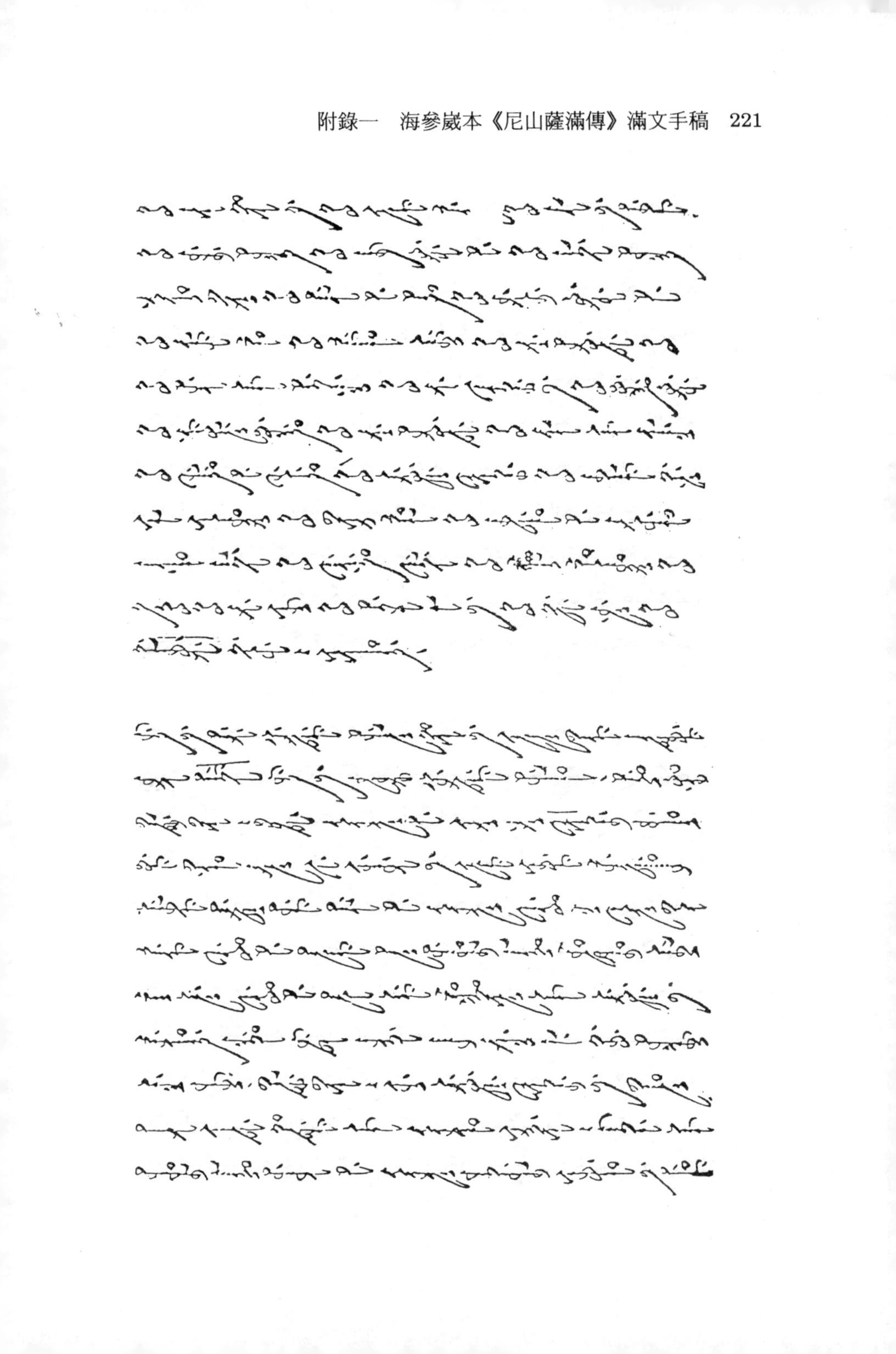

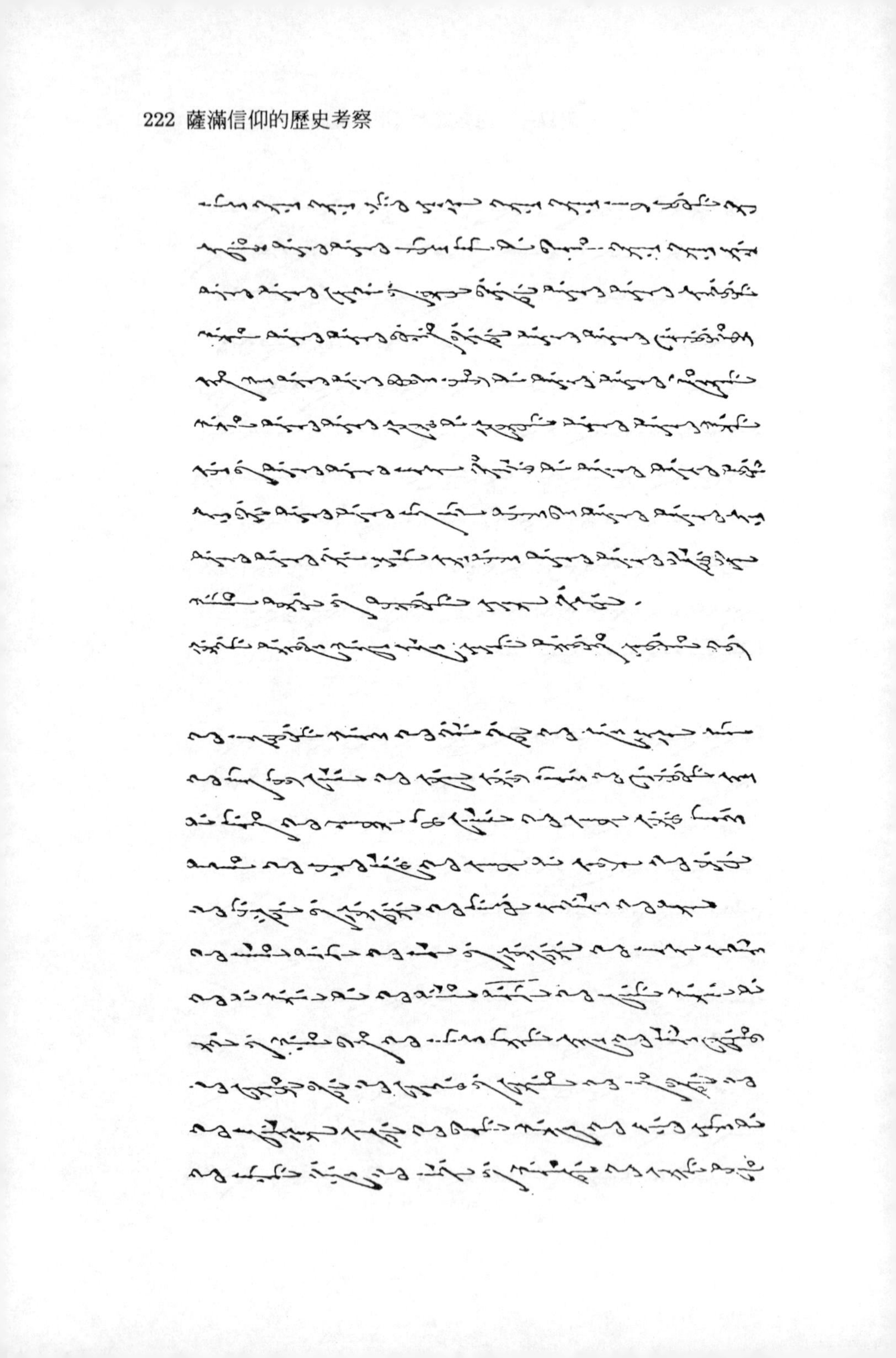

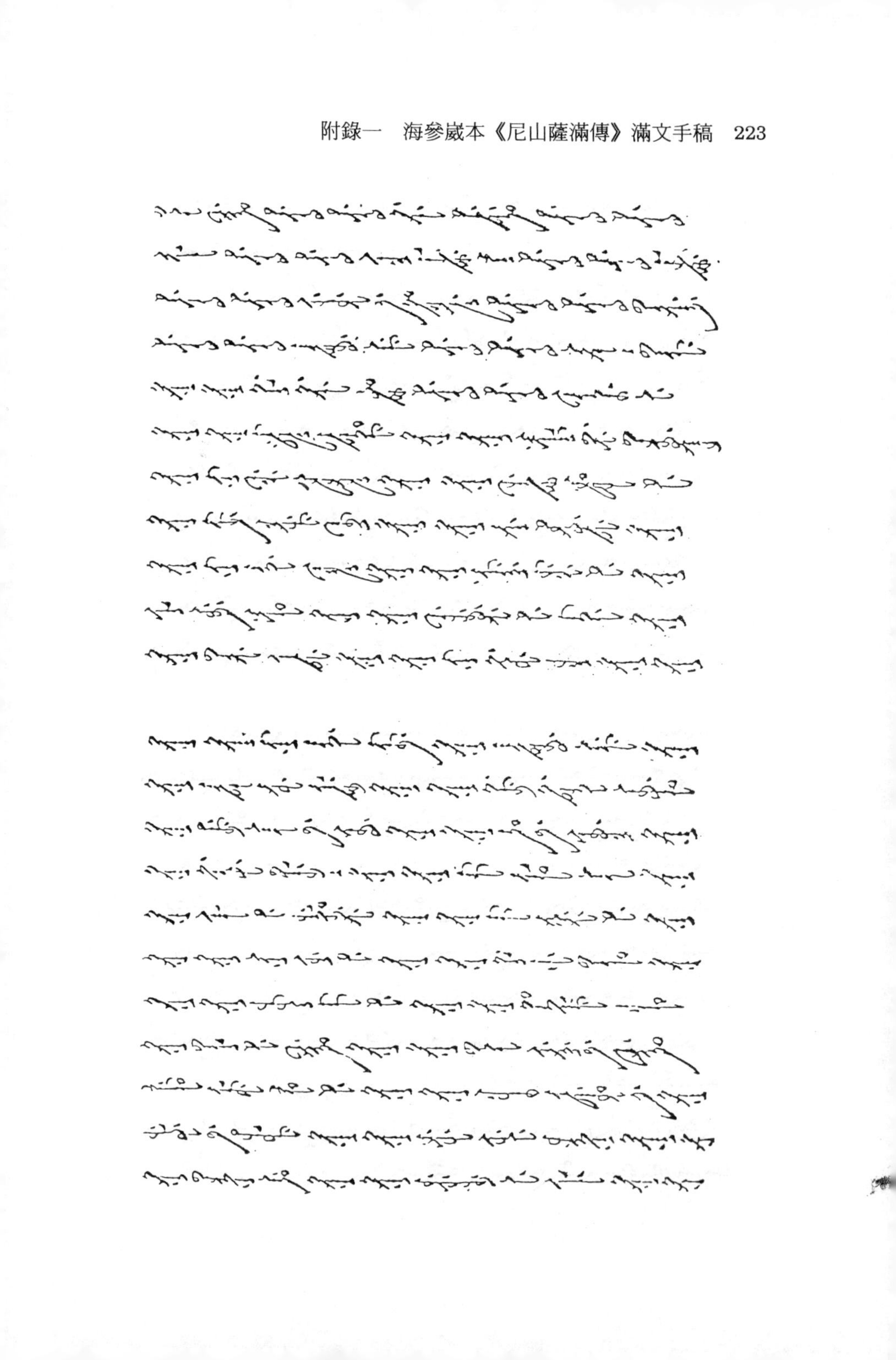

[illegible]

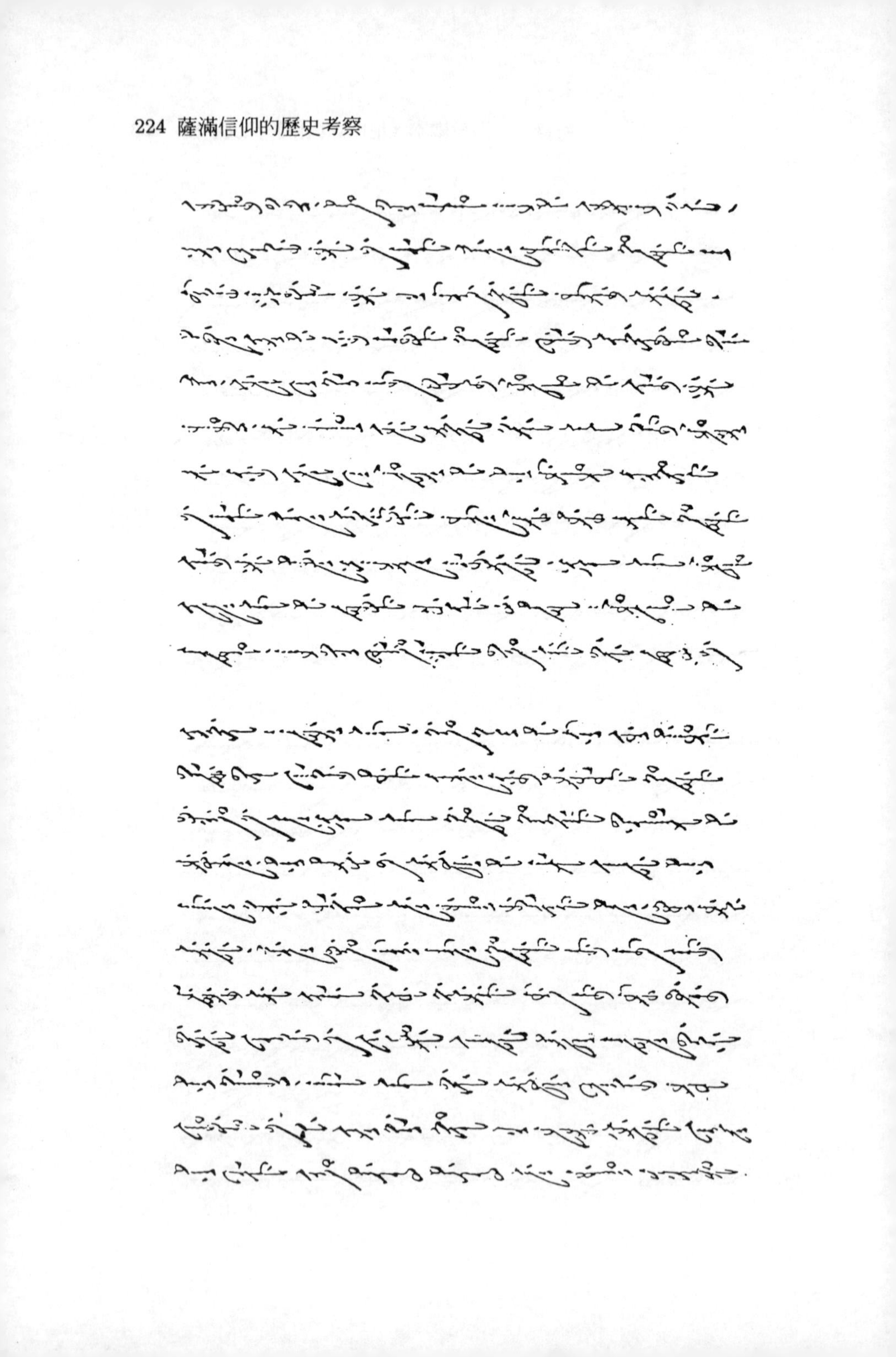

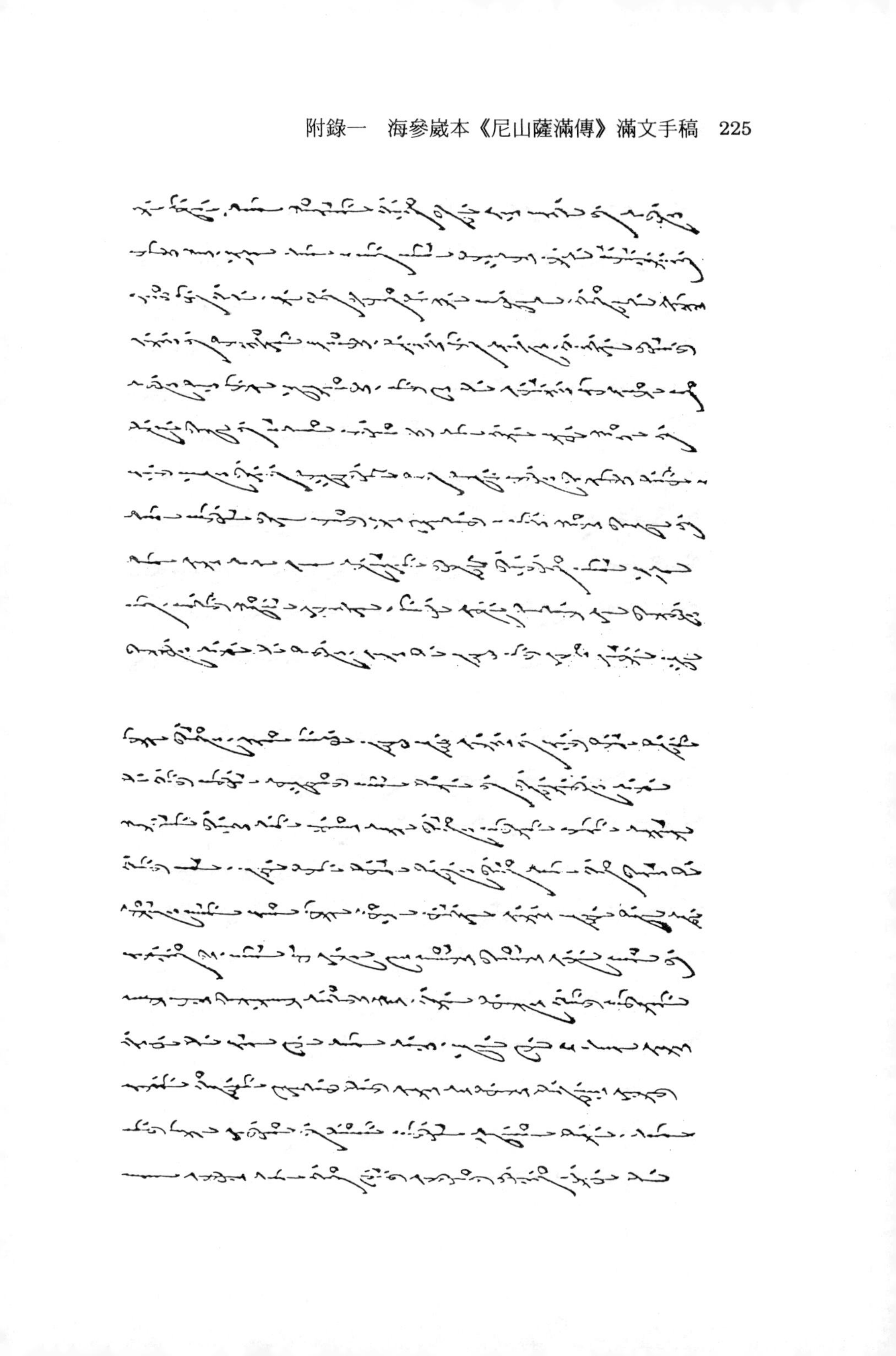

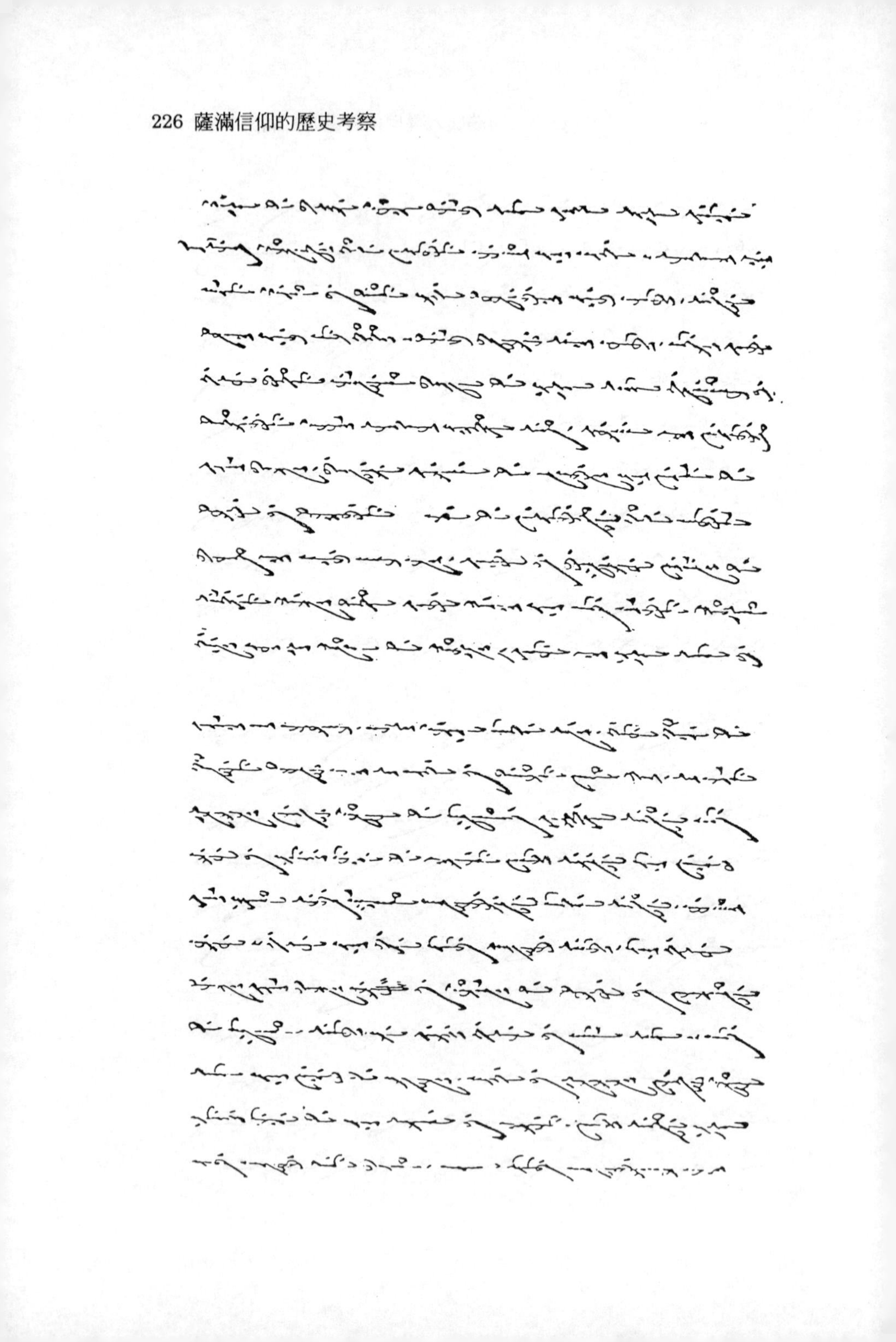

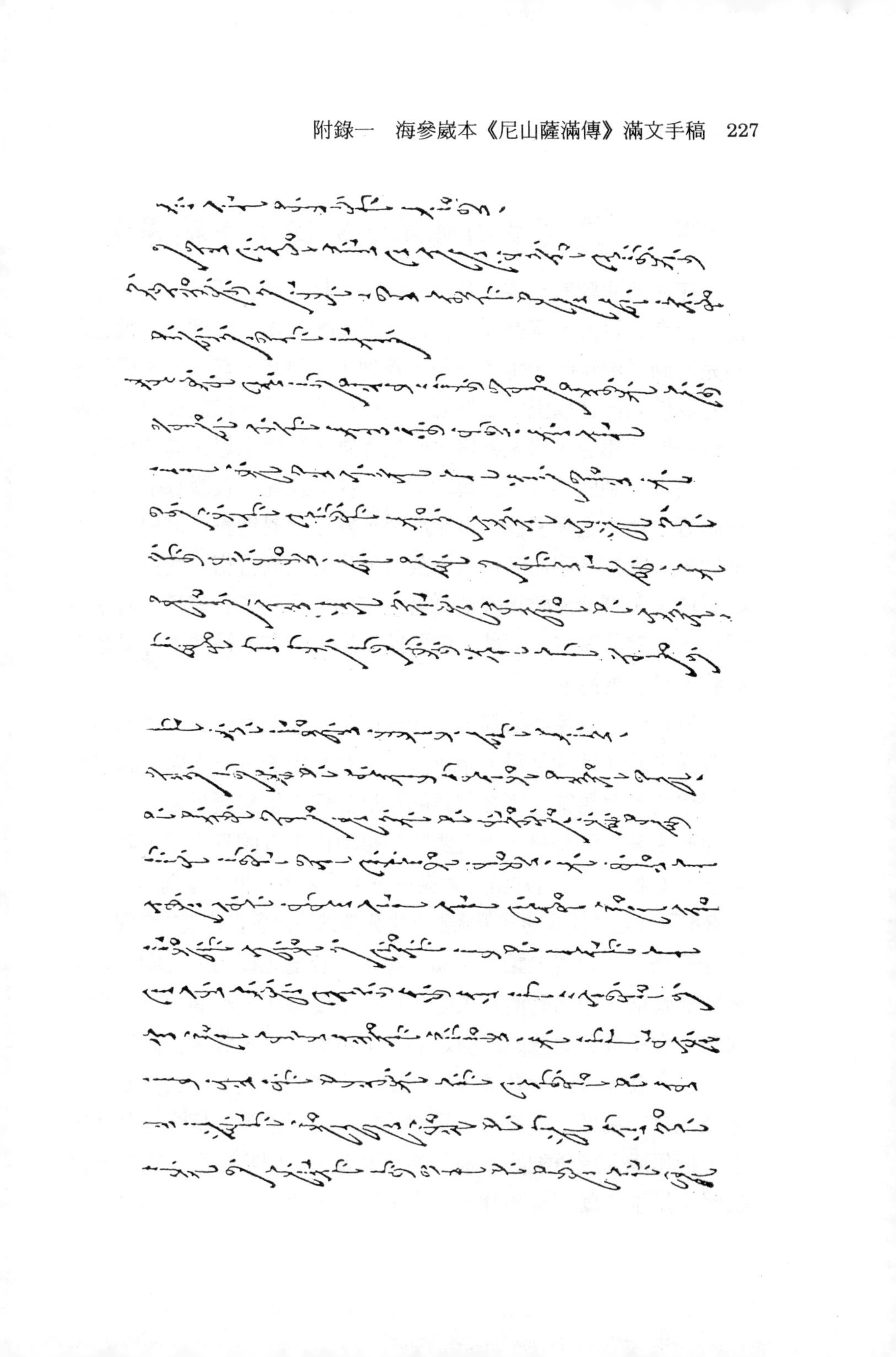

附錄二 海參崴本《尼山薩滿傳》滿文手稿譯漢

在從前明朝的時候，有個羅洛村，村莊裡住著一位名叫巴勒杜・巴彥的員外，家計非常富裕，使喚的奴僕、馬騾等，數也數不完。到了中年時，生了一子，養到十五歲時，有一天，帶著家裡的奴僕們前往橫浪山去打圍，途中得病死了。從此，員外夫婦因無子嗣而焦急，只做善事，修造寺廟，拜佛求恩，向神祈禱，拿了芸香，到處燒香，又幫助窮人，扶助孤兒，救護寡婦。因行善彰著，所以上天憐憫，五十歲時，好不容易地養了個兒子，非常歡喜，就把名字命名爲五十歲時所生的色爾古岱・費揚古。愛如東珠，不讓他遠離視線地養著。這個孩子到了五歲時，看來聰明伶俐，言語明白，因此，就聘請了師傅，在家裡教書，又教習武藝，步射馬箭。

日月倏忽，疾如射箭，到十五歲時，忽然有一天，色爾古岱・費揚古見了他的父母，請求說：「我想出去打一次圍，試試看我所學的步射馬箭，不知父親的意思如何？」父親說：「在你的上面原來有一個哥哥，十五歲時到橫浪山去打圍身亡了，我想還是不去了吧！」色爾古岱・費揚古說：「人生在世，生爲男子漢，何處不可行走？能永遠守著家嗎？生死都逃不出各自帶來的命運。」員外沒法子，只得允諾了，囑咐說：「若是想要出去打圍，就帶著阿哈勒濟、巴哈勒濟等去吧，日子不要待久，謹愼而行，趕緊回來，你不要辜負我的牽掛之心。」色爾古岱・費揚古回答說：「是」，就喚來阿哈勒濟等交待說：「我們明天要出去打圍，去整頓人員、馬匹、馬鞍等，預備兵器、弓、箭等，把帳篷裝在車上，把隼鷹、虎斑狗好好地餵飽預備著。」阿哈勒濟、巴哈勒濟說聲「是」，就趕緊預備去了。第二天，色爾古岱・費揚古向父母叩頭，行了辭別禮，就騎上了白馬，帶著阿哈勒濟等人，架著隼鷹，牽著虎斑狗，衆奴僕們背著撒袋、弓叉、弓、箭，編列前後隊伍，車馬緊隨行走，很是熱鬧。村莊老少都沒有不出房門來看的，都是口中嘖嘖誇讚。因爲衆獵人策馬走的很急速，一會兒就到了著名的打圍的山，馬上支起了帳篷，刨坑安鍋，留下伙夫做飯。

色爾古岱・費揚古帶領著衆奴僕們，吩咐阿哈勒濟、巴哈勒濟等人撒圍，想要沿山行圍，於是就撒了圍，射箭的射箭，還有槍扎的槍扎，拋鷹嗾犬，使之追逐，凡所射的每個鳥獸等沒有不獲得的。正在興致勃勃的行圍時，色爾古岱・費揚古突然渾身冰冷，忽然又發燒，頭昏不適，所以就叫來阿哈勒濟、巴哈勒濟等說：「我們趕緊把圍收了，我的身體不舒服。」他這樣一說，衆人都驚慌了，趕緊收了圍，來到帳篷，讓傻阿哥進去。點着了火，本想要讓他烤火，使汗發出來。可是，因發燒時出了大汗，身體不能承受，所以不能烤火，而叫奴僕們砍了山木，做成了轎子，讓傻阿哥躺在轎裡。奴僕們輪流抬著，向家裡飛也似地奔走。色爾古岱・費揚古哭著說：「看來我的身體病情很重，怎麼能到達家裡呢？算來到不了，阿哈勒濟、巴哈勒濟你們兄弟內哪一個誰也可以，趕緊到家裡去給我的父母送一個信息，把我的話，替我明白的轉告給父母吧！我自己未能報答父母慈養之恩，原想在老人家到了百年之後穿孝送終，誰知天要亡我，不料我的壽限已到，因此，已經不能見面了。眼看著就要短命而死，不要讓我的父母過度悲傷，保養老身要緊，這都是命中註定的啊！請節哀吧！替我明白的轉告吧！」還想要說話時，口已不能張開，牙關緊閉，說不出話了。下頦抬起呶著嘴，眼睛直瞪，氣息已絕了。阿哈勒濟、巴哈勒濟和衆奴僕們圍著轎子哭泣的聲音，山谷都響應。後來，阿哈勒濟停止哭泣，向衆人說：「傻阿哥既已去世了，再哭也不能救活了，帶著屍體起程要緊。巴哈勒濟你自己領著大家把傻阿哥的屍體好好地抬著慢慢地來，我自己帶著十個騎馬的人先回去，給我們的員外老爺報信，在家裡預備給傻阿哥送終的物品等。」

阿哈勒濟帶領著衆人騎上馬飛也似地向家裡急馳，轉瞬之間到了家門口，下馬進入屋裡，跪倒在員外老爺面前，只顧號啕大哭，什麼話都說不出來。員外老爺著急，罵道：「這個奴才，你怎麼了？打圍去了，爲什麼哭著回來？或是你的傻阿哥有什麼要緊的事差你前來？爲什麼哭著不說話呢？」接連地追問時，阿哈勒濟不回答，還是哭泣。員外老爺生氣地罵道：「這個無賴奴才，爲什麼不告訴我，只是哭泣呢？光哭就完事了嗎？」於是停止了哭泣，叩了個頭說：「傻阿哥在路上生病身亡了，我自己先回來送信。」員外沒留神，問道：「是什麼東西沒有了？」阿哈勒濟回答說：「不是，是傻阿哥身亡了。」員外一聽了這話，頭頂上猶如雷鳴，叫了一聲「愛兒呀！」，就仰面摔倒了。老太太急忙出來問阿哈勒濟是怎麼回事？稟告說：「員外老爺聽到稟告傻阿哥死了的消息後，就昏倒了。」老太太聽了，眼前好像劃過一道閃電而麻木了，叫了一聲「媽的兒呀！」也發了昏正好橫倒在老爺的身上，使喚的衆人驚慌不已，將他們扶起來，這才甦醒過來。全家人聽到了這個消息，都一齊哭起來。村莊的衆人聽到哭聲，都齊集過來。正在哎呀啊唷紛紛號啕大哭時，巴哈勒濟哭著進來，向員外老爺叩頭，稟告傻阿哥的屍體運到了。員外夫婦同村莊的衆人一齊來到門外，把傻阿哥的屍體迎進屋裡，放在床上，衆人環繞在四周，哭泣的聲音，連天地都震動了。哭了一場後，衆人勸道：「巴彥老兄，你們老爺、老太太爲什麼這樣地哭泣呢？既然已經死了，有哭活過來的道理嗎？應該預備入殮所用的棺材等物。」員外夫婦這才止住哭泣，說道：「你們的話很有道理，雖然是這樣，可是心裡實在難過，我那可愛聰明的兒子既然已經死了啊，還愛惜什麼呢？如今還能爲那一個孩子的生活而留下產業呢？」說完就喚來阿哈勒濟、巴哈勒濟等吩咐說：「這些奴才只會張著嘴哭泣，給你的傻阿哥預備頭七的祭品、乘騎的馬匹、庫房等，不要吝惜。」阿哈勒濟、巴哈勒濟等停止了哭泣，遵照吩咐，給傻阿哥騎的花色花騸馬十匹，火色紅騸馬十匹，金色銀合騸馬十匹，快速黎花騸馬十匹，白色白騸馬十匹，墨色黑騸馬十匹，都預備好了後，員外吩咐說：「給三十匹馬背上皮包、蟒緞、衣服等，其餘的馬馱載撒袋、弓箭等，雪白青騸馬披上紅鞍，吊上緹胸，佩上鍍金轡等，套上全套，在前引路。」又喚來牧長們，告訴他們說：「從牛群中取來十頭牛，從羊群中取來六十隻羊，從豬群中取來七十隻豬，把這些都殺了預備著！」牧長、阿哈勒濟等回答說：「是」，就各自一新薩滿。員外又叫來使喚的丫頭阿蘭珠、莎蘭珠等，告訴他們說：「你們二人把村莊裡幫工的婦女們找來，現在趕緊預備白麵餑餑七十桌，饊子餑餑六十卓，搓條餑餑五十桌，蕎麥搓條餑餑四十桌，燒酒十甕，鵝十對，鴨二十對，鷄三十對，五樣果品，每樣各二桌，若有遲誤，你們都要責打。」衆人都回答「是」，就各自分頭預備去了。不久，衆人呼呼喊喊地一隊又一隊把東西抬到院子裡，堆放得滿滿的，看起來像山峰一樣高，幾種肉堆積如山，燒酒像海似的裝著，水果、餑餑一桌接一桌地排列著，庫房滿滿地擺放了金銀紙等，衆人澆酒哭泣。員外在一旁哭著說：「父親的阿哥啊喇！五十歲時啊喇！所生的啊喇！色爾古岱・費揚古啊喇！我見了你時啊喇！十分歡喜啊喇！這麼多的馬匹啊喇！牛羊牧群啊喇！誰來掌管啊喇！阿哥的儀表大方啊喇！聰明啊喇！原想多倚靠啊喇！乘騎的騸馬啊喇！那個阿哥來騎啊喇！奴僕婢女啊喇！雖然有啊喇！那個主子使喚啊喇！隼鷹啊喇！雖然有啊喇！那個孩子架托啊喇！虎斑犬啊喇！雖然有啊喇！那些孩子牽拉啊喇！」正在嗚咽哭泣時，母親又哭著說道：「母親聰明的阿哥啊喇！母親我的啊喇！嗣子啊喇！爲善事啊喇！行善祈求啊喇！祈求福佑啊喇！五十歲時啊喇！生了聰明啊喇！清明的阿哥啊喇！雙手敏捷啊喇！矯健的阿哥啊喇！體格俊秀啊喇！健美的阿哥啊喇！讀書的啊喇！聲音柔和啊喇！母親聰明的阿哥啊喇！如今跟那個孩子啊喇！倚靠過日子啊喇！對衆奴僕仁慈啊喇！大方的阿哥啊喇！體格容貌啊喇！俊秀的阿哥啊喇！容顏性情啊喇！猶如潘安啊喇！美貌的阿哥啊喇！母親在街上啊喇！閒走時啊喇！如同鷹似地啊喇！把母親聲音啊喇！找尋聽聞啊喇！在山谷行走時啊喇！叮噹的鈴聲啊喇！母親俊秀的阿哥啊喇！如今母親我啊喇！還有那一個阿哥啊喇！可以看顧啊喇！可以慈愛啊喇！」仰面跌倒後口土泡沫，俯身跌倒時流著口水，把鼻涕擤到木盆裡，把眼淚流到雅拉河裡。正在哭泣時，門口來了一個羅鍋腰，快要死的彎著腰走路的老爺爺，唱道：「德揚庫德揚庫！守門的德揚庫德揚庫，老兄們請聽德揚庫德揚庫！向你的主人德揚庫德揚庫！請去稟告德揚庫德揚庫！在門的外面德揚庫德揚庫！快要死的老人德揚庫德揚庫！請說來了德揚庫德揚庫！請說要見一見德揚庫德揚庫！說來了德揚庫德揚庫！區區心意德揚庫德揚庫！要燒紙錢德揚庫德揚庫！」這樣相求時，守門的人進去轉告巴勒杜・巴彥，員外說道：「多麼可憐，快讓他進來，讓他吃些給傻阿哥祭拜像山一樣高的肉和餑餑吧，給他喝像海一樣多的燒酒吧！」守門人跑去叫那老爺爺進來。那老爺爺進來後不看這些祭肉、餑餑、燒酒等物，一直走過去，到了靠近傻阿哥的棺材前站立，用手扶著棺材，跺著腳高聲哭道：「阿哥的寶貝噯喲哎呀！怎麼幾個噯喲哎呀！壽命短噯喲哎呀！聽說噯喲哎呀！生來聰明噯喲哎呀！老奴才我噯喲哎呀！曾經高興過噯喲哎呀！聽說噯喲哎呀！把有智慧的阿哥噯喲哎呀！養了噯喲哎呀！聽到聲名噯喲哎呀！愚蠢的奴才我噯喲哎呀！曾經指望噯喲哎呀！有才德的噯喲哎呀！生了阿哥噯喲哎呀！庸劣的奴才我噯喲哎呀！曾經信靠噯喲哎呀！有福祿的噯喲哎呀！聽說阿哥噯喲哎呀！曾經驚奇噯喲哎呀！阿哥怎麼死了呢噯喲哎呀！」旁邊的人們看見他拍打手掌心頓足死命地痛哭著，都流著眼淚。員外見了，起了惻隱之心，就把自己身上穿的緞袍脫下給了那老人。那老人接過衣服披在身上，在棺材頭的地方挺直地站立著，一下環顧了屋子，大聲嘆息一下，一下責怪說道：「巴彥老兄，你就這樣眼看著你的兒子色爾古岱・費揚古離你而去嗎？什麼地方有本事出群的薩滿，請來救傻阿哥吧！」員外說道：「在哪兒有好薩滿呢？在我們這個村莊裡有三、四個薩滿都是哄飯吃的薩滿，只是上供一點燒酒、一隻雞、一些餑餑等供物，預備糜子飯祭祀的薩滿啊！不但救不活別人，連他自己哪一天什麼時候死都不知道。懇求老爺爺倘若知道哪裡有本事出群的薩滿，請給我指點一下吧！」老爺爺說道：「巴彥老兄，你怎麼不知道呢？離這裡不遠，住在尼西海河邊，有一個名叫塔旺的女薩滿，這個薩滿本事很大，能把死人救活，爲什麼不去請她呢？若是那個薩滿來的話，不但是一個色爾古岱・費揚古，就是十個色爾古岱，也能救活過來啊！你們趕快去請吧！」說完，就從容不迫地走出了大門，坐上五彩雲霞昇空而去了。守門人看了趕緊進入屋裡告訴了員外。巴勒杜・巴彥高興地說道：「一定是神來給我指點的。」說完，就向空中叩拜。急忙騎了銀蹄駱皮騸馬，帶領了家奴，跑了不久，到了尼西海河邊。看到東邊盡頭有一家小廂房，巴勒杜・巴彥看見外面有一個年輕的格格把洗過的衣服掛曬在木杆上。巴勒杜・巴彥上前請問說：「格格，尼山薩滿的家住在哪兒？請告訴我吧！」那個女人笑盈盈地指著說道：「住在西邊盡頭。」員外聽了這話，騎上馬跑到那裡看見院子裡有一個人正在吸煙，急忙下了馬，上前請問說：「不是好老哥嗎？尼山薩滿的家究竟是哪一個呢？懇請直告吧！」那人說道：「你爲什麼神色那樣驚慌呢？」員外說道：「我有緊急的事情請教哥哥，如蒙憐愛，就請告訴我吧！」那人便說道：「你剛才在東邊問的掛曬衣服的那個女人就是薩滿，老兄被哄騙錯過了啊！請那個薩滿時，要好好地恭敬地懇求，不可和別的薩滿相比，這個薩滿很喜歡被人奉承恭維的。」巴勒杜・巴彥向那個人道了謝，騎上了馬又跑到東邊盡頭，下了馬，進了屋裡，看見南面炕上坐著一個頭髮全白的老太太，在竈門口地方有一個年輕的女人正在抽煙。員外以爲這個坐在炕上的老太太一定是薩滿，就跪在地上請求。老太太說道：「我不是薩滿，老兄你弄錯了，站在竈門口的我的媳婦就是薩滿。」巴勒杜・巴彥就站起來向這位格格跪下求著說道：「薩滿格格，大名鼎鼎，名副其實，在二十個薩滿以外，四十個薩滿以上，特來請求給我看命數加以指點吧！無奈煩勞格格，惻然憐愛，以副聲名吧！」那女人笑著說道：「我不瞞巴彥老兄，我自己因初學不久，看命數恐怕不正確，不要耽誤事情，找別的有才德的薩滿，早早地去給他看吧！不要耽擱了。」巴勒杜・巴彥流著眼淚，連連叩頭，再三請求。薩滿說道：「既然是初次來的，就給你看一次吧！若是別人，必然不看的。」說完，洗了臉眼，擺設香案，把大圓碁石拋到水裡，屋子中間放著板凳。薩滿自己右手拿了手鼓，左手盤繞榆木鼓槌，坐在座位上，敲著手鼓，開始喋喋地請著，以美妙的聲音唱著「火巴格」，高聲反覆喊著「德揚庫」，喋喋地請著，使神附在自己身上。巴勒杜・巴彥跪在地上聽著，尼山薩滿開始喋喋地指示神靈的話說道：「額伊庫勒也庫勒！這姓巴勒杜的額伊庫勒也庫勒！龍年生的額伊庫勒也庫勒！男人你聽額伊庫勒也庫勒！朝覲帝君額伊庫勒也庫勒！來的阿哥額伊庫勒也庫勒！明白地聽著額伊庫勒也庫勒，倘若不是額伊庫勒也庫勒！就說不是吧額伊庫勒也庫勒！若是假的額伊庫勒也庫勒！就說假的吧額伊庫勒也庫勒！假薩滿會哄人額伊庫勒也庫勒！告訴你們吧額伊庫勒也庫勒！二十五歲額伊庫勒也庫勒！一個男孩額伊庫勒也庫勒！曾經養了額伊庫勒也庫勒！倒了十五歲時額伊庫勒也庫勒！橫浪山額伊庫勒也庫勒！到山裡額伊庫勒也庫勒！打圍去了額伊庫勒也庫勒！在那山上額伊庫勒也庫勒！庫穆路鬼額伊庫勒也庫勒！把你孩子的額伊庫勒也庫勒！魂額伊庫勒也庫勒！捉食了額伊庫勒也庫勒！他的身體額伊庫勒也庫勒！得了病額伊庫勒也庫勒！死了額伊庫勒也庫勒！自此以後孩子額伊庫勒也庫勒！沒養了額伊庫勒也庫勒！五十歲上額伊庫勒也庫勒！一個男孩額伊庫勒也庫勒！看見養了額伊庫勒也庫勒！因爲五十歲時額伊庫勒也庫勒！生的額伊庫勒也庫勒！所以把名字叫做色爾古岱額伊庫勒也庫勒！費揚古額伊庫勒也庫勒！這樣命名額伊庫勒也庫勒！睿名騰起額伊庫勒也庫勒！出了大名額伊庫勒也庫勒！到了十五歲時額伊庫勒也庫勒！在南山上額伊庫勒也庫勒！把許多的野獸額伊庫勒也庫勒！殺了之故額伊庫勒也庫勒！閻王爺聽了額伊庫勒也庫勒！差遣了鬼額伊庫勒也庫勒！捉了魂額伊庫勒也庫勒！帶走了啊額伊庫勒也庫勒！難於使他活過來額伊庫勒也庫勒！苦於救助額伊庫勒也庫勒！說的是就說是額伊庫勒也庫勒！說的不是就說不是額伊庫勒也庫勒！」巴勒杜・巴彥連連叩頭說道：「神祇告訴的，神歌指示的全都對了。」說完，薩滿拿了一炷香向上一舉，便清醒了過來，收拾了手鼓、鼓槌等東西。巴勒杜．巴彥一再跪在地上哭著說道：「蒙薩滿格格憐愛，看的都合事實。既然相合，就可憐可憐，請勞駕到寒舍去救助我犬子的生命吧！得到了生命時，豈有忘記祭神的道理嗎？」尼山薩滿問道：「你家裡有和這個孩子同日生的狗，還有三年的公雞、醬等東西，大概會有吧！」巴勒杜．巴彥說：「確實是有的，看的正確啊！眞是靈異的神薩滿啊！如果可以的話，我現在就想搬動大的器具，把沉重的器物馱回去，只求救活我孩子的小命。」尼山薩滿笑著說：「區區無能的薩滿怎麼能辦得到呢？耗費銀財於枉然之事，用盡工錢於無益之處，去找別的有能力的薩滿們吧！我是剛剛學的薩滿，尙未得到要領，新學的薩滿，尙未得到火候，能知道什麼呢？」巴勒杜．巴彥跪在地上，叩頭慟哭地哀求說：「薩滿格格如果救活我孩子的命，就把金、銀、閃緞、蟒緞、騸馬、牛、羊等牧群，分給一半，以報答恩情。」這樣說了以後，尼山薩滿沒法子，說道：「巴彥老兄起來吧！我只是去看一趟，如果僥倖，也不要高興；若有差失，也不要抱怨，這些話聽明白了嗎？」巴勒杜．巴彥非常高興，翻身起來，接著裝煙致謝。然後出房門騎了馬回家，立即叫來阿哈勒濟、巴哈勒濟等說道：「趕緊預備轎、車、馬等去接薩滿吧！」立刻都預備齊全了。阿哈勒濟、巴哈勒濟等帶著衆人去迎接薩滿。行走不久，就到了尼西海河邊尼山薩滿的家裡，見了薩滿，請了安，將神櫃等分裝三車，薩滿坐在轎子上，八個少年抬著飛也似地行走，轉瞬之間來到了員外的家裡。巴勒杜．巴彥迎入屋內，將神櫃擺在大炕的中央，洗了臉眼，點了香，叩了三次頭之後，薩滿洗了臉，預備了飯，吃完後，用濕毛巾擦了臉，預備手鼓，對神喋喋地請著，擊打手鼓、大鼓時，同一村裡所有的三、四個薩滿們隨著擊打手鼓，因爲都不合音調，所以尼山薩滿說道：「像這樣不齊，怎麼去追魂呢？」員外回答說：「在我們這一個莊屯裡，確實已無有能力的人了，若有向來跟隨薩滿格格的爲首札立，即請賜告，好派人去接來吧！」尼山薩滿說道：「在我們村裡住著一個父母七十歲時生的納喇費揚古，這人非常能夠合調，對手鼓、神歌等都很熟練。倘若這人來的話，實在不擔心順當了。」員外就叫阿哈勒濟騎了一匹馬，牽著一匹馬，趕緊去接納喇費揚古阿哥。不久，來到，下了馬，巴勒杜・巴彥迎入屋裡。尼山薩滿見了笑著說道：「給神祇効力的尊貴老兄來啦！有助神才德的阿哥，納哩費揚古老弟札立你自己聽著，給格格我好好地配合音調相助，已經是老搭檔了，打手鼓、大鼓，就全靠札立老弟了。要是不能的話，就用浸濕的騷鼠皮蒙蓋的皮鼓槌打你的大腿；要是神鼓不能配合喋喋神語時，就用濕的郁李木鼓槌打屁股。」說完後，納哩費揚古笑著說：「高強的薩滿，怪異的尼山，兄弟我知道了，不需多指教了。」說完，坐在炕上，預備茶飯完了就打鼓合著。於是尼山薩滿身上穿繫了怪異的衣服、腰鈴、女裙，頭上戴了九雀神帽，細長的腰身好像垂柳般地顫動著，音調宛如陽春曲般地吟唱著，大聲地搖動，高聲地叫喊，柔合的聲音擺動著，細細的聲音懇求著，喋喋地祈求說道：「火格亞格！從石窟火格亞格！離開來吧火格亞格！在死國裡火格亞格！去碰碰運氣火格亞格！在凶界裡火格亞格！去取回生命火格亞格！把失落的魂靈火格亞格！去拾起來火格亞格！可以信靠的札立火格亞格！請引導帶去吧火格亞格！實心努力火格亞格！解救回來時火格亞格！在鼻子的周圍火格亞格！二十擔火格亞格！潑水火格亞格！在臉頰周圍火格亞格！四十桶火格亞格！倒水火格亞格！」說完便困乏地昏倒了。札立納哩費揚古迎上去扶她躺下，收拾了腰鈴、女裙等，拴了鷄和狗，擺放了醬和紙等東西。他自己挨著薩滿坐下，唱著調遣引導神祇神詞的納哩費揚古拿了手鼓喋喋地開始唱起他的神歌說：「青格勒濟因格勒濟！把燈蠟青格勒濟因格勒濟！熄暗吧青格勒濟因格勒濟！在今天晚上青格勒濟因格勒濟！爲了巴雅喇氏的火格亞格！趕緊下來吧火格亞格！」念著時，薩滿降神了，神祇從背後進入緊緊地附體。突然咬著牙齒，喋喋地唱導：「火格亞格！在旁邊站立的火格亞格！爲首的札立火格亞格！挨著站立的火格亞格！大札立火格亞格！站在附近的火格亞格！柔軟的札立火格亞格！站在周圍的火格亞格！聰明的札立火格亞格！把薄薄的耳朵火格亞格！打開聽吧火格亞格！把厚厚的耳朵火格亞格！垂下來聽吧火格亞格！把公鷄火格亞格！在頭的地方火格亞格！拴了預備著火格亞格！把虎斑狗火格亞格！在腳的跟前火格亞格！絆了預備著火格亞格！把一百塊的火格亞格！老醬火格亞格！放在旁邊吧火格亞格！將一百把的火格亞格！白欒紙火格亞格！捆了預備著火格亞格！到幽冥的地方火格亞格！去追拿魂靈青格勒濟因格勒濟！色爾古岱・費揚古的青格勒濟因格勒濟！爲魂靈青格勒濟因格勒濟！俯伏在濕地上青格勒濟因格勒濟！在幽冥的地方青格勒濟因格勒濟！追趕魂靈青格勒濟因格勒濟！在凶界青格勒濟因格勒濟！去取回命青格勒濟因格勒濟！把失落的魂青格勒濟因格勒濟！去捧回來青格勒濟因格勒濟！對鬼有力青格勒濟因格勒濟！對妖魔在行青格勒濟因格勒濟！在天下青格勒濟因格勒濟！曾有名聲青格勒濟因格勒濟！在各國青格勒濟因格勒濟！曾有名氣青格勒濟因格勒濟！」唱完了，這時，尼山薩滿牽著鷄和狗，扛著醬、紙，各種神祇跟隨在周圍，往死國去找閻王爺。獸神跑著，鳥神飛著，蛇蟒蠕動著，像旋風似的行走，來到了一條河的岸邊，向周圍一看，並無渡口，而且又看不見渡河獨木舟，正在著急著東張西望的時候，對岸那邊有一個人撐著獨木舟走著，尼山薩滿看見了喊著說道：「火巴格野巴格！渡口撐船的火巴格野巴格！瘸腿阿哥火巴格野巴格！請聽取吧火巴格野巴格！把薄薄的耳朵火巴格野巴格！打開來聽吧火巴格野巴格！把厚厚的耳朵火巴格野巴格！垂下來聽吧火巴格野巴格！醜陋的賴希火巴格野巴格！牢記著聽吧火巴格野巴格！祭祀完好火巴格野巴格！高貴了火巴格野巴格！祭祀完好火巴格野巴格！向前了火巴格野巴格！做了主火巴格野巴格！有德行了火巴格野巴格！到父親的老家火巴格野巴格！去相會火巴格野巴格！到母親的娘家火巴格野巴格！一同去歇息火巴格野巴格！到外祖父家火巴格野巴格！去賣俏火巴格野巴格！到外祖母的地方火巴格野巴格！去跳舞火巴格野巴格！到姨母家火巴格野巴格！去逛蕩火巴格野巴格！到叔父家火巴格野巴格！去取回命火巴格野巴格！讓我渡河時火巴格野巴格！就給醬火巴格野巴格！若能快快撐渡火巴格野巴格！就給紙火巴格野巴格！不讓平白渡河火巴格野巴格！而是送給工錢火巴格野巴格！若眞讓渡河火巴格野巴格！就送給財物火巴格野巴格！若讓趕緊渡河火巴格野巴格！就把烈性燒酒火巴格野巴格！呈獻火巴格野巴格！到凶界火巴格野巴格！去贖回命火巴格野巴格！到幽冥地方火巴格野巴格！去追魂火巴格野巴格！」瘸腿賴希聽了，便用半片槳把半邊船划到了對岸。尼山薩滿一看，只見他眼睛眇一目，鼻歪、耳殘、頭禿頂、腳瘸、手蹩。他來到附近說道：「是薩滿格格嗎？要是別人，必定不讓他渡過。久聞大名，是熟人了，這次天理注定應該出賢名，沒法子，渡你過去吧！」尼山薩滿下了獨木舟，瘸腿賴希撐篙，用划子划著渡到對岸後，尼山薩滿道謝說：「這只是一點心意，這三塊醬、三把紙都請收下吧！」又問道：「這渡口是不是還有那個人渡過去了呢？」瘸腿賴希回答說：「並無別人渡過，只有閻王爺的親戚蒙古勒代舅舅帶著巴勒杜・巴彥的兒子色爾古岱・費揚古的魂靈渡過去了。」尼山薩滿道了謝，就啓程了。走了不久，又到了紅河岸，看看周圍，既無渡口渡船，而且連一個人影也看不見。因此，沒法子，只得求助於神祇，開始喋喋地唱道：「額伊庫哩也庫哩！圍繞天的額伊庫哩也庫哩！大鵰額伊庫哩也庫哩！圍繞海的額伊庫哩也庫哩！銀鶺鴒額伊庫哩也庫哩！圍繞河邊的額伊庫哩也庫哩！蛇額伊庫哩也庫哩！圍繞占河的額伊庫哩也庫哩！四丈蟒額伊庫哩也庫哩！小主人我自己額伊庫哩也庫哩！把這條河額伊庫哩也庫哩！要渡過額伊庫哩也庫哩！衆神祇額伊庫哩也庫哩！請扶助渡河額伊庫哩也庫哩！急速地額伊庫哩也庫哩！請施展本領吧額伊庫哩也庫哩！」唱完後，把手鼓拋到河面上，薩滿自己站在上面，就像旋風似地轉瞬間渡過了河。留給河主三塊醬、三把紙報酬後就啓程了。走得很急，一會兒來到了第一道關口，剛要過去時，把守關口的色勒圖、僧吉圖二鬼喝道：「什麼人膽敢想進入這道關口？我們奉了閻王爺的諭旨，看守這道關口，趕快告知緣由吧！」尼山薩滿說道：「我自己是生國的尼山薩滿，要到死國去找蒙古勒代舅舅。」二鬼怒喝道：「那麼就按照進入關口的規矩留下名字及工錢，方得進去。」尼山薩滿給了名簽、三塊醬、三把紙，才過去。走到第二道關口時，也照前留下了名字、工錢等過去。一直走到第三關蒙古勒代舅舅的門口，搖著腰鈴，和著神鈴，以清秀的聲音唱著說道：「火格亞格！蒙古勒代舅舅火格亞格！急速地火格亞格！請出來吧火格亞格！爲了什麼火格亞格！把好好地過日子火格亞格！壽限未到的人火格亞格！抓來了火格亞格！時限未到火格亞格！強行拿來火格亞格！若是給還時火格亞格！多謝了火格亞格！若是平白給了火格亞格！

要道謝火格亞格！生命夭折火格亞格！妄行帶來火格亞格！拐騙捉來火格亞格！怎麼回答呢火格亞格！不會平白帶走火格亞格！要給工錢火格亞格！不會騙走火格亞格！留下價錢火格亞格！若給我時火格亞格！送給醬火格亞格！若送出來時火格亞格！送給贖金火格亞格！若先給時火格亞格！要行禮火格亞格！要是不給時火格亞格！沒有好處火格亞格！倚靠神力火格亞格！飛著去火格亞格！進入屋裡火格亞格！要帶走火格亞格！」尼山薩滿搖著腰鈴，抖著神帽，和著神鈴，鏗鏘作響。聲音甫落，蒙古勒代舅舅笑著出來說道：「尼山薩滿明白地聽吧！我把巴勒杜・巴彥的兒子色爾古岱・費揚古帶來是眞的，可是於你何干？我偷了你家的什麼東西而站在我的門口高聲地叫罵呢？」尼山薩滿說道：「雖然沒有偷走我的什麼東西，但是把人家好好過日子壽限未到的人，無辜的孩子帶了來可以嗎？」蒙古勒代舅舅說：「這是奉我們閻王爺的論旨捉來的，把那個孩子捉來後，在高杆上懸掛了金錢，讓他試射錢孔，三箭都中了。後來又讓他試試與藍翎摔跤人摔跤，他把摔跤人摔倒了。又與獅子摔跤手摔跤，也不是他的對手。因此，我們閻王爺把他當作孩子慈養啊！豈有還給你的道理呢？」尼山薩滿聽了這一席話後，大爲生氣，對蒙古勒代舅舅說：「若是這樣，對你毫不相干吧！你原來是一個好人呢！以我的本領去找閻王爺，得到得不到色爾古岱・費揚古，首先在我的道行，道行大時，就能帶來，若道行不深，就作罷了，於你毫不相干。」說完就去找王城，不久，到了一看，護城門關閉了，尼山薩滿進不去，環視周圍，因爲城牆築得十分堅固，大爲生氣，開始喋喋地唱著說道：「克蘭尼古蘭尼！在東山上克蘭尼古蘭尼！棲息的克蘭尼古蘭尼！飛鳥克蘭尼古蘭尼！在長齡山上克蘭尼古蘭尼！檀木鬼祟克蘭尼古蘭尼！在山崗上克蘭尼古蘭尼！棲息的克蘭尼古蘭尼！橡木鬼祟克蘭尼古蘭尼！九尋蛇克蘭尼古蘭尼！八尋蟒克蘭尼古蘭尼！在石窟克蘭尼古蘭尼！鐵關裡克蘭尼古蘭尼！棲息的克蘭尼古蘭尼！彪虎克蘭尼古蘭尼！脆牲熊克蘭尼古蘭尼！圍繞山的克蘭尼古蘭尼！金鶺鴒克蘭尼古蘭尼！圍繞盛京的克蘭尼古蘭尼！銀鶺鴒克蘭尼古蘭尼！飛鷹克蘭尼古蘭尼！爲首的鵰克蘭尼古蘭尼！花鵰克蘭尼古蘭尼！九個草囤子克蘭尼古蘭尼！十二排克蘭尼古蘭尼！衆醜鬼們克蘭尼古蘭尼！急速地克蘭尼古蘭尼！飛到城上克蘭尼古蘭尼！進去帶來吧克蘭尼古蘭尼！用爪子克蘭尼古蘭尼！攫取帶來吧克蘭尼古蘭尼！用爪子抓克蘭尼古蘭尼！抓住帶來吧克蘭尼古蘭尼！在金香爐裡克蘭尼古蘭尼！裝了扛來吧克蘭尼古蘭尼！在銀香爐裡克蘭尼古蘭尼！叩著帶來吧克蘭尼古蘭尼！用肩膀的力量克蘭尼古蘭尼！扛著帶來吧克蘭尼古蘭尼！」唱完後，衆神祇們飛騰起來，宛如雲霧似的，色爾古岱・費揚古正在同衆孩子們一齊拋擲金銀背式骨玩著，一隻大鳥立即俯衝下來抓住他飛高帶走了。別的孩子們看見了都害怕起來，跑進屋裡向皇父說道：「不好了！一隻鳥來把色爾古岱哥哥抓走了。」閻王爺聽了大爲生氣，差遣小鬼把蒙古勒代舅舅喚來，責備說：「你帶來的色爾古岱・費揚古被一隻大鳥抓走了，我想，這都是你的計策也說不定，你給我怎麼辦呢？」蒙古勒代從容一想，不是別人，是尼山薩滿吧！就說道：「主子不要生氣，我想不是別人，是生國裡出了頭，名揚大國的尼山薩滿來帶去的吧！我現在就去追趕，找他看看吧！這個薩滿和別的薩滿不同。」說完就去追趕。這時，尼山薩滿因爲得到了色爾古岱・費揚古，非常高興，牽了手往回走，沿著舊路行走時，蒙古勒代從後面追趕上來喊道：「薩滿格格稍等一下，我們講一講理吧！有悄悄地帶走的道理嗎？我自己這樣費力，好不容易得來的色爾古岱・費揚古，你倚仗眞實的薩滿，竟想平白地帶走嗎？我們的閻王爺生了氣，責怪我，現在我怎麼回答呢？薩滿格格慢慢地想想看，最起碼的工錢也沒有，平白地帶去，似乎更不合理了。」尼山薩滿說道：「蒙古勒代你若是這樣好言相求，還可留下一點工錢給你，你如果倚仗你們的王爺逞強行事，誰怕你呢？我們該當把一件大事說出本末吧！」說完，給了三塊醬、三把紙。蒙古勒代又央求說：「你給的工錢太少啊！請再多給一點兒吧！」尼山薩滿又加給了一倍後，又央求說：「把這一點工錢給我們的王爺，實在不成，這怎麼能開脫我的罪責呢？請求薩滿格格把你帶來的鷄、狗留給我，送給閻王爺，以開脫我的罪。他沒有打圍的狗，夜晚沒有啼曉的鷄。我們的王爺若是歡喜，一則薩滿格格的事可以成全，二則可以開脫我的罪責。」尼山薩滿說道：「那樣對兩方面也都有好處，但若是給色爾古岱增加壽限，就把這狗和鷄都留下而去。」蒙古勒代說：「薩滿格格你這樣，看你的面子，增加二十歲壽限。」薩滿說：「鼻涕還未乾，帶去無益。」「那麼增加三十歲壽限。」「心志還未定，帶去何益？」「那麼增加四十歲壽限。」還未享受體面尊榮，帶去無益。」「那麼增加五十歲壽限。」「尚未成爲聰睿賢達，帶去何益？」「那麼增加六十歲壽限。」「弓箭尚未熟練，帶去無益。」「那麼增加七十歲壽限。」「還未學會細事，帶去何益？」「那麼增加八十歲壽限。」「世事未曉，帶去無益。」「那麼增加到九十歲壽限，若再增加就不成了。色爾古岱從此六十年無病，百年無禁忌，臀部周遭養九子，世動見八子，頭髮全白了，口牙黃了，腰彎了，眼睛生花散光了，腿打顫了，腳面上撒尿，腳跟上拉屎地過日子吧！」尼山薩滿道謝說：「蒙古勒代舅舅，你如此盡心封贈，把鷄和狗都給你了，呼叫鷄時喊「阿什」，呼叫狗時喊「綽」。「蒙古勒代道了謝，非常高興，帶著鷄和狗等行走時，心想喊著試試看，把兩個都放了，「阿什」、「阿什」、「綽」、「綽」地喊叫著，鷄和狗都往回走，追趕尼山薩滿去了，蒙古勒代害怕了，拚命地跑去找，張口大喘地央求說：「薩滿格格爲什麼開玩笑呢？怎麼當我喊叫你的鷄和狗時一齊往回走了呢？請不要哄騙吧！若不把這兩樣東西帶去，實在不可以。王爺責怪我時，我如何受得了呢？」這樣再三懇求，尼山薩滿笑著說道：「開一點玩笑，以後好好地記住，我告訴你，呼叫鷄喊「咕咕！」呼叫狗喊「哦哩？哦哩！」蒙古勒代說道：「格格開了一點玩笑，我卻出了一身大汗。」按照薩滿告訴的話喊叫時，鷄和狗都圍繞著蒙古勒代的身邊，搖頭擺尾地跟著去了。後來尼山薩滿牽著色爾古岱的手往回走時，在路旁遇到了她的丈夫。一看，油鍋用高梁草燒火正滾著，樣子看來很生氣，一見妻子，嘎吱嘎吱地咬牙切齒，憤恨地說道：「輕佻的尼山，你都能把別人救活過來，何況自幼娶你的親熱丈夫呢？將我救活帶回去不好嗎？我特地在這裡燒滾油鍋等你，你到底是救活？還是不救活？趕快說吧！若是眞的不救活，就眞的不讓你走，這鍋子就是你的對頭了。」尼山薩滿央求說道：「親愛的夫君海蘭比舒倫比！趕快聽吧海蘭比舒倫比！親愛的男人海蘭比舒倫比！趕緊聽吧海蘭比舒倫比！把薄薄的耳朵海蘭比舒倫比！打開聽吧海蘭比舒倫比！把厚厚的耳朵海蘭比舒倫比！垂下聽吧海蘭比舒倫比！你的軀體海蘭比舒倫比！筋脈已斷海蘭比舒倫比！早已死了海蘭比舒倫比！乾朽了海蘭比舒倫比！骨肉海蘭比舒倫比！都糜爛了海蘭比舒倫比！怎麼救得活呢海蘭比舒倫比！親愛的夫君海蘭比舒倫比！如蒙憐愛海蘭比舒倫比！就放我們過去吧海蘭比舒倫比！在你的墳前海蘭比舒倫比！把紙錢海蘭比舒倫比！多多地焚燒海蘭比舒倫比！把飯菜海蘭比舒倫比！多多地上供海蘭比舒倫比！對你的母親海蘭比舒倫比！服侍奉養海蘭比舒倫比！若是念及這些海蘭比舒倫比！請饒命吧海蘭比舒倫比！對老母親海蘭比舒倫比！惻隱之心海蘭比舒倫比！嗤然一聲讓我通過吧海蘭比舒倫比！」這樣央求時，她的丈夫咬牙切齒憤恨地說：「輕佻無情的尼山薩滿妻子你聽著，我自己活著的時候，你嫌我窮而瞇眼輕視之處很多啊！你自己心裡頭也明白的知道，現在你更是任性了。對老母親好不好，服侍不服侍，隨你的意罷了，又在你眼裡嗎？今天的，以前的，在此時將兩仇一次對你報復，或是你自己進入油鍋，或是我把你推進去，趕緊決定吧！」薩滿氣得滿臉通紅，嚷著說：「親愛的夫君你聽著德尼昆德尼昆！你死時德尼昆德尼昆！留下了什麼德尼昆德尼昆！貧窮的門戶德尼昆德尼昆！把你的老母親德尼昆德尼昆！留給了我德尼昆德尼昆！我恭敬地贍養著德尼昆德尼昆！盡力孝順德尼昆德尼昆！夫君你自己德尼昆德尼昆！想想看吧德尼昆德尼昆！我就是有恩情的德尼昆德尼昆！人啊德尼昆德尼昆！我把強硬的心德尼昆德尼昆！發洩出來德尼昆德尼昆！讓你稍微德尼昆德尼昆！嘗嘗看吧德尼昆德尼昆！把你的剛硬德尼昆德尼昆！消滅看看吧德尼昆德尼昆！到極點德尼昆德尼昆！打發啊德尼昆德尼昆！請求神祇德尼昆德尼昆！圍繞樹林的德尼昆德尼昆！大鶴德尼昆德尼昆！急速地德尼昆德尼昆！把我的丈夫德尼昆德尼昆！抓起來德尼昆德尼昆！到酆都城德尼昆德尼昆！拋下永久德尼昆德尼昆！萬世德尼昆德尼昆！人身德尼昆德尼昆！不讓他轉生德尼昆德尼昆！」正在呼喊時，大鶴飛去，就抓起來飛著拋到了酆都城。薩滿看見了，高聲唱著「德揚庫」說道：「德揚庫德揚庫！沒有了夫君德揚庫德揚庫！自營生活吧德揚庫德揚庫！沒有了男人德揚庫德揚庫！昂起頭來生活吧德揚庫德揚庫！在母親族人裡德揚庫德揚庫！嬉戲生活吧德揚庫德揚庫！趁著年輕德揚庫德揚庫！快樂地生活吧德揚庫德揚庫！沒有孩子德揚庫德揚庫！向前活下去吧德揚庫德揚庫！沒有族姓德揚庫德揚庫！親密地生活吧德揚庫德揚庫！趁著年輕德揚庫德揚庫！客氣地生活吧德揚庫德揚庫！」喋喋地唱完神歌，牽著色爾古岱·費揚古的手，像風似的戲玩行走，像旋風似的奔跑著而來，只見路旁有一座閣樓，建造得既莊嚴美觀，而且籠罩了五彩雲朵。尼山薩滿走近一看，只見門前有兩個穿了金盔甲的神，拿著鐵棍站著看守。尼山薩滿趨前問道：「老哥們，這裡是什麼地方？裡面有誰？請明白地告訴我吧！」那神告訴她說：「樓閣裡住的是能使葉子好好地發芽，根好好地滋生的子孫娘娘。」尼山薩滿央求道：「我想順道來向娘娘叩頭，不知是不是可以呢？」這樣問時，門神說「可以。」尼山薩滿給了三把紙、三塊醬道謝進去了。來到第二道門一看，也是兩個穿著盔甲的神看守。尼山薩滿正要進去，就被喝住說：「何人亂闖此門？快快退回，若再留連不去，就要責打。」尼山薩滿央求道：「大神不要生氣，我不是凶魂，生國的尼山薩滿就是我。想順路叩見有恩情的子孫娘娘。」二神說道：「若是如此誠心敬意，進去後快點出來吧！」尼山薩滿也照前例給了道謝的工錢後進去了。來到了第三道門，也有兩個神看守，也照前給了謝禮進去。只見樓閣閃耀著五彩瑞氣，房門周圍瀰漫著瑞氣。又有兩個女人穿著五彩花衣，看守房門，都高挽著頭髮，手上拿著金香爐，一個拿著銀碟子，一個笑著說道：「這個女人，我好像認識。你不是住在生國尼西海河邊的尼山薩滿嗎？」薩滿驚訝地說道：「你是什麼人？我怎麼忘了不認識呢？」那女人說道：「你怎麼不認識我呢？我前年出痘時，子孫娘娘看我潔淨善良而帶來身邊使喚。我們是一個村莊的人，鄰居納哩費揚古的妻子，娶我二日內出痘死了啊！」尼山薩滿這才認出來，非常歡喜。

「怎麼忘了呢？」說著打開房門讓她進去。抬頭向上一看，只見亭殿中央坐著一位老太太，頭髮雪白，眼彎、口大、臉長、下頦尖突、牙齒微紅，很是難看。兩旁有十幾個女人站著，孩子們有背的，有抱的，有穿線的，有製做小孩子的，有推小孩子的，口袋裡裝的裝，扛的扛，帶的帶，都沒有空閒，由東邊房門出去。尼山薩滿見了很驚奇，跪在地上，三跪九叩。子孫娘娘問道：「你是什麼人？我怎麼不認識？胡亂進來這裡？」尼山薩滿跪下稟告說：「小人住在世間尼西海河邊，尼山薩滿就是小人。這一次是巧合來的，順路向娘娘神叩頭問好。」子孫娘娘說道：「怎麼忘了？派生你時，你竟然不去，我哄著你，戴了神帽，拴了腰鈴，拿了手鼓，像跳神遊戲似的去轉生了。你自己應當是出名的命數，來這裡一次，是我自己所定，要你看行善爲惡的一切刑罰，讓世上的人知曉，下次不可再來。起初立了薩滿、儒者、奴僕、老爺，或是成爲高貴體面，或是行惡作亂，以及貧富、盜賊、和尚、道士、乞丐、酗酒、開館、玩錢、貪淫婦女、善惡，都是這裡注定打發去的，這都是命中注定的啊！」說完，便告訴屬下人帶領薩滿去看一下刑罰法律。立刻來了一個女人，催促薩滿快走，說道：「同我一齊遊玩一下吧！」薩滿跟隨一齊去，只見一處樹林所發的芽既好看，而且肥壯，籠罩著五彩雲氣。薩滿問道：「這是什麼樹林呢？」回答說：「你們世間送痘神時潔淨不密，折斷牛馬沒有吃過的柳枝送來，所以發的芽好，孩子們的痘花也好。那處樹林發的芽既不茂盛，且有殘缺，是因你們生國送痘神時，用牛馬吃過的柳枝，所以不但孩子的痘花不好，而且宣判刑罪，這些都顯而易見的讓你觀看。」又走到東邊一個大屋內，有一個大輪盤在滾動著，裡面有一切牲畜、走獸、飛鳥、魚、蟲等生靈，一群一群不斷地跑著、飛著出來，薩滿看了這個便詢問。回答說：

「這是一切生靈轉生的地方。」又走著，只見一個大鬼門關，不斷有鬼魂行走。向裡面一看，酆都城的黑霧瀰漫著，聽到裡面有很多的鬼哭聲。又有惡犬村，狗扯著吃周圍人的肉。被關在下層房內傳出傷慟哭喊的聲音，連地都震動。又在明鏡山、暗鏡峰等地，善惡刑罰，明白地分開。又看見一個衙門，在堂上坐了一個官員，審問衆鬼魂。在西廂房裡懸吊的是監禁竊搶等刑罰人犯。在東廂房裡監禁的是對父母不孝，夫妻之間無義而枷號的人們。又看到把打罵父母者以油鍋烹炸處刑；徒弟偷罵師傅者拴在柱上射箭處刑；妻子對丈夫粗暴者以碎割處刑；道士姦淫婦女及污穢經典者以三股叉扎刺處刑；拋撒漉出米麵者在小磨大磨上碾壓處刑；誣訟破壞結親者以燒紅鐵索燙灼處刑；居官行賄者以魚鉤鉤肉處刑；嫁二夫者以小鋸破開處刑；罵丈夫者以割舌處刑；摔房門者以釘子釘手處刑；竊聽人家說話者以耳朵釘在窗上處刑；做盜賊者以鐵棍責打處刑；婦女身體不潔淨在江河裡沐浴者及在初一、十五日洗濯污穢者令其飲濁水處刑；斜視老人們者以鉤眼處刑；貪淫寡婦處女者令其倚靠火柱燙灼處刑；大夫用藥不順吃死者將大夫以割開肚子處刑；女人嫁了丈夫偷行姦淫者以斧砍肉處刑。又看到在一個大池子裡架著金銀橋，在上面行走的都是行善有福分的人。在銅鐵橋上行走的都是行惡的人，鬼用叉子和槍把人扎落後給蛇蟒螯咬。在橋頭上有惡犬等著吃喝人的血肉，還一聲不響地怒目而視。在橋旁高高地坐著一個菩薩神，手上拿了經念給人聽，勸善書說道：「若是行惡，在死國被宣判罪刑；若是行善，不但不被判刑，而且第一等人做佛主，第二等人到宮中去出生，第三等人做國家駙馬、太師、官員等，第四等人做將軍、大臣，第五等人爲富貴人，第六等人生爲平民、乞丐，第七等生爲驢騾馬牛等，第八等生爲鳥獸，第九等轉生爲魚鱉，第十等轉生爲曲蟺、蟲、螞蟻等。」高聲地念著勸告給人聽。尼山薩滿看完了各種刑罰後，回到樓閣，叩見子孫娘娘。娘娘告訴她說：「回到世間後，要曉諭衆人。」說完，就叩別了。尼山薩滿牽著色爾古岱，從原路來到了紅河岸時，給河主工錢，把手鼓拋到河裡，薩滿帶著色爾古岱站在上面，渡到了對岸。又再走不久，來到瘸子賴希渡口，因爲先前走過，所以認識，便說：「薩滿來了，實在可說是出衆的薩滿，能把巴勒杜・巴彥的兒子色爾古岱・費揚古帶回來，本事不小，從此更加出名啊！」他催促登上獨木舟。薩滿帶著色爾古岱坐上了獨木舟，瘸子賴希划著半片划子，一會兒渡到河岸，下了獨木舟，給工錢道了謝，沿著舊路走了不久，來到了巴勒杜・巴彥的家裡。爲首的札立納哩費揚古便把二十擔的水倒在鼻子周圍，把四十桶的水倒在臉頰周圍，拿了香，唱著祈求醒過來的神歌喋喋地說道：「可，可庫！可庫！今晚可庫！把燈蠟可庫！蓋熄了可庫！怎樣的聲名可庫！誰的聲名可庫！姓哈思呼哩可庫！果眞雅思呼哩可庫！巴雅哩氏可庫！葉子上發芽可庫！根上滋生可庫！色爾古岱・費揚古可庫！打圍去了可庫！病死了可庫！爲了這個緣故可庫！辨別了三個薩滿可庫！訪求了四個薩滿可庫！把這魂可庫！死國可庫！閻王爺可庫！帶去了可庫！爲了這個緣故可庫！尼西海河的可庫！住在河邊可庫！在各國裡可庫！出了頭可庫！在大國裡可庫！出了聲名可庫！把芸香可庫！拿著帶去可庫！越過山可庫！追趕而去可庫！獲得聲名時可庫！指點看了可庫！因爲近似可庫！請求帶來了可庫！今天晚上可庫！在昏暗的地方可庫！追趕了魂靈可庫！在凶界可庫！曾去取生命可庫！返回來了可庫！寬廣的柳樹可庫！在本幹上可庫！領頭的大鵰可庫！依附在枝上可庫！花鵰可庫！圍繞山的可庫！金鶺鴒可庫！圍繞盛京的可庫！銀鶺鴒可庫！彪虎可庫！脆牲熊可庫！八尋蟒可庫！九尋蛇可庫！檀木叢可庫！八對貒可庫！橡樹叢可庫！十對貒可庫！使他活過來吧可庫！救助帶來吧可庫！驚醒吧可庫！」唱完，尼山薩滿開始打顫，忽然站了起來，開始唱神歌，把所到之處及去取魂的經過喋喋地述說出來，唱道：「德揚庫德揚庫！衆人和札立聽著德揚庫德揚庫！巴勒杜・巴彥你自己德揚庫德揚庫！一件一件聽著德揚庫德揚庫！把你的孩子德揚庫德揚庫！在金香爐裡德揚庫德揚庫！裝著帶來了德揚庫德揚庫！用爪子抓著德揚庫德揚庫！帶來了啊德揚庫德揚庫！當成了寶貝德揚庫德揚庫！夾著帶來了德揚庫德揚庫！使死了的屍體德揚庫德揚庫！活過來了德揚庫德揚庫！把魂靈在空軀上德揚庫德揚庫！放入附體了德揚庫德揚庫！請求子孫娘娘克蘭尼克蘭尼！從此以後克蘭尼克蘭尼！小兒疾病克蘭尼克蘭尼！化爲烏有克蘭尼克蘭尼！過日子吧克蘭尼克蘭尼！九十歲壽限克蘭尼克蘭尼！數著城石克蘭尼克蘭尼！養九子吧克蘭尼克蘭尼！給閻王爺帶去的克蘭尼克蘭尼！鷄和狗克蘭尼克蘭尼！爲恩情留下了克蘭尼克蘭尼！留下了工錢等物克蘭尼克蘭尼！向子孫娘娘克蘭尼克蘭尼！叩見了克蘭尼克蘭尼！爲你的孩子克蘭尼克蘭尼！又求了子嗣克蘭尼克蘭尼！讓世人知曉克蘭尼克蘭尼！出痘時克蘭尼克蘭尼！恭敬潔淨克蘭尼克蘭尼！痘花好克蘭尼克蘭尼！惟行善事克蘭尼克蘭尼！若行惡時克蘭尼克蘭尼！一切刑罰昭著克蘭尼克蘭尼！都明白地看到了克蘭尼克蘭尼！我的夫君說把我克蘭尼克蘭尼！救活吧克蘭尼克蘭尼！這樣請求時克蘭尼克蘭尼！我說克蘭尼克蘭尼！筋肉腐爛了克蘭尼克蘭尼！難於救活過來克蘭尼克蘭尼！我的夫君生氣了克蘭尼克蘭尼！在油鍋裡克蘭尼克蘭尼！要烹殺我克蘭尼克蘭尼！爲此緣故克蘭尼克蘭尼！我的神祇抓了克蘭尼克蘭尼！到酆都城克蘭尼克蘭尼！抛了永久克蘭尼克蘭尼！不讓轉生人身克蘭尼克蘭尼！又衆鬼德揚庫德揚庫！魂們德揚庫德揚庫！救活吧德揚庫德揚庫！相繼請求著德揚庫德揚庫！攔著路德揚庫德揚庫！所求者可憐德揚庫德揚庫！太多啊德揚庫德揚庫！留下了許多工錢德揚庫德揚庫！衆鬼魂騰起了德揚庫德揚庫！才脫身而來了德揚庫德揚庫！」說完就仰面倒下了。爲首札立又用香爐繞著鼻子燻了，方才醒過來。後來，薩滿自己把魂放入色爾古岱・費揚古的軀殼裡，一會兒活過來了，用生硬含糊的聲音說道：「請給我一碗水吧！」拿來給了。喝完後說道：「睡了一大覺，做了好一會兒的夢。」說完就翻身坐了起來。家人們都非常高興，才把緣由告訴色爾古岱，方知是死了，向尼山薩滿格格叩頭道謝，巴勒杜・巴彥拍掌笑了，也行禮說道：「實在是神薩滿，蒙格格恩典，我的孩子復活了，不然的話就斷根了。」說著拿了自己的衣服給薩滿穿上，在水晶玉器杯裡斟滿了酒，跪著遞上，尼山薩滿接過酒杯喝乾了，回禮說道：「這也是托員外的福，才辦理得圓滿，這對兩方大家一齊都有福啊！」員外又在大玻璃杯裡斟滿了酒，也遞給札立，說道：「太辛苦了，喉嚨嗓音嘶啞了，請喝杯酒稍微潤一潤吧！」納哩費揚古接過酒，邊喝邊說道：「有什麼辛苦？沒離開座位，說不上辛苦。若說辛苦，薩滿格格辛苦多了。既然到死國裡走了一遭回來，太疲倦了吧！」薩滿笑著說道：「費揚古老弟、札立你聽著，常言道：三分薩滿，七分札立。若無好札立就不成啊！」衆人聽了都大笑起來。後來老員外喚了阿哈勒濟、巴哈勒濟，告訴兩個奴僕說道：「告訴牛、馬、羊、豬等牧群的各牧長們，每群分一半，預備送去給薩滿格格，以報答恩情吧！」說完就預備了酒宴，大喝大吃起來，都在宴席上大醉了，然後撤下食桌，預備了車馬，把銀錢衣服等物，也分成一半，裝在車上，送給札立一套衣服，一匹騎的騸馬，全套鞍轡，湊成二百兩銀子，連同物品一齊送到薩滿和札立家裡。從此以後，尼山薩滿很富裕了，同納哩費揚古親近的事也停止了，決定使自己正經地過日子，斷絕邪淫之事。薩滿看了各種刑罰，才心平氣消了，把以前的種種邪惡，一筆一筆地詳細寫下來，猶如濁水溶解沉澱成了明淨的水。聽書的各位兄長、格格，可以把這些事詳細思考啊！尼山薩滿的婆婆後來聽到村人談論，這次薩滿去的路上，看見了他的丈夫，請求把他救活，說道：「若是不能把我救活，就在油鍋裡烹殺他的妻子。」尼山薩滿倚仗她的神祇，抓了夫君，拋到酆都城。薩滿的婆婆聽到了這些話後，生了氣，喚來媳婦問了原委根由。媳婦說：「他自己說把我救活。」我說：「肉腐爛了，筋斷了，難於救活，就要把媳婦在油鍋上烹殺，我的神祇抓了拋到酆都城，這是事實。」婆婆說道：「那麼你二次殺了夫君啊！你若躲避，有何不可？心多麼硬啊！」說完便到京城去向御史官告狀。衙門傳令把尼山薩滿拏來，又取了口供，和她的婆婆所呈狀文無異。因此，把供詞造了卷子，具陳本由，呈奏皇上。奉旨大爲生氣，飭刑部量其罪，照例辦理。刑部奏稱，傳聞之事，尼山薩滿不加隱瞞，看來也可說是女流中一勇者。既已供認不諱，也可償命，太宗皇帝降旨：「即照其夫舊例，把薩滿神帽、腰鈴、男手鼓、器具，一併裝在一個皮箱裡，用鐵索拴牢，拋到他們鄉村現有的井裡，若無朕旨，不得拿出來。」御史官遵照辦理去了。此後，老員外的兒子色爾古岱·費揚古也效法他父親的行事，助貧濟困以行善事，子孫世代當了高官，銀錢很多，極爲富裕。因爲這就是原始善書，所以讓世人知曉。雖然如此，但因爲它是不入大道的邪教之事，後人不可效法，其深戒之。

資料來源：莊吉發譯註《尼山薩蠻傳》（台北，文史哲出版社，民國六十六年三月），頁一至一八三。又案本附錄文字，略有修改。

附錄三　遼寧本《尼山薩滿傳》滿文手稿譯漢

古時候有一個羅洛屯，住著一個名叫巴爾都·巴彥的人，家有萬貫財產。他與妻子在年青的時候生了一個兒子，名叫費揚古。兒子天資聰穎。十五歲時，有一天他與父母商定，帶領屯子裡的人去南邊兒的賀涼山打獵。家奴阿哈爾基和巴哈爾基二人跟隨。他自己牽著虎斑狗，架著獵鷹，率領挑選的五百名兵丁出發了。這一天，來到了賀涼山下，打了許多野獸。正打得起勁時，費揚古不知怎麼的突然發起病來。他趕忙叫來阿哈爾基和巴哈爾基用木頭點火烘暖身體，哪兒知道病卻越來越重。費揚古無奈，向家奴說：「我的病很重，你們趕快做個轎子，把我抬到父母面前，不要耽誤。」大家急忙往回趕，但費揚古的病卻更重了，不能說話，牙關緊咬，終於死去。家奴阿哈爾基趕緊騎馬飛奔，去見巴彥夫婦。當他跪在地上哭著告訴主子阿哥半路死了的消息時，巴彥夫婦昏死過去。消息很快傳遍了全屯，人們都失聲痛哭。這時，費揚古阿哥的屍體已經運到，停放在大堂上。最後，巴彥夫婦殺了山一樣牲畜，用了池一般的酒，埋葬了死去的阿哥。

從那以後，巴彥夫婦經常拜神求佛，到五十歲的時歲，又生一子，起名塞爾古岱·費揚古。費揚古長到十五歲時，有一天也與父母商定帶著屯子裡的人去打獵，並挑選了五千名兵丁。當天，由阿哈爾基和巴哈爾基二人伴隨，架鷹、牽狗，騎上獵馬，如疾風驟雨般地出發了。幾天後，到達賀涼山下。他們支起了一排排窩鋪。編隊後撒下了大圍，圍住了許多野獸。並殺得起勁時，費揚古登上山梁，突然眼冒金星，腦袋低垂，神情恍惚。他叫來阿哈爾基和巴哈爾基，讓他們告訴所有兵丁馬上收圍，在山根下聚集。人們讓費揚古阿哥躺下，取來了許多乾木頭，點起火來，暖他的身體。但他的病去漸漸加重。費揚古悲傷地對家奴們說：「你們把我的話傳達給老爺和太太，離家不久，我們到了山腳下，打了許多野獸，父母肯定很高興，在世了得了「墨了根（聰睿）」這個名字是很相當的。我曾對他們說過，爲報答父母的養育之恩，每天準備飯菜，鋪被褥，將他們養老送終後，永保富貴。誰想命中注定，中途身亡。」塞爾古岱悲痛地哭泣著，「人家養兒子都是爲了給老人送終，我的父母卻先把我送走了，這是多麼悲傷的事呀！孩兒我沒有繼承家業的福氣，中途身亡，多麼痛心啊！」他聲音微弱，說不出話來，最後斷氣身死。阿哈爾基、巴哈爾基大哭，三百名家奴也來圍著轎子慟哭，聲音驚天動地，過了好一會兒，阿哈爾基才止住了哭泣說：「巴哈爾基，別哭了。既然主子阿哥已經死了，你就趕快跑著回去告訴老爺吧。我在後面抬著阿哥的屍體，連夜往回趕。」巴哈爾基騎上馬，帶著十個人先走了。不久，到了羅洛村，在家門口下了馬，進屋跪在老爺、太太面前就抽泣起來。巴爾都・巴彥笑著說：「巴哈爾基，你爲什麼哭啊？想必是你的阿哥打了你。」巴哈爾基沒有回答，只是一個勁地哭。老爺很生氣地斥責說：「你這個奴才，怎麼不說話，快說！」巴哈爾基止住了哭泣，擦了擦眼淚，叩了三個頭慢慢地說：「老爺，您先坐穩了，聽我告訴您。前幾天，我們跟著費揚古阿哥去打獵，到了賀涼山，打了許多野獸，正在阿哥高高興興地打獵的時候，死在了路上。奴才我先給主子老爺報個信。」老爺、太太聽後，如春雷貫耳。只見老爺高喊一聲「阿哥」，就仰面昏倒在地上。衆家奴驚慌，趕快扶起了老爺，待他慢慢甦醒過來後，就高聲嚎啕起林。這時，衆親戚全部趕到，出屯十里迎到了費揚古的屍體。他們哭著往回走，進了家門後，將屍體停放在大堂上。

巴爾都・巴彥夫妻緊靠兒子的兩旁坐下，齊聲哭訴：「因爲沒有自己的兒子，求天得了個壯實的阿哥啊啦！求佛得了個倜儻的阿哥啊啦！因爲父親沒有自己的兒子，祭神得了個可愛的阿哥啊啦！我雖然有這些金銀財寶，由哪個阿哥來使用啊啦！父親雖然有十群馬匹，由哪個阿哥來騎。父親雖然有虎斑狗，由哪個阿哥來牽啊啦！」訴說完畢，仰面朝天，口吐白沫，翻過身來，直流口水，哭得更加傷心。這時，母親接著哭訴道：「母親我五十歲時生下的塞爾古岱・費揚古啊啦！懷胎整十個月生下的像東珠一樣的寶貝啊啦！有吃有穿很快長成了有德性的阿哥啊啦！你剛剛長到了十五歲啊啦！時時牽扯著母親我的心肝呀啊啦！像母親眼珠一樣生得漂亮的阿哥啊啦！像松籽一樣的生得俊美的阿哥啊啦！像母親一樣窈窕生得均稱的阿哥啊啦！雙手敏捷捕獸好手絕頂聰明的阿哥啊啦！乞求蒼天才得到的阿哥啊啦！看見他的人都愛他呀啊啦！阿哥在街上走起來像雄鷹一樣，阿哥在山谷裡跑起來似神鈴一般，請帶走阿哥的鬼神們開恩吧！送回我兒子的魂靈，把我這把老骨頭帶走吧！」

夫妻二人躺在地上打著滾，擊著掌憤恨地痛哭。這時，衆親戚過來勸說：「巴彥老爺，你們的兒子天命已到，中途死亡了，哭也活不了啊！應該準備一下辦喪事的東西了。」巴爾都・巴彥夫妻停止了哭泣，擦了擦泪水說：「你們大家說得很對。我的兒子已經死了，憐惜這些家業，又留給誰呢？」叫來兩個奴才說道：「你們二人現在就去馬群，挑選彩雲的騸馬一對、九月生的白色騸馬一對、五月生的銀合騸馬一對、二月生的紅色騸馬一對、黑嘴烈馬一對。把這些馬都備上金鞍、金轡，馱上扎有刺繡，作爲阿哥的引導。」阿哈爾基、巴哈爾基說了聲「是」，就去了。不一會兒，巴彥老爺又叫來二人說：「馬、牛、羊、豬等現在就可以準備了，餑餑和酒也要多多準備。二位奴才說了聲「是」，就帶領著衆人急忙去召集衆牧群頭領說：「你們現在就去準備吧，抓馬要看脖鬃，抓牛要看脊骨，抓羊要看尾巴，抓豬要看肋下。挑些肥的各選一百頭送來。」各牧群頭領說「是」，就去了。二人又向全家的婦人宣布：「鵝、鴨等物現在也可以準備了。」全家上下忙亂了一陣兒後，全部準備完畢，並報告了老爺。巴爾都·巴彥就帶著衆親戚，將一切祭品陳列在兒子的棺材前。父母二人手拿著奠酒哭泣著說：「父親五十歲時養活的塞爾古岱·費揚古阿哥，你那聰明的靈魂，請聽清楚我的話。父親我爲你燒了五十萬個金銀錁子，殺了五百頭牲畜，準備了一百桌麥子餑餑、一百桌黃米餑餑、一百桌豆泥餑餑，釀製的一百瓶酒，經年的三十瓶酒、一百瓶果酒。餑餑堆得像山一樣高，燒紙堆得像山峰一樣多，酒多得像池中的水。你若有魂靈，就把這些東西全部收下，安息吧。」正哭著，門口來了一個奄奄一息、彎腰駝背、頭髮銀白、牙齒發黃、樣子難看的老頭兒。他走到門前說：「守護大門的德耶庫德耶庫，門房阿哥德耶庫德耶庫，看門房的阿哥聽著德耶庫德耶庫，請快快地進去德耶庫德耶庫，告訴你的老爺德耶庫德耶庫，快要死的德耶庫德耶庫，要飯吃的德耶庫德耶庫，老頭來了德耶庫德耶庫，他要見見德耶庫德耶庫，阿哥屍體德耶庫德耶庫，讓他進去德耶庫德耶庫。」守門人進去告訴了老爺。巴爾都·巴彥說：「請他進來吧。讓他來吃祭祀阿哥的山一樣多的餑餑，喝海水一樣多的酒吧！」家人遵命去請那位老人。老人緩慢地經過了祭祀的酒肉、餑餑，直接來到了塞爾古岱·費揚古棺材跟前，擊掌踏地悲傷地哭道：「聽說生了一個貝勒阿哥，沒有本事的奴才我也很喜歡啊啦！聽說生了一個魁偉的阿哥，沒有能耐的老奴我也有了依靠啊啦！聽說生了一個奇異的阿哥，沒有福氣的奴才我也感到驚奇啊啦！聽說生了一個聰明的阿哥，遲鈍的奴才我也很愉快啊啦！聽說生了一個機智的阿哥，愚笨的奴才我也很高興啊啦！懇請鬼神們開恩送回阿哥的靈魂，把老奴我帶走吧啊啦！」老人痛哭不止。巴爾都・巴彥很可憐他，把自己身上的黃緞衣服脫下來送給他。老人接過衣服，穿在身上，緩慢地拉起巴爾都・巴彥的手說：「巴彥老弟，你爲什麼只知道哭，讓費揚古阿哥眼睜睜地被奪走呢？理應請一個有能耐的薩滿跳神取回阿哥的靈魂才是。」巴爾都・巴彥說：「老人家，上哪去請好薩滿呢？我們屯子所有的薩滿只知道吃。老人家如果知道哪兒有薩滿，請告訴我，我去請。」那個老人說：「巴彥老弟，你怎麼忘了，那南邊尼石海河岸邊不是住著一位有名的薩滿嗎！此人神通廣大，能起死回生。」說完，走出大門，乘五色彩雲升入天空去了。家人見此，告訴了巴彥老爺。老爺很高興，跨上了銀合馬，來到了尼石海河邊的屯子。只見屯子西邊有幾間房子，一位婦人正坐在門口洗衣服。巴爾都・巴彥從馬上跳下來說：「請問尼山薩滿家住何處？」那個婦人抬起頭來，看了一眼，然後笑著說：「阿哥，你錯了，尼山薩滿的家在東邊頭上住。」巴爾都・巴彥騎上馬向東邊跑去。到那兒一看，一個人正在往房上苫茅草。巴爾都・巴彥問：「阿哥，尼山薩滿的家在哪兒？」那個人指著遠處說：「你剛才問的那個洗衣服的人，就是薩滿格格呀！」巴爾都・巴彥又往那所廂房跑去。他們把馬拴在了大門前，進屋一看，在大炕上坐著一個老太太。巴爾都・巴彥跪在地上乞求爲兒子跳神招魂，並且說：「如果救了我兒子的性命，無論如何不會忘記格格的恩情。金銀財寶、奴婢牲畜要什麼給什麼，決不吝惜。」尼山薩滿高興地說：「那麼現在就趕快去吧！」巴爾都・巴彥樂得騎上馬，一直跑到家。全家人都已停止了哭泣，他親自叫來阿哈爾基、巴哈爾基說：「準備車轎，趕快去接薩滿格格。」二人趕著早已準備好的車轎飛快地到了尼石海屯，進了尼山薩滿的家，說明了來意。尼山薩滿立即梳理頭髮，換上衣服，慢慢地走上轎車坐了下來。不一會兒，就到了羅洛屯。巴爾都·巴彥全家出門迎接，請進了屋裡，恭敬地將薩滿格格讓到炕中間。吃過備辦的宴席後，尼山薩滿說：「巴彥先生，立即請來一個善於打鼓的薩滿來，我現在就跳神去取塞爾古岱·費揚古的靈魂。耽誤了就不容易救活了。」巴爾都·巴彥立即從屯子裡找來了一個名叫卓勒賓阿的薩滿。尼山薩滿戴上大神鏡，穿上女裙，戴上神帽，手拿神鼓就跳起神來。但是，卓勒賓阿薩滿的神鼓怎麼也合不點。尼山薩滿說：「巴彥先生，這個人不會打鼓，怎麼能跳神呢？」巴爾都·巴彥說：「這個卓勒賓阿是我們屯裡最有名的薩滿，除他之外，再也找不到好的了。」尼山薩滿說：「那麼我告訴你一個人，他住在尼石海河霍洛屯，名叫納里·費揚古。人很出衆，又善於打鼓，跟我祭神的事全知道。他如能來，我就不愁了。」巴爾都·巴彥立即叫來阿哈爾基、巴哈爾基說：「你們現在就趕快騎馬去請納里·費揚古，要快，千萬不要耽誤。」二人立即上馬，說了聲「是」，就跑了。不一會兒到了霍洛屯，進屯一看，一群人正在那立把子射箭玩呢。二人趕快從馬上跳下來，走上去問一個人：「你們屯子有一個叫納里·費揚古的人，他家住在哪兒？」這時，從人群中走出一個小伙申訴說：「你們是什麼人？怎麼敢叫我們家主子阿哥的名字？」阿哈爾基、巴哈爾基知道，這個人是跟隨納里·費揚古的，就笑著說：「你們高貴的阿哥名氣很大，但如果衆人不稱他的尊姓大名，又怎麼來求他呢？納里·費揚古走上前去，斥退家奴，問道：「尊敬的先生，有什麼重要的事來找我？」阿哈爾基、巴哈爾基行過禮後說：「我們的小主子阿哥塞爾古岱

・費揚古死了，尼山薩滿知道你懂得請神，特意讓我們來請您。」納里・費揚古笑著說：「這個有名的尼山薩滿又要折騰了，我如果不去，以後再見面一定會跟我發火的。」他向家人說道：「你們回家，告訴父母一聲，就說尼山薩滿請我去一趟。」說著，備上馬鞍，騎上銀合馬飛跑著來到羅洛屯，把馬拴在了巴爾都・巴彥家門口。進了屋，見到尼山薩滿說：「你這個有名的薩滿，如果沒有我就不行了嗎？」尼山薩滿看了看，指著神鼓說：「小納里不但可以給天出力，而且可以給神出力。高貴的納里，快來幫我好好兒的打鼓吧。」納里・費揚古笑著說：「有名的薩滿，奇異的薩滿請放心，小弟我會跟你好好合作的。」尼山薩滿說：「名聲很大的、神奇的納里，你懂得祭祀。可惡的納里如果你不好好兒的與我合作，我就用灰鼠皮鼓槌打你的頭，用皮鼓槌打你的腿。」納里・費揚古說：「有名的薩滿，奇異的薩滿，你別擔心，開始打鼓吧！」尼山薩滿身着八寶神衣，頭戴神帽，腰繫神裙、腰鈴，手拿神鼓，站在祭場上，乞求神祇。只見他渾身顫動，腰鈴嘩嘩作響，手鼓響聲很高，祈禱聲如暗箭發射，九十個骨節彎成弓形，八十個骨節連接一起，用「轟轟」聲喊著「霍格耶格」，用高聲叫著「德耶庫德耶庫」。大神祇從天而降。薩滿祈禱著說：「納里・費揚古，我到黑暗的地方去取靈魂，到醜惡的地方去取生命，到陰間去取身體。請你準備些皮繩子，用五名有力氣的小伙子把我捆上。等我昏迷後，就在鼻子周圍灑了二十桶水，在臉周圍灑四十桶水，把虎斑狗和公鷄放在我眼前。」納里・費揚古答應了一聲「是」，並冬冬地敲起鼓來。不一會，尼山薩滿就昏倒了。納里・費揚古停止了擊鼓，整理了一下薩滿格格的腰鈴和裙子，把鷄和狗放在她腳下，把一百束紙和一百塊醬放在了她頭前，在鼻子周圍灑了二十桶水，在臉周圍灑了四十桶水，然後親自陪坐。

此後，尼山薩滿的靈魂和衆神祇、鬼祟飛起，集聚起鷄狗，向陰間奔走。不一會，到了望鄉台。尼山薩滿問道：「這是什麼地方？人爲什麼這麼多？」神祇們說：「這是剛死的人望陽間的地方。」尼山薩滿說：「那麼，我們就別管閑事了，快走吧！走到三岔路口時，尼山薩滿又問：「這裡有三條路，從哪一條追呀？」鬼祟們說：「東邊這條路有放置障礙的山峰和壕溝，已經死了的靈魂走這條路。正直無邪的走中間這條路。西邊這條路就是帶費揚古去娘娘那兒的必經之路。」尼山薩滿登上岸，給了三塊醬、三束紙向前走去。不一會兒，來到了紅河岸邊，想過去卻沒有船，正在左右尋找的時候，看見從上邊來了一個穿青色皮襖，戴涼狐皮帽的人。尼山薩滿喊道：「阿哥，發發慈悲吧，把我送過去吧。」那個人回答說：「格格，我沒有送你們的時間，有急事！」說著打馬就走。尼山薩滿氣得不得了，把神鼓拋到了水裡，叫衆鬼祟，令大神祇降下來，唱著神歌，渡過了紅河。怕河主發怒，給了三塊醬、三束紙。接著，他們又向前走，不久來到了陰間的第一道關，正想進去，把門的小鬼們不讓進。尼山薩滿生了氣，乞求衆神祇說：「唉庫勒、葉庫勒，橡木的鬼祟們；唉庫勒、葉庫勒，檀木的鬼祟們；唉庫勒、葉庫勒，在下面四十年的鬼祟們；唉庫勒、葉庫勒，快快下來；唉庫勒、葉庫勒，把主子找；唉庫勒、葉庫勒，送過去吧！唉庫勒、葉庫勒。」衆神祇把他舉起來，帶了過去。不一會兒，來到了第二道關。正要進去，把門的塞勒克圖、塞吉爾圖二鬼申斥說：「陽間的什麼人敢闖我的關？我們是奉閻王之命把守此關，不管什麼人都不准過。」尼山薩滿求道：「塞勒克圖、塞吉爾圖仔細地聽著：「赫耶邪魯我們匆匆，赫耶邪魯往前面走，赫耶邪魯如有冒犯，赫耶邪魯給點好處，赫耶邪魯如放過我，赫耶邪魯給你們醬，赫耶邪魯。」塞勒克圖、塞吉爾圖笑著說：「我們原以爲是誰呢？原來是有名的尼山，無情的薩滿，你有什麼事？到這來送靈魂、送生命啊！」尼山薩滿說：「你們這兒過去過什麼人？」塞勒克圖、塞吉爾圖說：「沒過去什麼人，只是蒙古爾岱舅舅把巴爾都・巴彥兒子塞爾古岱・費揚古帶了過去。」尼山薩滿給他們三塊醬、三束紙，又往前走。一會兒，到了蒙古爾岱舅舅的大門口，衆神祇設了三層重圍。尼山薩滿說：「蒙古爾岱迪庫迪庫耶，快快出來迪庫迪庫耶，爲什麼呀迪庫迪庫耶，一個好人迪庫迪庫耶，沒了壽限迪庫迪庫耶，被抓了來迪庫迪庫耶，如憐憫我迪庫迪庫耶，把費揚古迪庫迪庫耶，送回來吧迪庫迪庫耶，不會白送迪庫迪庫耶，給你好處迪庫迪庫耶，不會騙你迪庫迪庫耶，給你紙張迪庫迪庫耶，如送回來迪庫迪庫耶，給你點醬迪庫迪庫耶。」尼山薩滿說完後，蒙古爾岱舅舅笑著出來喊著說：「尼山薩滿，你怎麼這樣難纏，誰偷了你的東西怎麼著？」尼山薩滿說：「如東偷了我的東西，那他就沒有好日子過。抓來無罪之人，是沒有道理的。」蒙古爾岱說：「尼山薩滿，你在怪我，其實把塞爾古岱・費揚古抓來，實在跟你沒關係。我們的閻王聽說塞爾古岱聰慧，就派我去拿，我費了好大勁才把他抓來。我們的閻王讓他和拉瑪、阿爾蘇蘭這兩個摔跤手摔跤，結果這兩個人全被摔倒了。因此，我們的閻王把他當成親生兒子一樣養著。那兒有送回去的道理呢？你不過是白費氣力，毫無益處。」尼山薩滿生氣地收回衆神祇，來到了閻王住的城。一看，大門緊閉，無路可走。尼山薩滿氣憤地說：「天上盤旋的內內耶，衆神祇們內內耶，趕快飛到內內耶，城裡去呀內內耶，把費揚古內內耶，抓回來呀內內耶。」說完後，果然有大鵰、大神降下，抓起費揚古就飛走了。衆孩子大驚，急忙跑去告訴了閻王。閻王一聽，十分生氣，派小鬼把蒙古爾岱舅舅叫來，憤憤地說：「蒙古爾岱，我怎麼說你好呢？你帶來的塞爾古岱·費揚古已被大鵰抓走了！」蒙古爾岱說：「主人別生氣。帶走費揚古的不是別人，她就是在陽間各部都有名的尼山薩滿。我馬上去追，跟她說點好話求求看。」說完，出城去追。

尼山薩滿得到了塞爾古岱·費揚古，拉著他的手往回走。這時，蒙古爾岱舅舅從後面追了上來，喊道：「尼山薩滿，你怎麼這麼惡。我辛辛苦苦收來的塞爾古岱·費揚古，你想一點好處都不給就偷偷地帶走嗎？」尼山薩滿說：「蒙古爾岱舅舅，你如果這麼說，我倒想給你留下一點東西，十束紙、十〔原文殘缺〕「剛剛在這兒相見，哪有放你走的道理。」尼山薩滿生氣地罵道：「丈夫阿哥希都希都耶，你快聽著希都希都耶，把你的臭嘴希都希都耶，應該撕裂希都希都耶，可惡的男人希都希都耶，把你的下巴希都希都耶，應該刨豁希都希都耶，你一個人希都希都耶，死的時候希都希都耶，給我留下希都希都耶，一個婆婆希都希都耶，我一個人希都希都耶，孝順地養著希都希都耶，見到了我希都希都耶，卻忘記了希都希都耶，養母之恩希都希都耶，把你的妻子希都希都耶，想殺死她希都希都耶，在你的家裡希都希都耶，能留下什麼希都希都耶，應該把你希都希都耶，拋到遠方希都希都耶，酆都城去希都希都耶，永不投生希都希都耶。」說完，她知道大鵰已從天降，又叫來鬼祟，把她的丈夫抓住，圈在了酆都城。尼山薩滿說：「多麼歡喜呀嗨魯嗨魯，沒有了丈夫嗨魯嗨魯，自由地生活嗨魯嗨魯，沒有了君王嗨魯嗨魯，節儉地生活嗨魯嗨魯，仔細選擇呀嗨魯嗨魯，要交好朋友嗨魯嗨魯，觀賞美景啊嗨魯嗨魯，痛快地游玩嗨魯嗨魯，（罵完了）嗨魯嗨魯。」

尼山薩滿拉著塞爾古岱·費揚古繼續往前走，抬頭一看，南邊一道金光中有一座橋，橋的左邊有一寶樓，正從門裡放出耀眼的寶靈氣。尼山薩滿好奇地登上橋，只見一個小鬼抓著三個男人坐著。尼山薩滿走過去問，「阿哥，這座能看見的樓裡住著什麼人？請告訴我，好嗎？」那個鬼說：「這個樓裡住的是從根上生長的、由葉上發芽的子孫娘娘。」尼山薩滿給了那個鬼三束紙，就拉著塞爾古岱·費揚古的手登上樓去。尼山薩滿見到樓門口坐著二個身穿盔甲，手持木棒的把門人。他們看到尼山薩滿後申斥說：「看著點，你們是哪兒來的怪靈魂，快快往後退。如果把你們綁進去，一定會打死你們的。」尼山薩滿請求道：「二位神阿哥，我不是惡鬼，我是陽間叫尼山的薩滿，是特意來拜會子孫娘娘的。」說完，二個小鬼就把他們放了過去。尼山薩滿上樓一看，大炕上正坐著一個老太太。她的周圍有幾個小孩正在玩耍。尼山薩滿上前叩見。子孫娘娘說：「我也不認識你呀！你是什麼地方人？」尼山薩滿笑著說：「您怎麼不認識我了？我們全是從您的葉子上發芽，從根上生長出來的子孫呀。」子孫娘娘說：「你如果是從我這生出的子孫，姓什麼叫什麼？」尼山薩滿說：「陽間有一個出名的女薩滿，就是我呀！娘娘怎麼不認識了？」子孫娘娘說：「你如果是尼山薩滿，那個男孩是什麼人？你本來沒有兒子呀，怎麼又有了？」尼山薩滿叩拜道：「娘娘您聽我說明白。我十七歲死了丈夫，只好孝敬婆婆，與她一起生活。有一天，突然從房梁上往下滾動一個護胸鏡，當我想進去的時候，已經落到了地上。當時，我就什麼都不知道了。結果，病了三年，臥床不起。沒辦法只好立神位，學了薩滿。這孩子是被閻王派的蒙古爾岱抓走，又被我用一定的好處換回來的。子孫娘娘如果可憐他，就請給他定一下他有多少後代吧。」子孫娘娘說：「看在你的面上，叫塞爾古岱·費揚古有五個男孩、三個女孫。你回到陽間後，好好指教陽間的人。」於是，拉住尼山薩滿的手從樓上下來。尼山薩滿問：「那一片柳樹怎麼長得又綠又好啊？」娘娘說：「在你們陽間，哪家人日子過得好，子孫滿堂，他們的柳樹就這麼好。」尼山薩滿又問：「娘娘，那一片柳樹怎麼乾枯了？」娘娘說：「那是因為你們陽間人生活富裕了，就隨便地將牛馬趕進樹林子中踐踏，同時把柳木作柴火燒，結果柳木就全部乾枯了。他們的子孫也就漸漸地窮盡了。」尼山薩滿又問：「娘娘，那一對夫妻蓋著單衣，為什麼還熱得直打滾呢？」娘娘說：「那是你們陽間的人，如果丈夫給妻子現了眼，妻子給丈夫丟了臉，死後蓋上單衣服還發熱。」尼山薩滿又問：「娘娘，那一對夫妻蓋著夾被，為什麼還凍得直打戰呢？」娘娘說：「那是你們陽間的人，丈夫不喜歡自己的妻子，同其他漂亮的女人行姦；妻子背著丈夫，同別人隨心所欲。他們死後蓋上夾被也冷得不行。」尼山薩滿又問：「娘娘，為什麼把那個人從腰筋鈎住，正要出去呢？」娘娘說：「那是你們陽間的人，對待財物貪得無厭，給別人東西用斗小上加小；從別人那兒拿東西用斗大上加大，所以，他們的壽限一到就用這種刑。」尼山薩滿又問：「為什麼讓那一群人頭頂石頭往上山送？」娘娘說：「這些人上山時，將木頭、石頭往下滾，把山神的頭破壞了。所以，他們死後，就讓他們把滾下的木頭、石頭往山上送。承受不了這種刑的人，只好在那兒呼天叫地。」尼山薩滿又問：「娘娘，為什麼搜這一群人的衣服，要將他們放在盛滿油的鍋中殺死呢？」娘娘說：「這是你們陽間的黑心人，想得到金銀便起了歹心，將別人的嘴堵上無聲地殺死，然後得到金銀。所以，他們死後就用這種刑。」尼山薩滿又問：「娘娘，為什麼把這一群婦女用蛇盤住咬呢？」娘娘說：「那是你們陽間的人，他們厭惡自己的丈夫，跟親近的人〔原文殘缺〕。」尼山薩滿說：「非常感謝娘娘的教誨。現在，我應該回去了。」子孫娘娘說：「你到陽間以後，好好地告誡一下不孝的惡男女。」說完，上樓去了。

尼山薩滿謝過子孫娘娘，就拉著塞爾古岱・費揚古的手往回走。不久，來到了紅河，給河主留下了三塊醬、三束紙，拉起塞爾古岱・費揚古，像旋風一樣地玩著往回跑。到了瘸子拉喜的無岸河邊，給拉喜留了點東西，就到了巴爾都・巴彥的大門前。給了大小門神三束紙、三塊醬就進了房。這時，只見尼山薩滿突然搖動裙子和腰鈴，全身顫抖。納里費揚古明白了，趕快在她的鼻子周圍灑了二十桶水，臉的周圍灑了四十桶水。只見尼山薩滿突然清醒，並站了起來，抓起了手鼓，跳了一陣神，坐在了板凳上。然後，向巴爾都・巴彥說：「琿勒琿勒巴彥先生，琿勒琿勒我拚著性命，琿勒琿勒把你兒子的，琿勒琿勒離去的靈魂，琿勒琿勒剛剛帶回，琿勒琿勒你趕快地，琿勒琿勒打開棺蓋，琿勒琿勒所以才能，琿勒琿勒見到你的兒子，琿勒琿勒巴彥先生，琿勒琿勒打破棺蓋，琿勒琿勒仔細看看。」這時，塞爾古岱・費揚古點頭叫道：「給我一點熱水吧！我的嗓子乾的受不了。」巴爾都・巴彥高興地把他扶起，並坐在了炕上。當餵他稀飯時，塞爾古岱・費揚古就翻身站起給父母請安。巴爾都・巴彥夫妻就像得到了寶貴的東珠一樣歡喜，殺豬宰羊大擺宴席。尼山薩滿端坐在屋地鋪有地毯、腰間墊有褥墊的位子上，巴彥夫妻帶著塞爾古岱・費揚古叩謝救命之恩。尼山薩滿說：「巴彥先生，你的兒子可以無病無災地活到九十歲。」

在宴席上，納里・費揚古陪坐。尼山薩滿感謝納里・費揚古，拍著他的後背說：「你是給我力量的、有名氣的納里。你是忠實於神祇的、高尚的納里。我敬你一杯酒。」納里・費揚古笑著說：

「有名的尼山，奇異的薩滿，你聽著，小弟我若跟著你，你就不會勞苦，只有我們兩個人才能救出靈魂。」大家坐著喝酒，天黑才散，衆人皆醉。第二天，尼山薩滿說：「巴彥先生，我要走了。」巴爾都．巴彥對尼山薩滿〔原文殘缺〕歡喜地就把衆家人叫來說：「你們現在就殺牛、馬、豬、羊，帶到貝勒阿哥妻子的宴席上去。」衆人急急忙忙各自準備去了，殺豬的殺豬，備宴的備宴，準備車馬的準備車馬。巴爾都．巴彥夫妻乘車而去，到了親家老爺的屯子後，親家老爺的家人把所有的東西搬進了屋。親家老爺說：「在阿哥、格格的宴席上男女老少都要來喝酒。不管是瞎子、瘸子、聾子、啞巴一個也不落。」衆人皆至，日落宴席方散。第二天，巴爾都．巴彥夫婦與塞爾古岱．費揚古一起回到家裡，選定了娶親的吉日。沒過多久，吉日已到。塞爾古岱．費揚古換上了漂亮的衣服，準備轎車，叫衆家人一起跟隨，去接新媳婦。親家夫婦把女兒打扮得格外漂亮，身穿花衣服，坐進了轎車裡，然後起程。後邊親家老爺帶著家人跟隨，準備赴宴會見親家。宴會安排在大堂上，全屯的人都來了，瞎子、瘸子、聾子、啞巴一個也沒落。衆人有說不出來的喜樂。跟隨來的姑娘們也穿著美麗的衣服，舒緩俏麗，來回穿梭。晚上，點燃起明亮的臘燭，塞爾古岱．費揚古夫妻叩頭。衆人一見，覺得他們眞是天生的一對，夫妻二人端莊、美麗，猶如太陽一樣光彩照人。然後夫妻叩拜了天地，進到了屋裡。不久，衆人也愉快地結束了宴會。

從此，塞爾古岱．費揚古如魚得水，所生子孫皆活到九十歲。他家歷世爲官，富貴永存。故事由此完結。

資料來源：季永海、趙志忠譯注〈尼山薩滿〉，《滿語研究》，一九八八年，第二期（哈爾濱，黑龍江滿語研究所，一九八八年十二月），頁一〇八至一一六。

附錄四　一新薩滿

當明末清初的時候，松阿里南岸有一個人，名登吉五莫爾根佔據松阿里南岸三姓附近一帶，自稱本德汗。在三姓東面五、六十里，有一個祿祿嘎深。屯中有一富戶，戶主名巴爾道巴彥，娶妻盧耶勒氏。夫妻都是性情溫和，生平樂善好施，信神敬仙。二人年近四十，膝下缺少兒女，因此夫妻時常憂慮，恐無後嗣承繼香煙。因此更加虔誠行善，常祝禱天地神明，求賜一子。果然在盧耶勒氏四十五歲的時候，懷孕十月，產生雙胎，一對男孩。生得方面大耳，聲音宏亮，俱非凡相。巴爾道夫妻二人歡喜非常，遠近親友都來賀喜。衆人都說，他們夫妻二人平素虔心敬神，行善好施，感動天神，如今得到一對好兒子，眞是天賜。巴爾道聽了衆客恭喜的話，更覺歡喜非常，叫家人殺豬羊等物，預備酒飯，厚待那些賀喜的親友。衆人宴後，各自散去。

巴爾道夫妻二人自從得了一對兒子之後，加意撫養，寶貴得像掌上明珠一般。大兒子取名斯勒福羊古，小兒子取名斯爾胡德福羊古。兄弟二人，從小聰明，長得眉清目秀，面貌相似，眞是一對英俊人物。到七、八歲的時候，就學習弓箭刀槍；到了十五歲，箭法已很純熟，百步之內百發百中。槍刀也很熟練，時常帶領家人，在本屯四方附近打獵。巴爾道巴彥夫妻常常囑咐這兩個兒子，不要往遠處去打獵。倘若山中遇見虎豹猛獸，恐怕不免受傷。他兄弟兩個因遵守父母之命，不敢遠遊，祇在附近打獵。不過那屯附近所有獐、麅、兔、鹿等野獸，被他弟兄打得一天少一天了。因此他們和父母商議說：「近處所有的野物，已被我們打完了，人家說在正南百里外，有一座大山，名叫赫連山，周圍有

二、三百里，山中野獸很多。我們兄弟兩個，想到那赫連山境內去打圍。一來我們能多打野物，二來我們看看山水景緻。」巴爾道巴彥聽說他兩個兒子要往赫連山境內打獵，同時觀看山水風景，就同妻子商議說道：「如今咱們兩個兒子，已經十五歲了，未曾出過遠門，現在他們兄弟二人，一定要上赫連山打獵，我總有些放心不下，你看怎麼辨法？」妻子說：「照我的意思，還是不叫他們去爲是。」斯勒福羊古兄弟二人，看他父母商量多時，結果還是不叫他們出門，只好遵從親命暫時作罷。

過了幾日，又在父母面前，請求往赫連山境內打獵。一連商量兩三天，巴爾道夫妻二人暗地裡商議說道：「我們兩個兒子，一心要去打獵，明天不如准許他們前去一遭，同時看看山景，料想也沒有什麼意外的事情發生。」次日清晨起來，把兩個兒子叫到面前說道：「你們天天要上赫連山，今日你們可帶領幾十名家人，一同前去打獵，隨後又叫忠心的家人二名，一個叫阿哈金，一個叫巴哈金。二人來到主人面前行禮說道：「喚小人們來有何吩咐？」巴爾道說道：「今天二位小主人上赫連山打獵，同時觀看山景。故令你們二人帶著五十名人馬護衛他們二人前去，路上一切事情，應當格外小心。現在快去預備馬匹，收拾帳房鍋灶等物。」兩個家人聽得主人吩咐，急忙退下去辦理各物。福羊古兄弟二人聽得父母應允，都很歡喜，隨帶弓箭武器，收拾妥當，拜別父母，各上坐騎，帶了五十餘名家人，直奔正南而去。前面有阿哈金引路，後面有巴哈金護衛。

走了一天，到日落的時候，纔到了赫連山境界。就找了一塊平地，紮下帳房。衆人一齊埋鍋造飯，飯燒好後，衆家人用飯，隨後將馬匹喂好。到了晚上，阿哈金、巴哈金二人吩咐衆人說道：「你們都在二位小主人的帳房四面圍著睡覺，不要遠離！」衆人一齊答應，各自安眠。明日很早就起來，用完早飯之後，斯勒福羊古、斯爾胡德福羊古弟兄一看今日天氣晴和，山中雀鳥亂叫；二人精神煥發，催著阿哈金、巴哈金急速收拾，起身上山打圍。家人聽得主人著急，各將馬匹備齊。阿哈金、巴哈金把二位小主人的馬匹拉過前來，兄弟二人向前急忙攀鞍上馬，帶領衆人直奔山林而來。

來到山麓，吩咐家人一齊排好，走進山林，齊聲喊叫，不准亂走。衆家人答應，一齊催馬進林，一面喊叫，一面向林中前進。野獸聽著衆人的喊叫聲，一齊驚走。斯勒福羊古兄弟二人另帶領著阿哈金、巴哈金，從這樹林旁面，繞道而行。跑到前頭，找那緊要的路口，等候野獸。他主僕四人正在一高岡上，聽衆家人在那樹林中亂叫亂喊，不到一時，看見那樹林中跑出兩個大馬鹿直奔前來，斯勒福羊古兄弟二人，在這邊急忙拿著弓箭，看那兩隻鹿跑近前來，他們一人瞄準一隻大鹿，一齊射將出去，這兩枝箭都中了鹿身。一隻當時射死，別一隻中箭就向旁邊跑去。兄弟兩個，又各加射一箭，也都中的；那鹿還未跑到十步，就死了。二人看見射死兩隻大鹿，歡喜非常。正在觀看那死鹿的時候，阿哈金、巴哈金在前面說到：「那邊又來了野物了。」二人聽得有野物，便抬頭一看，果然又有六、七隻麅子，奔向前來。弟兄兩個又各射死一隻，剩下的五、六隻麅子都轉身向後跑去。此時後邊的家人也都趕到，把這五、六隻麅子四面圍住，亂打亂喊；不多時，把這幾個野物，打死的打死，活捉的活捉，衆家人將打死的麅鹿都放在一處，歡歡喜喜地依次把皮剝去，解開骨肉，收拾完畢，都載在馬上。斯勒福羊古說道：「你們仍舊回到昨晚住宿的地方住下便了。」衆家人聽主人吩咐，便一齊回到原處。

斯勒福羊古兄弟，帶領阿哈金、巴哈金兩個家人從西山腳繞道回去，一路在馬上觀看山景。四人在途中說說笑笑很是快樂，走到離昨晚住宿的地方三里的所在，從西南方忽然來了一陣大旋風，就在斯勒福羊古兄弟二人馬前馬後轉兩三個圈子，仍往西南方去了。當那風旋轉的時候，他們兄弟二人，都打了一個冷戰，當時心中即覺得非常難過。阿哈金、巴哈金兩個忠心家人，看見這情形，很是驚慌，急忙向前護衛，不一刻，來到昨晚住宿的地方。家人早已來到，正在生火造晚飯，大家看見二位小主人忽然面色如土，吃驚不小，都面面相看。阿哈金、巴哈金把小主人扶下馬來。衆人連忙就地鋪好被褥扶他二人來到鋪上坐下。弟問兄道：「你心裡怎樣？」兄答道：「就是那旋風過去之後，我心裡不知何故一陣一陣的昏亂起來，現在更覺得昏迷了。」他的兄弟斯爾胡德福羊古驚異地說道：「奇怪極啦！我們兄弟二人怎麼會同時得了一樣的病症？莫非我們得罪了那方的神仙不成？」便叫阿哈金、巴哈金二人急速往那方各位神仙面前焚香祝禱。阿哈金、巴哈金不敢怠慢，就向空跪拜，祈禱說：「當地山神大仙以及遠方家廟諸神聽稟，今因我家小主人兄弟二人，忽然得了疾病，難以回家，因此祝求諸位神仙，保佑他們兄弟病癒回家，自當殺宰豬羊祭祀諸神，酬報保佑之恩。」

祝告完畢，起身來到主人面前，一看兄弟二人痛得大叫不止。此時已經日落天黑，二人病狀愈見沉重；到了半夜，病勢更加利害。阿哈金、巴哈金異常著急，祇得吩附衆人迅速去尋找大樹的外皮，快快製成兩架臥板；衆人一齊急快上山找大樹，剝去外皮，做成兩個抬板。又令衆人急速收拾，預備馬匹，隨後將二位小主人放在兩個抬板上，八個人用桿子把兩個抬板抬起，連夜起程回家。走了二十多里，阿哈金向前探望，斯勒福羊古已經氣絕而死。當時阿哈金未敢驟然說出，恐怕二小主人知道悲傷，病上加病，惟對巴哈金低聲說道：「大小主人已經死去多時了，暫時勿令他阿弟知道，等到天明再說便了。」他二人暗地裡悲嘆，恨不得一時便回到家中。走到東方發白的時候，已離赫連山境五十多里。阿哈金聽見二小主哼了幾聲，後來也就沒有動靜了。向前一看，只見他面如金紙，瞪眼不語。阿哈金吃驚不小，就叫衆人站住，衆人一齊向前觀看，那時斯爾胡德福羊古也氣絕長逝了。此時衆人方知大小主人已經死了多時，衆人慟哭不止，阿哈金、巴哈金哭得死去活來。

哭了多時，阿哈金止住悲慟，對巴哈金說道：「我們衆人就在此地哭死，也是無益。況且人死不能復生，依我看來，不如你先騎馬火速回去稟報老主人知道，我與衆人抬這兩個小主人的屍首，隨後趕到。巴哈金急忙騎馬飛奔而去。不多時，進了屯子來到大門外下馬，將馬拴在門旁，一直來到上屋。巴爾道巴彥和盧耶勒氏夫妻二人，正在屋中閑談，忽然看見心腹家人巴哈金來至近前，雙膝跪下，尚未開口，就不住的流淚，後來竟放聲大哭起來，巴爾道驚問道：「巴哈金，你哭甚麼？莫非兩個小主人打了你麼？」巴哈金聽了愈覺悲傷。巴爾道巴彥追問了兩三聲，巴哈金仍舊啼哭。巴爾道看此光景，大怒說道：「可恨的奴才為何只是啼哭，不發一言？你再不說，我也要打你了。」巴哈金看主人動怒，便止住悲傷，揩去眼淚，往上叩頭，把兩個小主人在山上忽然得病，半路相繼身亡的話，稟知老主人。巴爾道夫妻聽到兩個兒子相繼身亡的話，二人都是哎喲一聲，往後仰倒，頓時昏去，不省人事。

巴爾道夫妻二人昏去後，屋中所有衆丫鬟人等，看了都很驚慌，上前把老夫妻慢慢扶起，衆人一齊叫喚多時，始見他夫妻二人漸漸甦醒過來，喊道：「巴拿〔老天〕！」隨後就放聲大哭，哭得死去活來。後來巴爾道止住了悲傷，說道：「巴哈金，速備兩匹快馬，我帶你去迎接你兩個小主人的屍首。」巴哈金聽了，那敢遲慢，立刻出門，來至馬棚內拉出兩匹快馬，把鞍轡預備妥當，回上屋稟明。巴爾道來到大門外，巴哈金把馬拉過來，巴爾道向前攀鞍上馬，巴哈金也上了馬，在前引路。主僕二人策馬加鞭，走出十里多路，看見阿哈金率領衆人，抬著兩個死屍，迎面走來。

阿哈金看見老主人前來接靈，遂吩咐衆人站住，把屍首放在地上。巴爾道走近前來一看兩個兒子的死屍，心中好似鋼刀刺心，幾乎從馬上掉下來。幸有巴哈金急忙向前扶著；老主人走到兩個屍首面前，抱住了兩個愛兒放聲大哭，衆家人也都是悲悲切切地哭了一場。阿哈金、巴哈金看見老主人一邊守著一個屍首哭得昏迷過去，二人恐怕老主人傷了身體，便向前跪下，苦苦地相勸。巴爾道止住悲傷，歇了一回，吩咐阿哈金、巴哈金令衆人仍把兩個屍首抬走。衆家人急忙抬起，向祿祿嘎深走去，巴爾道自己騎馬在前，自思自想：「我夫妻一世未嘗做過惡事，上天無眼斷我後嗣，如今我夫妻年均六旬，雖有萬貫家財，也無人承繼，我的兩個兒子眞死得奇怪極了！」想到這裡，不覺已到自己家門，便吩附把屍首抬進上屋，盧耶勒氏見兩個親生兒子的屍首到家，向前抱住一對兒屍，痛哭起來，巴爾道也痛哭不止，家中婢僕人等，無不悲傷落淚。

這時候屯中遠近親友都來慰問，衆親友見他夫妻哭得十分厲害，一齊向前解勸，夫妻二人方才收住眼淚。隨後吩咐家人，把兩個屍首放在屋中。盧耶勒氏上炕，開了衣箱，取出新衣服數件，親自將兩個兒子的舊衣服脫下，換上新衣。又命家人抬過兩架新板床，把兩個兒子放在板床上，仍舊痛哭不止。巴爾道叫阿哈金、巴哈金兩個家人來到面前，吩咐說道：「你們二人向那馬群裡去挑選紅馬十匹，白馬十匹，青馬十匹，黃馬十匹，棕色馬十匹，快去快來，預備作爲二位小主人過火之用。」阿哈金、巴哈金二人聽了，即去選馬。又喚一個家人名叫庫克庫來至面前，說道：「你領著幾個人捉肥豬十隻，肥羊十隻，牛十頭，立刻宰殺，把肉煎熟，預備祭獻。」庫克庫遵命下去辦理。隨後又喚來一個家人名叫年麻喀的前來，家人向前跪倒，說道：「老主人叫奴才前來，有何使喚？」巴爾道吩咐道：「你去買紙箱兩大車，燒酒一百箱，作爲祭奠之用，快去快來！」年麻喀領命下去；又叫來十幾個女婢吩咐說道：「你們快快做成散吉哈，五巴其庫和泥泥如各一百以上，各物明日就要應用，務須趕速辦齊，不可有誤！」

吩咐完畢，衆家人都分頭辦理去了。巴爾道夫妻二人仍舊守著兩個屍首，悲痛不止。幸有親友人等，都來勸解到第三天，家人巴哈金、阿哈金、庫克庫、年麻喀以及十多個女婢一齊前來叩頭稟道：「我們已把主人所吩咐的物件，一一預備妥當了，請老主人過目。」巴爾道聽說所要的東西都備齊了，就走到門外，向院內一看，果然預備得整整齊齊。巴爾道正在院內查看這些過火用的物件之時，有一個守大門的家人，名叫布庫力，來至巴爾道面前稟道：「大門外來了一個老頭兒，要給兩個小主人祭靈，我們看他的模樣大概是討飯的乞丐，因此沒有准他進院。」巴爾道聽說有一個討飯的老頭兒要來祭靈，隨即吩咐家人布庫力快去領他進院，叫他隨便吃喝。

家人布庫力領命來到大門外，請老頭兒進院喝酒吃肉。誰知這老頭兒進來後不吃不喝，直奔向屋內的兩個屍身。走到前面，他就放聲大哭。巴爾道一看這老頭兒哭得如此傷心，親自向前勸阻說道：「你老不必過於悲傷，你且歇息，到廚下隨便吃喝去罷！」

這老頭兒正色說道：「我是並非爲了吃喝來的，我聽說你家兩個兒子死在山中，死得甚是奇異；你何不去請一個薩滿來過陰捉魂或者能有回生的希望。否則再過幾天，死屍腐爛，那時即使有薩滿能行這個過陰法術，也是難望復活。」巴爾道聽到這話，急忙讓這老頭兒坐下，問道：「你老人家倘能知道有本領的薩滿就請你告訴我，以便前去拜請。」這老頭兒說道：「在這西面離此五十里，有一泥什海畢拉，河東岸有一個嘎深，嘎深北首有一位女薩滿，外人稱她一新薩滿，是一個寡婦；她的婆婆，年近八旬，婆媳二人相依度日。我聽人說，她能過陰追魂，使死者回生。」老人略略指說一會，往外就走。巴爾道苦留不住，一直送到大門外面，他一路走去，也不回頭，出門走了十多步，一刻兒這老頭兒連影兒都不見了。巴爾道和衆親友都驚異不止。

巴爾道巴彥看這老頭兒一轉眼便化風而去，就知道他是神人前來指引。他回到上房，把神人指引的話告訴他妻子說道：「有一位老人，囑我前往泥什海畢拉邀請一新薩滿來行過陰法術。我去了以後，你須格外小心，直守這兩兒的屍首！」他又囑託親友衆人幫助看守。隨後吩咐阿哈金、巴哈金說道：「從速給我備上一匹快馬，套上一輛小車，我騎馬先去，你們兩個隨後乘車趕來！」說完往外就走，到大門，早有人拉過馬來，巴爾道上馬往西而去。不多時，來到泥什海畢拉。河東邊果然有一屯子。巴爾道直奔屯的北首，至了那裡，看見有兩間小正房，有一個中年婦人在院中洗衣裳。巴爾道急忙跳下馬來，把馬拴在大門一旁，來到院中，站在那洗衣的婦人面前，恭恭敬敬地施禮，說道：「富金格格，借問一聲，此屯中有個一新薩滿在那所屋子裡居住？」這個婦人帶笑答道：「你向那邊的幾個人一問便知。」

巴爾道抬頭一看，在南面不遠，果然有幾個修蓋房屋的人，便謝過婦人，走出大門，將馬牽著來到幾個人的面前，施禮說道：「這幾位莫爾根阿哥，我借問一聲，此屯有個一新薩滿在那裡居住？仰求指示。」這幾個人中，有一個老者向北一指，說道：「方才在那院子裡和你講話的那個婦人就是一新薩滿。」巴爾道謝過了衆人，急忙的回到原處，又把馬拴在外邊，往內便走，來到裡屋，一看北屯上坐著一個白髮老婦，在南屯上坐著方纔講話的那位中年婦人。巴爾道向著那婦人雙膝跪下，眼中落淚，說道：「薩滿格格，可憐我年老喪子，素知薩滿格格神通廣大，法術無邊。今因我家兩個兒子，在赫連山行獵，忽然得病，死在半路。因此特來邀請薩滿格格替我想個法子，或能過陰捉魂還陽，使我那兩個兒子起死回生，我情願將家中所有牛馬牲畜等物，分一半給你，務望不要推卻！」說罷連連叩頭。

這位一新薩滿急忙把他扶起，讓他坐下，隨後說道：「我雖是個薩滿，不過法術也很平常，沒有甚麼大的本領。今日你老既然到此求我，待我先請神下山看看你那兩個兒子致死的原因。」一面說話，一面拿過一盆潔淨清水，把臉洗淨。在西炕上擺了桌案，上邊放了一個香爐，爐內燃著僧其勒。右手拿著鼓鞭，左手拿著神鼓。跪在塵埃上，一面敲鼓，一面口中喃喃唸著請神的咒語。不多時，神便下來附在她的身上，口中便唱道：「巴爾道巴彥聽著你那大兒子斯勒福羊古因註定壽數已到，萬無回生之理。不過你那次子斯爾胡德福羊古如果請有本領的薩滿，依賴神力過陰，急速找尋他的眞魂，攝回陽間，叫他附在原身，就能復活。」說完這話，神就離身去了。

巴爾道聽說次子還有回生之路，再向一新薩滿跪下叩頭，苦苦哀求。她看這光景，知道無法推辭，只得允諾，對他說道：「你老快快起來，我跟你前去便了，但有一件事情，你要應允。」

巴爾道應聲答道：「薩滿格格，別說一件事，就是十件二十件，我也情願應允。」一新薩滿說道：「既然如此，我就替你過陰，尋找斯爾胡德福羊古眞魂；如能攝魂還陽，你要年年秋後，預備肥豬十隻，肥羊十隻，牛兩條，祭祀我所領的衆神，其餘別的謝禮，一概不受。」巴爾道連聲應允說道：「薩滿格格請你放心，別說一年一次的祭祀，就是一年兩次，也能辦到，決不食言。」此時阿哈金、巴哈金二人早已坐著一輛小車來到了。一新薩滿一看車馬已在外等候，就把前去之事，稟明婆婆。隨即上炕將衣箱打開拿出幾件新的衣服穿上；梳洗完畢，令巴爾道把薩滿所用的神鼓、神帽、神裙等件，用皮口袋裝好，送到車上。這位女薩滿走到婆婆近前說道：「我去祿祿嘎深不知何時回來，你老人家在家好好的看守門戶。家中若有事情，我自能知道。」告辭後往外就走。來到車前，不慌不忙的上車，坐在當中。巴爾道吩附阿哈金、巴哈金迅速趕車，自己在車後騎馬前進。

不多時來到祿祿嘎深。一新薩滿在車上看見大門外有許多婦女前來迎接。車到近前，衆婦女圍著車輛。一新薩滿隨即下車，這些婦女向前扶著，紛紛道辛苦。她說道：「我們坐車子來的，沒有什麼辛苦。」一面說話，一面向院裡走去。衆婦女在後面跟著，一直來到上房門首。衆人讓進屋內，請她坐下。她看見兄弟兩個死屍放在板床上，心中也很悲痛，丫鬟們裝煙的裝煙，獻茶的獻茶。盧耶勒氏這兩天守著兩個死屍哭得兩眼都睜不開了。這時聽說一新薩滿來了，一時又憂又喜；便扶著小丫鬟，來到一新薩滿面前跪倒，號咷大哭不止。

一新薩滿上前雙手扶起，勸解說道：「請大嫂不要過於悲傷，我在家已經把你兩個哥兒死的原因查明了。你大兒子斯勒福羊古萬無回生之法，因爲是依爾木汗註定他在十五歲某月某日某時歸陰。你兩個兒子在赫連山得病的日子，陰間的依爾木汗差遣一個鬼頭，名叫德那克楚，前來捉拿斯勒福羊古的眞魂。這個鬼頭，領著依爾木汗的命令，用旋風來到祿祿嘎深，看不見斯勒福羊古，再追蹤來到赫連山。他兄弟二人正在騎馬趕路；德那克楚看他兄弟兩個，容貌完全一樣，簡直分不出那一個是斯勒福羊古。當時旋轉兩三回。終究沒有認明。後來出於無奈，便把兄弟二人的眞魂，一齊捉回陰間。查看之後，方才認出那一個是斯勒福羊古。遂把兄弟二人的眞魂，先領到自己的家中，將斯爾胡德福羊古的眞魂，留在家中，令他的妻子好好的看守。後來又帶領斯勒福羊古來到依爾木汗的面前交代完畢。回到自己家中與他妻子商議說：「這個小孩長得令人可愛，我們不如把他留下，當作親生兒子。」他的妻子聽丈夫的話，歡喜非常。現下斯爾胡德福羊古的眞魂，就在他家。今天不是我誇口，三天以內必叫他還陽，起死回生。」說得衆人十分驚異，都是半信半疑。巴爾道吩附廚下急速預備上等菜飯，不多時，酒藥一齊擺上。巴爾道親自奉敬一新薩滿酒菜，還有幾個女親戚陪著。不多時，吃完了。家人把碗筷撤去，重行裝煙斟茶。這時候巴爾道專等一新薩滿替他的二兒子過陰捉魂，附體還陽。

一新薩滿吃完了酒飯，對巴爾道說道：「過陰之事不可遲延，恐怕死屍腐爛，就不好辨了。你快快去請一個熟通甲立的人來和我所請到的衆神對答，以明過陰之理；急速請來爲要！」巴爾道急忙吩咐巴哈金、阿哈金二人在本屯請來兩三個有名的甲立。一新薩滿看見請來兩三個甲立，就吩咐在院中擺上香案，上面放著香爐。一新薩滿走出門外，來至香案前面，親自焚燒僧其勒，隨後將自己帶來的皮袋打開，拿出薩滿所用的胡也其〔神帽〕、什兄〔神衣〕、竹什必廷〔圍裙〕、喀鍾〔腰鈴〕等物，把過陰穿戴的東西穿戴整齊，手裡拿著聞田〔神鼓〕，就在院中跳起來了。跳舞一回，那神便附身問道：「爲了何事請我們到此？」這兩三個甲立對答了幾句話，那神就不問了。一新薩滿對巴爾道說道：「這幾個有名的甲立，全然不通神理，請你再急速邀請一位懂神理的人來！」巴爾道聽一新薩滿說那幾個甲立全都不明神理，就向前說道：「薩滿格格，我這屯中就出了這幾個甲立，此外再無別人能當甲立了。懇求薩滿格格你若知道外屯如有明神理的甲立，請告訴我，以便火速去請求。」一新薩滿聽得他如此說法，就對他說道：「倘使你們屯中實在沒有甲立，讓我來指明一個罷。在西南方離這屯三十里地，有一個竹布根嘎深。這個屯中有一人，名叫那林福羊古，此人熟通甲立之道。你急速差遣家人前往，把他請來，我好放心過陰。他若是不願前來，你們就說一新薩滿有口信請他快去。他知道我在這裡，就一定來了。」巴爾道就差遣阿哈金、巴哈金二人騎著快馬，又帶了一匹馬到那屯請那林福羊古去了。

二人領命飛奔前往，來到竹布根嘎深。看見屯前有一群人正在那裡練習弓箭，阿哈金下馬來至近前，和那些衆人施禮，口稱：「衆位哥哥，借問一聲，這個屯中有一位那林福羊古嗎？請問他家住那裡？」阿哈金話還未完，從那人群中間走出一個人來，向前問道，「你是從那個屯裡來的？你問那林福羊古的家有什麼事？」阿哈金答道：「我是祿祿嘎深巴爾道巴彥的家人，因爲我家兩個小主人死後，我主人把一新薩滿請來過陰，無奈缺乏甲立，因此一新薩滿教我們來請那林福羊古。」這時候，後面又來了一個少年，手指著問話的人向阿哈金說道：「這位就是那林福羊古。」阿哈金急忙深深行了一個禮，說道：「小人不知你老在此，所以當面提起貴人名字，請你恕罪。」那林福羊古笑道：「既然如此，你們跟我來罷！」轉身往屯中走來。阿哈金、巴哈金二人跟他來到一家門首。那林福羊古回頭說道：「你們二人暫且在此略等片刻。」說完這話，進院去了。他來到上屋，向他父母稟告，把巴爾道巴彥來延請的事，細說了一遍，他的父母說：「人家既然請你，你就去罷！」那林福羊古就脫去舊衣，換上了一身新衣，穿戴完畢，拜別了父母，轉身來到大門外。阿哈金急忙拉過馬來，請那林福羊古上馬。阿哈金與巴哈金二人也上了馬，阿哈金在前頭引路，巴哈金隨後跟著。策馬加鞭，飛奔前來。

不多時，到了祿祿嘎深巴爾道巴彥的大門前。這時候早有家人稟報巴爾道；他聽得那林福羊古已經請到，急忙到大門外去迎接。那林福羊古看見有人前來迎接，不用人說就知道他是巴爾道巴彥，急忙跳下馬來，巴爾道慌忙向前施禮說道：「有勞莫爾根阿哥，不避辛苦，遠道而來。」那林福羊古應聲說道：「巴彥馬法，誰都免不了有急事的，不要太客氣了。」說罷走進院內。一新薩滿正在屋內談話，忽聽得門外有人說話，留神一聽，知是那林福羊古的聲音，急忙離座上前迎將出來，在裏間屋內相遇。一新薩滿帶著笑容說道：「我知道你是難請的貴客。」那林福羊古也笑著說道：「你這個薩滿眞是難侍候，今日我若不看巴彥馬法的分上，就不來的了。」巴爾道請那林福羊古坐下，便吩咐家人預備酒飯。不多時酒飯已備好，就請那林福羊古和一新薩滿喝酒吃飯。此時一新薩滿向巴爾道說道：「現在甲立已經來了，你可以到院中設立香案，以備請神過陰。」

巴爾道聽說，便急忙把香案和一切所用物件，佈置妥當，一新薩滿起身走出門外，來到香案近前，又將神衣神帽等物，穿戴整齊，手拿著神鼓，跪在香案面前，一面敲鼓，一面口中念念有詞。那林福羊古也到香案前焚燒僧其勒。不多時神來附體，一新薩滿忽然站起身來繞著香案四面跳起舞來。那林福羊古也手拿著鼓，對答半天。隨後向巴爾道說道：「急速預備板床一個，公鷄兩對，黃狗一隻，黑狗一隻，醬十斤，鹽十斤，紙箔百疋，將鷄狗殺死和醬紙箔一併焚燒，以備薩滿過陰時帶到陰間，在路中使用，迅速辦理爲要！」巴爾道急忙吩咐家人照樣辦理，不可有誤。家人不敢怠慢。立即辦理妥了，用火焚燒。這時候一新薩滿躺倒在地，就像死人一般，過陰去了。那林福羊古看見一新這般光景，就知道已經過陰去了。他急忙吩咐巴爾道把臥床抬來，放在院中，再把一新薩滿抬到臥床上面。又用白布蓋好她的身體，另用大布棚在上邊遮蔽著日光，差人看守著，自己也不遠離。

一新薩滿正在院中跳舞，忽然頭昏眼黑，立即不省人事。不多時忽然明白過來，睜眼一看，他所請的衆神，威風凜凜，都在面前圍繞著。惟有那林福羊古在院中看守著一個死屍。近前仔細觀看，原來就是自己的身體。這纔省悟，自己已經過陰了，就向那林福羊古說道：「我赴陰之後望你小心看守我的身體！」一連說了幾次，祇見那林福羊古仍和巴爾道講話，不來理她。這時她的愛米走過來對她說道：「你在陰間，他在陽世，陰陽相隔，別說說話聽不到，就是打他也是不會覺到的。」一新薩滿才明白了，回頭見那方纔叫他們焚燒的鷄狗醬鹽紙疋等物，仍在院中，那些鷄狗還是用繩綁著，隨即吩附衆神，攜帶所用的物件，又令她的愛米前頭引路，往西南大路走去。不多時到了一座高山。一新薩滿問她的古熱〔問事神〕是什麼山。古熱答道：「這阿林就叫臥德爾喀阿林〔望鄉台〕，凡人死後到此山頂，才知道自己已死。」話未說完，已經到了山頂，一新薩滿站住了腳步，回頭看見祿祿嘎深好像就在眼前，看見那林福羊古和巴爾道還在院中看守著她的身體，連巴爾道兩個兒子的死屍也都見了。她心裡想往四面觀看，但衆神等一齊催促她前往趕路。一路上衆神不離左右前後護衛。又走了一會，眼前有一條貫通南北的大河，至河邊一看，兩岸並無船隻，一新薩滿一看並無渡船，就把手中的神鼓，拋在河中。這鼓到了水面上，立時變成一隻小船。她和衆神一齊上鼓。這鼓自己飄飄蕩蕩的渡到西岸。

一新薩滿等大家上了岸，回頭把船拿起，仍變成一面小鼓，再向西南大路走去。尙未走出一里路，路旁有一個安吉那安庫，裏面出來一個人擋住去路。一新薩滿一看，就是三年前死去的丈夫德巴庫阿。原來他三年前因病身亡之後，他的眞魂就在這陰陽河邊居住，打獵捕魚，時常截路劫財。今日看見一新薩滿攜帶許多東西打這路上經過，心裡想到：「這必是是富人歸陰，我何不向前搶劫他的錢財等物呢？」想罷，手拿著木棍，跳出來攔住去路。近前仔細一看，認得是自己妻子，向前驚問道：「你爲了何事來到陰間？」一新薩滿說道：「我因祿祿嘎深富戶巴爾道巴彥的兩個兒子死了，求我過陰，追魂還陽，因此我現在赴陰尋魂，經過此地。」德巴庫阿聽了這話，上前一把抓住一新薩滿的衣襟，大怒道：「你這個賤婦，能與人家過陰追魂，起死回生，何不將我的魂追回陽世呢？一來我們夫妻仍得團圓，二來家中七旬老母，有人奉養。你今日須先送我還陽之後，再赴陰尋找巴爾道兒子的眞魂，否則，我萬萬不能放你過去。」一新薩滿說道：「你要想還陽，可是萬難了，因爲你的身體早已腐爛完了，身體不全，無法還陽。」德巴庫阿聽到不能復活的話，愈加怒氣沖天，緊緊地拉著他妻子的衣襟。一新薩滿一看這個光景，忽然心生一計。說道：「丈夫，你倘要復活，請你將手放下，坐此鼓上，我將你送回陽世就是了。」德巴庫阿聽說使他還陽，就在那鼓面上坐了下來。一新薩滿看他坐在鼓面上，回頭吩附她的薩滿神名叫愛新布克春，急速帶他到那括文庫阿林〔陰山〕後面，把他擲下，快去快回。愛新布克春就把鼓和人一齊抬將起來，一會兒早已不見影蹤了。一新薩滿仍奔西南大道去了。不一刻到了一個關口，不少餓鬼，攔住道路，不讓她過去。

一新薩滿來到關口，原來就是鬼門關；兩旁出來許多餓鬼冤魂攔住去路，向她要關錢。她就把攜帶的金、銀、醬、鹽等物，都給了一些。他們便各自散去了。一新薩滿一看鬼魂散了，她就過關往前奔走。正在走的時候，看見愛新布克春坐在鼓上從西南飛來了。來到近前，慢慢的落在地上。一新薩滿問道：「你把他帶到什麼地方擲的？」愛新布克春答道：「我把他送到那括文庫阿林後面擲下了。」說著一面趕路。走了一會，看見這條大路分開三條支路。一新薩滿走到那三岔路口停住腳步，問她的衆神道：「赴陰的路爲什麼有三條呢？」衆神答道：「世人若被槍刀打死的都奔這左邊的那條支路，若是上吊水淹服毒而死的都走右邊的那條支路，若因註定壽數已終而死的都走這中間的大路。今天我們走這中間的大道就是了。」一新薩滿聽了衆神的話，就向那當中大道走去。

不多時，見前邊有一小河阻路。一新薩滿又問衆神：「我們到了什麼地方了？」衆神說道：「這就是富爾金畢拉。世人死後，來到此河岸的時候，非常口渴，看見河水，總想飽飲一頓。如若飲了這水，他就會忘掉在陽世的一切事情。」說這話時，已經到了河岸。一新薩滿喊了一聲，當時有人答應，從上流來了一隻小船，船中坐著一人，手執小竿，順流航來。船到近前，一新薩滿仔細觀看，此人甚是面熟，就說到：「請問這位老丈尊姓大名？」這老人說道：「我名叫達哈。」她聽得達哈二字，忽然想起來了，這達哈便是她娘家的一個心腹家人，在十年前，已經死了。當他在世的時候，一新薩滿還沒有出嫁，所以聽說是達哈，她就想起來了。一新薩滿叫道：「達哈，你認識我嗎？」達哈在小船上站起身來，揩著眼睛，仔細一看，說道：「你不是安邦德斗格格〔大小姐〕嗎？」一新薩滿答道：「正是。」達哈聽了這話，急忙跳上河岸，向前施禮，說道：「德斗格格你不在陽世居住，反到這陰間來是何原因？」她就把赴陰尋找斯爾胡德福羊古的事，說了一遍。達哈說道：「我離開陽世十餘年了，在這十年中，德斗格格學成了這樣神通廣大的薩滿，眞是奇事。」一新薩滿說道：「我赴陰趕路要緊，你急速把我送過對岸去罷。」達哈就把小船靠近河岸。她和衆神等一齊上船，達哈也上了船，送他們到了那一岸。送給達哈醬鹽紙錢等物，然後仍奔陰路。

走了多時，看見前面有一坐〔座〕大城。一新薩滿回過頭來問衆神道：「前面的城是什麼城，竟這樣的莊嚴高大呢？」愛米在前頭接口答道：「這就是那個依爾木汗的城池，這城周圍有三道城牆。進城時要經過三道關門，各門都有守門官把守。」說談時已經來到第一道城門，有兩個門官把守。這兩個門官一叫斯立克土，一叫斯合勒土，面貌兇惡，手執鋼叉，向前攔住去路，問道：「你進城所為何事？」一新薩滿答道：「因為城內鬼頭德那克楚前天在陽間錯捉斯爾胡德福羊古的眞魂，因此進城向他要回這個眞魂。我今天經過你們這個城門，當奉上些金銀，請你放我過去。」就吩咐跟隨的神給他們每人五千紙錢，斯立克土、斯合勒土一見紙錢到手，各自退後，放他們進去了。一新薩滿便領了衆神向前走去。不多時又到第二道城門，仍有幾個把門的惡鬼，攔住去路。她也送他們許多的紙錢，纔得過去。走了一刻，到了第三道門，一看有八名鬼頭把守，他們都面貌奇特，兇惡非常，向前攔路。一新薩滿央求多時，終是不得過去，多給紙錢，亦是無用，她看來實在是不能過去的了。便搖身一變，變成一個闊里〔神鷹〕，一霎那間竟騰空而起，飛進城中去了。

飛不多時，到了德那克楚的屋子上面，往下觀看，院中並無一人，便輕輕地落在屋面上，但是不知斯爾胡德福羊古居住在那個屋子裡。正在左思右想的時候，忽然看見那東廂房門開了，從屋內出來一人，年約十五、六歲，長得眉清目秀，眞是一個俊秀人物。一新薩滿一看，心裡想道：「我在陽世，雖然未曾見過斯爾胡德福羊古，大概此人就是他了。」看他一出門外就往這院子的西南角上走來，她從屋上急忙飛來，到他的面前，輕輕落到地上，說道：「你不是斯爾胡德福羊古嗎？」斯爾胡德福羊古一看有個闊里落在地下，同他說話，便答道：「正是我，不錯。你是誰？」一新薩滿說道：「這裡不是講話的地方，請你急速坐在我的背上，我把你帶回陽世去罷！」斯爾胡德福羊古聽說回陽間的話，心中歡喜非常，急忙走上了這闊里背上，坐定下來。一新薩滿叮囑他千萬不要睜眼。斯爾胡德福羊古連連答應，將眼緊緊地閉住。她便騰空飛起，飛到陰城第三道門外，輕輕地落下。衆神還都在此等候。一新薩滿叫斯爾胡德福羊古下來，自己又搖身變成原形，催衆神帶領斯爾胡德福羊古照舊路回去，自己在後面跟著。不多時回到福爾金畢拉的西岸。一新薩滿又把達哈喚來，一齊上船，渡到東岸，又送給達哈許多紙錢而去。

那鬼頭德那克楚自從那天把斯爾胡德福羊古收留在家，以後，他夫婦二人，待他似親生兒子一般，命他家人好好看守，自己每日上閻王殿前聽令，如有公事，他就去辦，無事便回到家中，天天如此。這一天清晨上殿聽令，閻王命他往陽世去辦理公事。德那克楚辦完了公事，回到陰間，走到半路，遇見一新薩滿迎面而來。德那克楚看見一新薩滿身上穿著護身神衣，頭戴神帽，一身的神威令人害怕，又見她領著一個少年。留神看時，並非別人，就是那斯爾胡德福羊古。德那克楚看見她收養的兒子被她領走，大怒向前問道：「你是那裡來的薩滿？爲何把我的兒子拐來？你若是知道情理，快快給我留下，萬事都休，如若不然，你休想回陽。」一新薩滿站住了腳步，不慌不忙地對那德那克楚說道：「我在陰間沒有功夫來問你的罪，你在此地吵鬧，實在是討苦吃。我今問你，你爲何將斯爾胡德福羊古的眞魂捉到你家，私養爲兒？今日我遇見了你，正是湊巧，你我二人同回陰間，上殿見閻王，按照法律治罪便了。」說完這話，就要走回陰間。

德那克楚聽一新薩滿說出同去見閻王的話，立時嚇得面孔變色，就在一新薩滿面前跪倒，苦苦哀求，說道：「薩滿格格不必如此動怒，只因那日我奉閻王的命令，上陽間去捉拿斯勒福羊古的眞魂，正遇見他弟兄二人，一同騎馬行獵。我一時不能分辨，因將他兩個人的眞魂一併捉到陰間。後來方始查明他們是弟兄兩個。就把斯勒福羊古送交閻王，把斯爾胡德福羊古領到家中。我想當時就將他送回陽世，又怕延誤閻王的公事，況且閻王如若知道此事，不但我有擅專的罪名，並且遭抄家的難，所以和我妻子商議將斯爾胡德福羊古暫留家中。如有人知道的時候，就說他是我的親生兒子。現在已被薩滿格格將他捉回，閻王既沒有知道我的過失，那末再僥倖沒有的了。今日我因一時粗魯，多多失禮，請勿見怪！」說完連連的叩頭。一新薩滿向前將他拉起，說道：「你若是已經知道有罪，我也不願和你爭論。不過有一件事情要你幫忙，你若答應我的請求，我一定重重謝你。這個斯爾胡德福羊古雖然回陽得活，然而他的壽限太短，我求你回陰之後，在閻王面前懇求，替他再添上幾十年的壽。我現在送給你金銀一袋，公雞兩對，黑黃狗各一隻。德那克楚聽得此言，應聲說道：「替他添上三十年，你意下如何？」一新薩滿算了一算，斯爾胡德福羊古原有的壽限是五十八歲，再添上三十歲，共有八十八歲的壽命。一個人活到八十八歲，也可以算長壽了。就把所帶的雞、狗、錢紙等物，都送給德那克楚。二人又說了許多話，隨後德那克楚向一新薩滿告辭而去。

一新薩滿領斯爾胡德福羊古的眞魂和衆神，歡歡喜喜地奔往陽世去了。不多時，來到祿祿嘎深巴爾道的院內。將斯爾胡德福羊古的眞魂一直領到上屋。來到斯爾胡德福羊古的死屍前面，就把他的眞魂推進他的死屍裏面，使他附入本體。隨後自己走到院中，看見那林福羊古仍舊在她自己身傍看守著。隨即仆入原身，不多時，也就還陽了。那林福羊古在旁聽得一新薩滿漸漸呼吸，又見她手腳動起來了，那林福羊古急忙令人焚香，自己擊鼓，口中不住念還陽咒語。過不多時，一新薩滿翻身坐起來，跳在地上，至香案前喝了三口淨水。然後來至上屋，吩咐巴爾道將斯勒福羊古的屍首抬到外邊，預備入殮葬埋。巴爾道急忙吩咐家人一一照辦。

這一新薩滿繞著斯爾胡德福羊古屍首跳舞起來，跳舞了一會，就令巴爾道向前用手摸斯爾胡德福羊古的身體，有無熱氣。巴爾道還未曾動手，他妻子盧耶勒氏急忙向前，以手伸入她兒子的胸膛，摸了一會。說道：「薩滿格格，眞有點兒熱了。」一新薩滿仍舊在地上跳舞，打鼓，口中不住的唱著薩滿還陽歌。那林福羊古跟著她敲鼓唱歌。巴爾道夫妻一看斯爾胡德福羊古身上有熱氣了，他夫妻不住的伸手探摸。又等了一會兒，只聽得斯爾胡德福羊古徐徐的吸氣。夫妻在傍聽得兒子吸氣的聲音漸漸大起來。二人歡喜得了不得。過了片刻，斯爾胡德福羊古左右手腳齊動，隨後翻身坐在床上，睜眼往四面觀看，心裡只覺好像做了一場大夢似的，但是他在陰間的事情記得很清楚。今見一新薩滿在前跳舞，就認得她是領自己回陽的婦人。那時一新薩滿把所穿的薩滿衣帽一齊脫下，坐在炕上，見斯爾胡德福羊古已經醒過來了。

斯爾胡德福羊古見一新薩滿坐了下來，他就急忙站起身來走到她近前，深深的行了一個全禮，說道：「多蒙薩滿格格活命之恩，實在無以爲報。」一新向前拉起說道：「請起，坐下談話罷！」斯爾胡德福羊古又向他自己的父母叩頭。然後坐下，和一新薩滿談起那陰間的事。巴爾道夫妻和衆人聽他二人講陰間的事情，都驚異不止。巴爾道看見斯爾胡德福羊古已經復活，夫妻二人又喜又悲，喜的是次子復活，悲的是長子長逝。隨後一面辦理喪事，一面辦理斯爾胡德福羊古還陽的喜事。一連忙了幾天，才辦理完畢。又吩咐家人阿哈金、巴哈金另行替一新薩滿殺豬羊等物，預備祭祀她所領衆神，酬報過陰之勞。並向那林福羊古道謝他的辛勞。阿哈金、巴哈金遵命辦理妥當。一新薩滿就將衆神祭祀完畢。大衆就在巴爾道家中歡歡喜喜地住了幾天。

一日，一新薩滿對著巴爾道說道：「巴彥阿哥，你的事已經辦理完了，我也應該回家去了。因爲我那老婆婆無人侍奉。」巴爾道答道：「薩滿格格，不要憂慮，老婆婆那裡我早已差人去侍奉了。」一新薩滿聽了，稱謝不已。甲立那林福羊古也要回家，巴爾道說道：「有勞莫爾根阿哥，我無以爲報，今在馬群中選出這兩匹快馬，請你收納，萬物推卻！」那林福羊古聽了他一片誠意的話，只得將禮物收下。巴爾道巴彥隨即遣差家人將那林福羊古送回去了。後來一新薩滿也要回家，巴爾道就命阿哈金預備小車，將她所帶的衣帽等物，都裝在車上，又添了兩個大包袱，包裹面都是新衣等物，是巴爾道送給她的。一新薩滿上車，巴爾道親自騎馬送她回家而返。　資料來源：凌純聲著《松花江下游的赫哲族》（南京，國立中央研究院，民國二十三年），頁六三七至六五八。

徵引書目

一、檔案資料

1.《舊滿洲檔》，臺北，國立故宮博物院，民國五十八年。
2.《上諭檔》，臺北，國立故宮博物院。
3.《金川檔》，臺北，國立故宮博物院。
4.《明清史料》，臺北，中央研究院，民國六十一年三月。
5.《清史稿校注》，臺北，國史館，民國七十七年八月。
6.《滿洲薩滿神歌》，成百仁譯註，漢城，明知大學，一九七四年六月。
7.《尼山薩蠻》，莊吉發譯註，臺北，文史哲出版社，民國六十六年三月。
8.《尼山薩滿》，季永海、趙志忠譯註，《滿語研究》，一九八八年，第二期，哈爾濱，黑龍江滿語研究所，一九八八年十二月。
9.《一新薩滿》，凌純聲著《松花江下游的赫哲族》，南京，國立中央研究院，民國二十三年。
10.《尼山薩滿傳》，海參崴滿文手稿本，一九一三年。

二、官書典籍

1.《清太祖武皇帝實錄》，初纂本，臺北，國立故宮博物院。
2.《清太宗文皇帝實錄》，初纂本，臺北，國立故宮博物院。
3.《清太宗文皇帝實錄》，重修本，臺北，華聯出版社，民國五十三年九月。
4.《清高宗純皇帝實錄》，臺北，華聯出版社，民國五十三年十月。

5.《成宗大王實錄》，漢城，國史編纂委員會，實用普及版，一九七三年。

6.《欽定大清會典事例》，臺北，臺灣中文書局，據光緒二十五年刻本影印。

7.《欽定四庫全書》，臺北，臺灣商務印書館，民國七十五年三月。

8.《大婚禮節》，臺北，國立故宮博物院，同治十年排印本。

9.《周禮》，臺北，中華書局，四部備要本。

10.《史記》，臺北，鼎文書局，民國五十六年七月。

11.《漢書》，臺北，臺灣商務印書館，民國五十六年七月。

12.《梁書》，臺北，臺灣商務印書館，民國五十六年七月。

13.《北史》，臺北，臺灣商務印書館，民國五十六年七月。

14.《周書》，臺北，臺灣商務印書館，民國五十六年七月。

15.《隋書》，臺北，臺灣商務印書館，民國五十六年七月。

16.《舊唐書》，臺北，臺灣商務印書館，民國五十六年七月。

17.《新唐書》，臺北，臺灣商務印書館，民國五十六年七月。

18.《遼史》，臺北，臺灣商務印書館，民國五十六年七月。

19.《欽定遼史語解》，臺北，國立故宮博物院，乾隆間朱絲欄寫本。

20《金史》，臺北，臺灣商務印書館，民國五十六年七月。

21.《欽定金史語解》，臺北，國立故宮博物院，乾隆間朱絲欄寫本。

22.《元史》，臺北，臺灣商務印書館，民國五十六年七月。

23.《宋會要輯稿》，臺北，世界書局，民國五十三年六月。

24.《淡水廳志》，陳培桂修，南投，臺灣省文獻委員會，民國六十六年二月。
25.《澎湖廳志》，林豪修，臺北，臺灣銀行經濟研究室，民國五十二年六月。
26.《臺灣省通志稿》，南投，臺灣省文獻委員會，民國四十四年六月。
27.《綏化縣志》，常蔭廷修，臺北，國立故宮博物院，民國十年鉛印本。
28.《瀋陽縣志》，曾有冀修，臺北，國立故宮博物院，民國六年。
29.《樺川縣志》，鄭士純修，臺北，國立故宮博物院，民國十七年鉛印本。
30.《璦琿縣志》，孫蓉圖修，臺北，國立故宮博物院，民國九年鉛印本。

三、專書著作

1.王肯等著《東北俗文化史》，瀋陽，春風文藝出版社，一九九二年七月。
2.王秋桂主編《貴州省德江縣穩坪鄉黃土村土家族衝壽儺調查報告》，臺北財團法人施合鄭民俗文化基金會，一九九四年五月。
3.王鴻賓等著《盛京軼聞》，長春，吉林出版社，一九八八年二月。
4.方式濟著《龍沙紀略》，《明清史料彙編》，初集，臺北，文海出版社，民國五十六年三月。
5.仁欽道爾吉、郎櫻編《阿爾泰語系民族敘事文學與薩滿文化》，呼和浩特，內蒙古大學出版社，一九九〇年八月。
6.尹郁山編《吉林滿俗研究》，吉林，吉林文史出版社，一九九一年十二月。
7.白友寒編著《錫伯族源流史綱》，瀋陽，遼寧民族出版社，一九八六年五月。
8.札奇斯欽譯著《蒙古秘史新譯並註釋》，臺北，聯經出版事業公司，民國六十八年十二月。
9.札奇斯欽著《蒙古史論叢》，臺北，學海出版社，民國六十九年九月。
10.西清著《黑龍江外記》，臺北，臺聯國風出版社，民國五十六年十二月。
11.多桑著，馮承鈞譯《多桑蒙古史》，臺北，臺灣商務印書館，民國五十四年八月。
12.伊能嘉矩著《臺灣文化志》，東京，西田書店，昭和四十年十月。
13.李紹民著《民族學》，四川，四川民族出版社，一九八六年一月。
14.何秋濤著《朔方備乘》，《筆記小說大觀》，臺北，新興書局，民國六十五年七月。
15.呂光天著《鄂溫克族》，北京，民族出版社，一九八三年十月。
16.亞布洛柯夫著，王孝雲、王學富譯《宗教社會學》，成都，四川人民出版社，一九八九年六月。
17.林富士著《孤魂與鬼雄的世界：北臺灣的厲鬼信仰》，臺北，臺北縣立文化中心，民國八十四年六月。
18.東嘎・洛桑赤列著，陳慶英譯《論西藏政教合一制度》，北京，民族出版社，一九八五年七月。
19.佛隱居士著《關亡召鬼秘術》，上海，中西書局，民國十六年一月。
20.秋浦主編《薩滿教研究》，上海，上海人民出版社，一九八五年五月。

21.秋浦著《鄂倫春人》，北京，民族出版社，一九八一年一月。
22.連橫著《臺灣通史》，南投，臺灣省文獻委員會，民國八十一年三月。
23.徐杰舜編《中國民族史新編》，南寧，廣西教育出版社，一九八九年八月。
24.徐夢莘著《三朝北盟會編》，《欽定四庫全書》，第三五〇至三五二冊，臺北，臺灣商務印書館，民國七十五年三月。
25.徐珂輯《清稗類鈔》，臺北，臺灣商務印書館，民國五十五年六月。
26.孫秀英等著《室韋史研究》，哈爾濱，北方文物雜誌社，一九八五年十月。
27.凌純聲著《松花江下游的赫哲族》，南京，國立中央研究院，民國二十三年。
28.烏丙安著《神秘的薩滿世界》，上海，三聯書店上海分店，一九八九年六月。
29.馬林諾夫斯基著，李安宅譯《巫術科學宗教與神話》，北京，中國民間文藝出版社，一九八六年五月。
30.陶宗儀著《輟耕錄》，《欽定四庫全書》，第一〇四〇冊，民國七十五年三月。
31.格列科夫、雅庫博夫斯基著，余大鈞譯《金帳汗國興衰史》，北京，商務印書館，一九八五年六月。
32.陳盛韶著《問俗錄》，北京，書目文獻出版社，一九八三年十二月。
33.張珣著《疾病與文化》，臺北，稻香出版社，民國八十三年九月。
34.莊吉發校註《謝遂「職貢圖」滿文圖說校注》，臺北，國立故宮博物院，民國七十八年六月。
35.莫東寅著《滿族史論叢》，北京，人民出版社，一九五八年八月。
36.黃文博著《臺灣信仰傳奇》，臺北，台原出版社，民國八十年五月。
37.黃有興著《澎湖的民間信仰》，臺北，台原出版社，一九九二年八月。
38.黃意明著《中國符咒》，香港，中華書局，一九九一年六月。
39.馮華濃編著《靈媒》，臺北，武陵出版社，民國七十四年十一月。
40.富育光著《薩滿教與神話》，瀋陽，遼寧大學出版社，一九九〇年十月。
41.富育光、孟慧英著《滿族薩滿教研究》，北京，北京大學出版社，一九九一年七月。
42.楊錫春著《滿族風俗考》，哈爾濱，黑龍江人民出版社，一九九一年九月。
43.覃光廣等編著《中國少數民族宗教概覽》，北京，中央民族學院出版社，一九八八年八月。
44.葛洪著《抱朴子》，臺北，中華書局，四部備要本。
45.趙展著《滿族文化與宗教研究》，瀋陽，遼寧民族出版社，一九九三年七月。
46.滿都爾圖著《達斡爾族》，北京，民族出版社，一九九一年十月。
47.劉小萌、定宜莊著《薩滿與東北民族》，長春，吉林教育出版社，一九九〇年三月。
48.蔡家麒著《論原始宗教》，昆明，雲南民族出版社，一九八八年九月。

49.藍狄著《古今巫術》，香港，海鋒出版社，一九九〇年八月。

50.魏聲龢著《鷄林舊聞錄》，吉林，吉林文史出版社，一九八六年六月。

51.釋法尊著《現代西藏》，重慶，漢藏教理院，民國三十六年。

52.櫻井德太郎著《東アヅアの民俗宗教》，東京，吉川弘文館，昭和六十二年四月。

53.《盛京皇宮》，瀋陽，紫禁城出版社，一九八七年七月。

54.《鄂倫春族調查材料之九》，呼和浩特，內蒙古人民出版社，一九八三年一月。

55.《鄂倫春族簡史》，呼和浩特，內蒙古人民出版社，一九八三年一月。

56.《鄂倫春自治旗志》，長春，內蒙古人民出版社，一九九一年八月。

57.《鄂溫克族自治概況》，呼和浩特，內蒙古人民出版社，一九八七年二月。

58.《鄂溫克族簡史》，呼和浩特，內蒙古人民出版社，一九八三年六月。

59.《錫伯族簡史》，北京，民族出版社，一九八六年六月。

60.《遼寧風物志》，瀋陽，遼寧人民出版社，一九八五年九月。

四、論文期刊

1.丁莫尼斯撰，李・吉爾格勒譯〈論神名「烏里根」的語義〉，《北方民族》，一九九二年，第一期。

2.于乃昌撰〈痴迷的信仰與痴迷的藝術——珞巴族的原始宗教與文化〉，《中國藏學》，一九八九年，第二期，北京，中國藏學出版社，一九八九年。

3. 王宏剛撰〈滿族薩滿教的三種形態及其演變〉，《社會科學戰線》，一九八八年，第一期，長春，吉林省社會科學院，一九八八年一月。

4. 王宏剛、金基浩撰〈論滿族崇鷹習俗〉，《滿族研究文集》，長春，吉林文史出版社，一九九〇年七月。

5. 王彬撰〈赫哲族與東海女眞〉，《中央民族學院學報》，一九八八年，第二期，北京，中央民族學院，一九八八年三月。

6. 內貝斯基撰，謝繼勝譯〈關於西藏薩滿教的幾點注釋〉，《國外藏學研究譯文集》，第四輯，西藏，西藏人民出版社，一九八八年八月。

7. 白笑元撰〈科爾沁「博」（薩滿）的分類及服飾法器初探〉，《民間文學論壇》，一九八八年，第二期，一九八八年三月。

8. 朱子方撰〈遼代的薩滿教〉，《社會科學叢刊》，一九八六年，第六期。

9. 色音撰〈薩滿的法服與法器〉，《北方民族》，一九九二年，第一期。

10. 色音撰〈蒙古薩滿教巫祝傳說的歷史演變〉，《阿爾泰語系民族敘事文學與薩滿文化》，內蒙古，內蒙古大學出版社，一九九〇年八月。

11. 列武年科娃撰，北辰譯〈今日的薩滿教理論及歷史問題〉，《北方民族》，一九九二年，第四期。

12. 宋和平、魏北旺撰〈尼山薩滿與薩滿文化〉，《阿爾泰語系民族敘事文學與薩滿文化》，內蒙古，內蒙古大學出版社，一九九〇年八月。

13. 宋德金撰〈金代宗教簡述〉，《社會科學戰線》，一九八六年，第一期，長春，吉林省社會科學院，一九八六年一月。

14.汪麗珍撰〈鄂溫克族的神靈崇拜〉，《北方民族》，一九九二年，第一期。

15.汪玢玲撰〈薩滿與伊瑪堪〉，《民間文學論壇》，一九八八年，第二期，北京，中國民間文藝出版社，一九八八年三月。

16.杜曉帆撰〈契丹族葬俗中的面具、網絡與薩滿教的關係——兼與馬洪路同治商榷〉，《民族研究》，一九八七年，第六期，北京，中國社會科學出版社，一九八七年十一月。

17.朋・烏恩撰〈略論薩滿現象產生的文化背景〉，《黑龍江民族叢刊》，一九九一年，第一期，黑龍江，黑龍江省民族研究所，一九九一年一月。

18.林幹撰〈關於研究中國古代北方民族文化史的我見〉，《內蒙古大學學報》，一九八八年，第一期，呼和浩特，內蒙古大學，一九八八年一月。

19.金輝撰〈論薩滿裝束的文化符號意義〉，《民間文學論壇》，一九八五年，第一期，北京，中國民間文藝出版社，一九八五年一月。

20.金寶忱撰〈薩滿的選徒與授技〉，《黑龍江民族叢刊》，一九九三年，第二期，黑龍江，黑龍江省民族叢刊社，一九九三年。

21.孟慧英撰〈論「尼山薩滿」的歷史性質〉，《中央民族學院學報》，一九八七年，第五期，北京，中央民族學院，一九八七年。

22.孟淑珍撰〈鄂倫春族薩滿祭祀、競技盛會及其多重功能與作用〉，《北方民族》，一九九三年，第一期。

23.周長海撰〈西藏宗教研究〉，《藏事論文選》，河南，西藏人民出版社，一九八五年八月。

24.周慶基撰〈古代宗教觀念中靈魂與肉體的關係〉，《世界宗教研究》，一九八五年，第四期，北京，中國社會科學出版社，一九八五年十二月。

25.季永海、趙志忠譯註〈尼山薩滿〉，《滿語研究》，一九八八年，第二期，哈爾濱，黑龍江滿語研究所，一九八八年十二月。

26.季永海、趙志忠譯註〈薩滿教與滿族民間文學〉，《中央民族學院學報》，一九八九年，第一期，北京，中央民族學院，一九八九年一月。

27.姚鳳撰〈黑龍江畔羅奇人的原始宗教觀念〉，《北方民族》，一九九三年，第一期。

28.徐昌翰撰〈論薩滿文化現象——「薩滿教」非教芻議〉，《學習與探索》，一九八七年，第五期，哈爾濱，黑龍江省社會科學院，一九八七年九月。

29.烏丙安撰〈薩滿世界的「眞神」——薩滿〉，《滿族研究》，一九八九年，第一期，瀋陽，遼寧省民族研究所，一九八九年。

30.烏丙安撰〈薩滿教的亡靈——亡靈觀及其傳說〉，《民間文學論壇》，一九九〇年，第二期，北京，中國民間文藝出版社，一九九〇年三月。

31.烏蘭察夫、蘇魯格撰〈科爾沁薩滿教試析〉，《內蒙古社會科學：文史哲版》，一九八八年，第五期，呼和浩特，內蒙古大學，一九八八年三月。

32.馬長壽〈鉢教源流〉，《藏事論文選》，河南，西藏人民出版社，一九八五年八月。

33.格勒、祝啓源撰〈藏族本教的起源與發展問題探討〉，《世界宗教研究》，一九八六年，第二期，北京，中國社會科學出版社，一九八六年六月。

34.高橋勝之譯〈關於西伯利亞蒙古及歐俄民族中的薩滿〉，《東亞論叢》，第三期，日本，一九四〇年九月。
35.張曉光撰〈關於薩滿教研究的幾點探討——兼談民族本位系宗教與社會性宗教的差異〉，《北方民族》，一九九三年，第二期。
36.張紫晨撰〈中國薩滿教中的巫術〉，《民間文學論壇》，一九九一年，第六期，北京，中國民間文藝出版社，一九九一年十一月。
37.畢檮撰〈薩滿教信仰與哈薩克民間文學〉，《中央民族學院學報》，一九九〇年，第四期，北京，中央民族學院，一九九〇年七月。
38.國分直一撰，周全德譯〈童乩的研究〉，《南瀛雜俎》，台南，台南縣政府，民國七十一年四月。
39.陳宗振、雷選春撰〈裕固族中的薩滿——祀公子〉，《世界宗教研究》，一九八五年，第一期，北京，中國社會科學出版社，一九八五年三月。
40.陳捷先撰〈略述「尼山薩蠻傳」中的儒釋道思想〉，《滿族文化》，第十五期，臺北，滿族協會，一九九一年六月。
41.崔奎撰〈哈薩克族的習俗與薩滿教〉，《中國少數民族月刊》，一九八七年，第九期，北京，中國人民大學，一九八七年。
42.飯沼龍遠撰，林永梁譯〈臺灣的童乩〉，《南瀛雜俎》，臺南，臺南縣政府，民國七十一年四月。
43.賀靈撰〈族源〉，《錫伯族歷史與文化》，烏魯木齊，新疆人民出版社，一九八九年九月。
44.賀靈撰〈錫伯族「薩滿歌」與滿族「尼山薩滿」〉，《阿爾泰語系民族敘述文學與薩滿文化》，內蒙古，內蒙古大學，一九九〇年八月。

45.富育光、于又燕撰〈滿族薩滿教女神神話初析〉，《社會科學戰線》，一九八五年，第四期，長春，吉林省社會科學院，一九八五年十月。

46.富育光撰〈薩滿教天穹觀念與神話探考〉，《中國社會科學研究生院學報》，一九八七年，第四期，北京，中國人民大學書報資料中心，一九八七年五月。

47.富育光撰〈論滿族薩滿教的天穹觀〉，《世界宗教研究》，一九八七年，第四期，北京，中國社會科學出版社，一九八七年十二月。

48.塔那撰〈達斡爾傳說故事的民族特色〉，《內蒙古大學學報》，一九八六年，第一期，呼和浩特，內蒙古大學，一九八六年三月。

49.趙展撰〈論滿族的源流與形成〉，《滿族文化》，第十三期，臺北，滿族協會，民國七十九年二月。

50.趙展撰〈錫伯族源考〉，《社會科學輯刊》，一九八〇年，第三期，見《錫伯族簡史》，北京，民族出版社，一九八六年六月。

51.趙展撰〈論薩滿教與滿族祭祖的關係〉，《滿學研究》，第二輯，北京，民族出版社，一九九四年十二月。

52.趙志忠、姜麗萍撰〈尼山薩滿與薩滿教〉，《滿族研究》，一九九三年，第三期。

53.鄭天星撰〈薩滿教文化座談會在長春舉行〉，《世界宗教研究》，一九八八年，第四期，北京，中國社會科學出版社，一九八八年十二月。

54.樊圃撰〈六到八世紀突厥人的宗教信仰〉，《文史》，第十九輯，北京，中華書局，一九八三年八月。

55.蔡永灝撰〈近年來錫伯族研究述評〉，《中南民族學院學報》，一九八八年，第四期，武漢，中南民族學院，一九八八年七月。

56.蔡志純撰〈蒙古薩滿教變革初探〉，《世界宗教研究》，一九八八年，第四期，北京，中國社會科學出版社，一九八八年十二月。

57.劉厚生撰〈滿族的薩滿教是眞正的民族宗教〉，《北京滿學學術討論會論文》，北京，一九九二年八月。

58.劉厚生撰〈關於薩滿教的界定、起源與傳播〉，《世界宗教研究》，一九九五年，第一期，北京，中國社會科學出版社，一九九五年三月。

59.霍夫曼撰，李冀誠譯注〈西藏的本教〉，《世界宗教資料》，一九八五年，第四期，北京，中國社會科學出版社，一九八五年十二月。

60.閻崇年撰〈滿洲貴族與薩滿文化〉，《滿學研究》，第二輯，北京，民族出版社，一九九四年十二月。

61.謝繼勝撰〈藏族薩滿教的三界宇宙結構與靈魂觀念的發展〉，《中國藏學》，一九八八年，第四期，北京，中國藏學出版社，一九八八年。

62.韓國綱撰〈錫伯族薩滿教一瞥〉，《中央民族學院學報》，一九八八年，第二期，北京，中央民族學院，一九八八年三月。